D1693813

Vlucht over de Pyreneeën

================ Cossee Century ================

Eveneens in deze reeks

Bruno Apitz – *Naakt onder wolven*
Willa Cather – *Een verloren vrouw*
Gabriel Chevallier – *Heldenangst*
Hans Magnus Enzensberger – *De eigenzinnigheid van Hammerstein*
Hans Fallada – *Alleen in Berlijn*
Georg Forster – *Het vuur nog geenszins gedoofd*
Anna Gmeyner – *Manja*
Hugo Hartung – *Wij wonderkinderen*
Jan Karski – *Mijn bericht aan de wereld*
Alexander Kluge – *Lente met witte vlaggen. April 1945*
Wolfgang Koeppen – *De dood in Rome*
William Maxwell – *Tot ziens, tot morgen*
Erich Maria Remarque – *De nacht in Lissabon*
Erich Maria Remarque – *Arc de Triomphe*
Erich Maria Remarque – *Een tijd van leven*
Fran Ross – *Oreo*
Albert Vigoleis Thelen – *De zwarte heer Bazetub*
Elio Vittorini – *De rode anjer*
Robert Penn Warren – *All the King's Men of de ondergang van Willie Stark*
Jiři Weil – *De hartslag van Moskou*
Jiři Weil – *Mendelssohn op het dak*
Raymond Williams – *Grensland*
Barbara Zoeke – *Het uur van de specialisten*
Arnold Zweig – *De strijd om sergeant Grisja*
Arnold Zweig – *De Vriendt keert terug*

Onder redactie van Christoph Buchwald

Lisa Fittko

Vlucht over de Pyreneeën

Mijn tocht met Walter Benjamin

Memoir

Uit het Duits vertaald
door Michel Bolwerk

Cossee
Amsterdam

Inhoud

De voorgeschiedenis:
Wenen – Berlijn

Als ik iets zoek tussen oude papieren, blijf ik altijd wel hangen bij iets wat ik allang vergeten was. Zo hield ik laatst opeens een brief van Oskar Maurus Fontana in mijn hand. Die had hij na de Tweede Wereldoorlog vanuit Wenen naar mijn vader in Frankrijk gestuurd. 'Ja, toen u na de Eerste Wereldoorlog *De Waag* veranderde in *Wagen!*, dachten we allebei nog dat we door onze waagstukken iets in vervulling zouden zien gaan. Helaas is dat steeds verder uit zicht geraakt, maar dat ook uw waaghalserij in stand gebleven is, zoals ik concludeer uit uw plannen, geeft weer moed om door te gaan met wagen...'

Nu kan ik het me weer herinneren. 'Kijk eens naar het ontwerp voor ons nieuwe titelblad,' zei mijn vader tegen me. 'Hoe vind je het?'

Ik was tien, en ik zei: '*De Waag* zal vanaf nu *Wagen!* heten – waarom dan?'

'Begrijp je het verschil?'

Ik dacht na. 'Is het beter om iets te wagen dan alles af te wegen?'

'Je moet weten wanneer het tijd is om te wagen,' zei mijn vader. Daar dacht ik toen wel vaker over na: hoe weet je wanneer het tijd is?

Er waren veel dingen waar je over na moest denken. Ik wist niet echt wat dat was, Brest-Litovsk, waar mijn vader, Oskar Maurus Fontana, Egon Erwin Kisch en de andere mensen van *De Waag* het voortdurend over hadden; maar ik hoefde niet lang na te denken om het er met mijn vader en *De Waag* over eens te zijn dat er nooit meer oorlog mocht komen. Mij hadden ze bijvoorbeeld naar Nederland moeten sturen, en mijn broer naar Denemarken, omdat we met die soep die de Weense schrijversbond onder zijn leden uitdeelde steeds dunner werden.

Berlijn 1925: Lisa Fittko als zestienjarige scholier

We verhuisden naar Berlijn, en ik vond de Pruisische scholen nog erger dan de Oostenrijkse. Vooral de geschiedenisles. De leraar noemde een veldslag, waarna hij met zijn vinger een leerling aanwees, die dan op moest springen en meteen het jaartal moest zeggen; of, ter afwisseling, andersom: jaartal – vinger – veldslag. De Slag bij het Teutoburgerwoud kwam het vaakst aan de beurt. De geschiedenisles was zeker een van de redenen dat ik me aansloot bij de socialistische scholierenbond. Die had een plaatselijke groep in de Karl-Marx-Schule in Neukölln en in andere Berlijnse *Aufbauschulen*, een schooltype ter voorbereiding op het hoger onderwijs waar voornamelijk scholieren uit arbeidersgezinnen op zaten.

We waren nieuwsgierig, we wilden veel weten en alles begrijpen. We gingen naar vergaderingen en demonstraties, naar lezingen en discussies met Hermann Duncker, Karl August Wittfogel, August Thalheimer en Karl Korsch. Eén keer raakte ik betrokken bij een vechtpartij in een zaal toen de Stahlhelm een vergadering van de Sozialistische Arbeiterjugend bestormde.

Bij een verkiezingsbijeenkomst stond ik ernaast toen mannen van de Reichsbanner een handvol communisten te lijf gingen, en hen maar op het hoofd bleven slaan met knuppels, stokken en boksbeugels omdat ze de bijeenkomst verstoorden met hun interrupties en spreekkoren: 'Pantserkruisers! Pantserkruisers!' Die zijn net zo erg als de Stahlhelm, dacht ik verbijsterd, en ik voelde dat ik een lafaard was, dat ik iets moest doen om die mannen tegen te houden – ik moest het wagen, maar hoe?

Ik was erbij toen de Berlijnse arbeiders ondanks een verbod op 1 mei 1929 de 'bloedmei', hun meidemonstratie, organiseerden. Toen in Berlijn-Wedding de politie na de eerste dag door bleef gaan met schieten en de arbeiders barricades opwierpen om zich te verdedigen, moest ik erheen om het met eigen ogen te zien. Opeens zat er een dikke politieman achter me aan, maar ik was sneller en van een afstandje riep ik hem toe: 'Arbeidersmoordenaar!' Hij legde zijn karabijn aan, maar ik was al om de hoek verdwenen. Op die twee dagen werden drieëndertig jonge arbeiders gedood.

Lisa Fittko, ca. 1928

En toch was het een gelukkig Berlijn, het Berlijn van mijn herinneringen. De première van de *Dreigroschenoper* op de Schiffbauerdamm, waarvoor ik van Leo Lania kaarten kreeg; Friedrich Wolfs *Cyankali*; Brechts *Kuhle Wampe*, waarin mijn vriendin Martha uit de Mulakstraße meespeelde; het Bauhaus en de Hufeisensiedlung in Britz, waar we 's zondags de familie Mühsam bezochten en Erich ons aan het lachen maakte met zijn niet altijd even beschaafde rijmpjes met spoonerismen.

Der blaue Engel en Kurt Tucholsky, Claire Waldoff, Paule Graetz en Walter Mehring en al die anderen. Heinrich Zille en zijn Fischerkiez, de 'vissersbuurt' waar ik me prettig voelde, en Heinrich Wandt, die, als hij niet in een van zijn zuipperioden zat, bij de Bülowbogen een geheim luikje naar de Berlijnse onderwereld voor me opende, waar de voormalige en toekomstige bajesklanten me een beetje te stevig de hand schudden, me op de schouder klopten en me in plat Berlijns waarschuwden: 'Als je met onze Heinrich bent, wijffie, ben je er eentje van ons, maar zonder hem, vergeet het maar...'

In het Berlijn van toen waren er steeds meer werklozen, er was steeds meer honger. Bruine troepen vermoordden meedogenloos politieke tegenstanders en probeerden de stad te terroriseren. Maar het Berlijn uit mijn herinnering bleef ook toen leuk en gelukkig, we waren bereid het te verdedigen tegen de nazi's en zongen: 'Dreigend staan de fascisten ginds aan de horizon, maar onze dag komt eraan.'

Mijn ouders waren niet tevreden over mij. Mijn vader zei: 'Je behoort tot die paar bevoorrechte mensen die kunnen studeren, je kunt iets leren. Er is dringend behoefte aan kennis, maar jij verknoeit je tijd.'

Mijn moeder zei: 'Je eet niet regelmatig, je slaapt nauwelijks omdat je naar vergaderingen en bijeenkomsten gaat en vlugschriften moet schrijven. Je pleegt roofbouw op je gezondheid. Zo help je de zaak niet, zo kun je niet veel waard zijn in de strijd voor vrede en tegen de nazi's.'

'Jullie begrijpen het gewoon niet,' zei ik. 'Het komt er nu op aan het fascisme te verslaan, ik kan mijn tijd nu niet verdoen met een comfortabel leventje aan de universiteit. Jullie weten helemaal niet hoeveel ik leer, vaak van mensen die niet meer dan de lagere school hebben gehad – die hebben zoveel verstand van dingen die in geen enkel college ter sprake komen. En ook niet in jullie Romanisches Café.'

Na 30 januari 1933 en na de brand in de Rijksdag, toen de arrestaties, folteringen en terechtstellingen begonnen, verzamelden we met een stel vrienden berichten die we ontvingen uit de folterkelders in Oranienburg, de Hedemannstraße en het Columbiahaus. Het lukte ons om die via via door te geven aan de pers in Londen, Parijs en New York. Maar de wereld wilde ons niet horen. We maakten vlugschriften en verspreidden die. Mijn ouders, die net als veel van hun vrienden meteen waren gevlucht, probeerden me over te halen hen te volgen naar Tsjecho-Slowakije. Maar daar viel met mij niet over te praten – zou ik juist nu de strijd moeten opgeven, mijn kameraden in de steek moeten laten?

Drie jongens uit ons groepje werden gearresteerd toen ze pamfletten uitdeelden op straat. Door een misverstand gingen ze ervan uit dat ik Duitsland had verlaten en dat ze alle schuld op mij konden schuiven – ze zeiden dat ze nog zo jong waren dat ze nauwelijks wisten waar het om ging toen er ene Lisa kwam opduiken, een meisje dat zo verleidelijk was dat ze haar niet hadden kunnen weerstaan. De jongens kwamen vrij, en ik moest echt meteen maken dat ik wegkwam.

In Praag zaten honderden emigranten en tientallen bekende gezichten. Bruno Frei van de *Berlin am Morgen*, Friedrich Stampfer van *Vorwärts*, schrijvers, kunstenaars, acteurs – het halve Romanisches Café. John Heartfield was er, en F.C. Weiskopf, en Kurt Grossmann richtte een emigrantencomité op. Ernst Ottwalt (*Denn sie wissen, was sie tun*) en zijn vrouw Traute, het domineesdochtertje, kwamen naar de avondlijke discussieronden, en Grete Reiner, de vertaalster van Jaroslav Hašeks *De lotgevallen van de brave soldaat Švejk in de wereldoorlog,* zat altijd samen met ons in Café Continental, waar je met een kop mokka de hele avond kon blijven zitten. Als eten kochten we meestal Reklami-salami, omdat dat de goedkoopste worst was.

In een voormalige kostschool voor meisjes aan de Vodičkova waren bedden neergezet voor dakloze emigranten. Daar leerde ik een Berlijnse man kennen die net in Praag was aangekomen. Hij was journalist en heette Hans Fittko, en hij was vanwege 'geestelijke aanstichting' tot moord op een SA'er (die echter door zijn eigen kompanen van achteren was doodgeschoten) bij verstek ter dood veroordeeld.

Hans Fittko. Algauw hoorden we bij elkaar en we bleven samen tot zijn dood.

Hans schreef ook in Praag artikelen, pamfletten en oproepen aan het Duitse volk. De Tsjechische verbruikerscoöperaties hielpen bij de productie. Hij ging naar de grens en regelde het transport van de geschriften naar het Duitse Rijk. Toen het land van Masaryk hem daarvoor 'levenslang' verbande, gingen we met z'n tweeën naar Zwitserland, waar al antifascistische geschriften werden geproduceerd. Doordat de sociaaldemocraten en communisten samenwerkten, kregen we voor elkaar dat heel Baden en Württemberg werden voorzien en dat er steunpunten werden ingericht.

Later gingen we in Nederland op vergelijkbare wijze te werk, langs de Oost-Friese grens.

Toen de oorlog uitbrak zaten we in Frankrijk, en toen dat land verloor zaten we samen met tienduizenden andere Duitse emigranten in de val.

Maar daar moet ik uitvoeriger over vertellen.

I

Parijs, mei 1940

Vier dagen geleden, toen de *drôle de guerre* ten einde was en de Duitse aanval begon, werd op grote rode aanplakbiljetten op alle muren verkondigd dat alle vijandelijke buitenlanders in *camps de concentration* zouden worden geïnterneerd. Vijandelijke buitenlanders waren *ressortissants allemands*, Duitse staatsburgers. De naziregering had ons emigranten weliswaar de Duitse nationaliteit afgenomen, maar ressortissant allemand kon ook worden vertaald met 'uit Duitsland afkomstig'. Wat het ook precies mocht betekenen, de Franse autoriteiten verklaarden in elk geval dat wij vijandelijke buitenlanders waren en daarom in kampen moesten worden opgesloten. Ook de Oostenrijkers die na de Anschluss naar Frankrijk waren gevlucht, moesten naar het kamp. Omdat Oostenrijk nu tot het Duitse Rijk behoorde waren zij immers ook ressortissants. Op de keper beschouwd viel ik, net als veel anderen, in geen van deze categorieën, omdat ik weliswaar nog onder keizer Frans Jozef was geboren, maar niet in het huidige Oostenrijk. Maar de inspecteur van de politie was door deze uitzondering alleen nog maar meer uit zijn humeur geraakt en zei: 'Ik bepaal wie een Duitser is!'

Ik moest me met de andere vrouwen melden in het overdekte ijs- en wielerstadion, het Vélodrome d'Hiver. Bij de ingang, voegde de politieman eraan toe, zou alles worden gecheckt door een *commission de criblage*, die in geval van twijfel de juiste beslissing nam.

De mannen waren al in september 1939, toen de oorlog uitbrak, in concentratiekampen opgesloten. Hans, mijn man, en ook mijn broer Hans behoorden tot de enkelingen die in de loop van de winter waren vrijgelaten. Degenen die ze lieten gaan waren doorgaans bekende persoonlijkheden of mensen met connecties. Er zaten echter ook mensen bij die zich eruit hadden gered doordat ze bedreven waren in de kunst van het overleven en ontkomen, een bedrevenheid die ze gedurende zeven jaar naziheerschappij hadden opgedaan.

Mijn moeder liep met me mee naar de bushalte aan het einde van Butte Rouge. La Butte Rouge, de rode heuvel, was de naam van 'onze' tuinstad ten zuiden van Parijs. Mijn vader en moeder bleven hier achter, want zij hoefden niet naar het kamp vanwege hun leeftijd.

Toen de bus kwam wilde ik zeggen: maak je geen zorgen, moeder, ik ben snel weer terug. Maar toen dacht ik, waarom zou je, tegen je moeder zeg je niet zulke onzin. Ik gaf haar dus alleen maar gauw een kus en stapte in. Op de trap draaide ik me om, en terwijl ik naar haar zwaaide en haar daar zo alleen langs de weg zag staan, met achter haar de rode huizen tussen bloeiende bomen, viel me plotseling op hoe klein en mager ze was, en met die gekromde rug – opeens zag ik dat ze oud was geworden. Ik moest zeker blind zijn geweest, ze had me tot dan toe altijd leeftijdloos geleken. Ik slikte een paar keer om van de brok in mijn keel af te komen.

Paulette en ik hadden in Parijs afgesproken, en er waren nog een paar vriendinnen van haar meegekomen die ons naar het Vel d'Hiv zouden begeleiden. Zij werden niet geïnterneerd omdat ze kinderen hadden; sommigen was het ook gelukt te bewijzen dat ze uit een ander, niet-vijandelijk land kwamen. Het verbaasde me dat degenen die in vrijheid bleven ongeruster leken te zijn dan wij. Toen ik een paar weken later tijdens de eindeloze treinrit naar Gurs daarover nadacht, begreep ik dat die vrouwen zich geïsoleerd en in de steek gelaten voelden; zij werden buitengesloten – ja, buitengesloten van plaatsing in een concentratiekamp. Nu waren ze in hun eentje, eenlingen die nergens bij hoorden, en met de toenemende oorlogspsychose zouden ze steeds meer als vijand worden behandeld. We hadden al meegemaakt dat oude kennissen ons opeens niet meer groetten of kil aanstaarden. Dat was het ergst in de schuilkelders, wanneer we bij een luchtalarm dicht op elkaar gepakt zaten met de buren, ons Duitse accent verried ons, alleen de kinderen hadden het 'afgeleerd'. Moesten we zo ten onder gaan, als 'vijandelijke buitenlander' in ons asielland, na al die jaren van strijd en vluchten voor de nazi's?

Paulette en ik wilden proberen bij elkaar te blijven. We hadden allebei een lichte koffer en een zak brood, die in een deken was gerold. Paulette, praktisch als altijd, had een lijst gemaakt van de dingen die we nodig hadden en die tussen ons verdeeld, om onnodige ballast te voorkomen. Als laatste had ze opgeschreven wat ieder voor zich moest meenemen:

Tandenborstel
Kroes, lepel
Lippenstift
Scheermesjes (mocht er geen andere oplossing meer zijn)

We moesten tussen negen en vijf uur bij het Vel d'Hiv verschijnen. Het was nog vroeg in de middag en we hadden geen haast; vooral niet dringen, zeiden we tegen elkaar. We liepen nog een beetje door de stad, gingen naar een café en namen toen de metro. De straten rond het Vel d'Hiv stonden propvol wachtende vrouwen. De rijen leken nauwelijks vooruit te komen.

'Het gaat zo langzaam door de criblage,' zei een vrouw van middelbare leeftijd naast me. 'Mij zullen ze terugsturen,' voegde ze eraan toe, 'ik heb een doktersverklaring, dat ik vanwege mijn leverkwaal niet geïnterneerd mag worden.'

'Dat hoop ik van harte voor u,' zei een vrouw aan de andere kant, 'dat uw lever toch nog ergens goed voor mag zijn. Maar ik met mijn nier, dat is nog wel een stuk ernstiger dan een lever, eigenlijk moest ik meteen naar huis worden gestuurd.'

Iedereen praatte door elkaar.

'Ik ben aan de Poolse grens geboren, dus ik kom eigenlijk helemaal niet uit Duitsland,' hoorde ik iemand met een iel stemmetje zeggen. Dat moest een klein vrouwtje zijn dat achter de anderen stond, want ik kon haar niet zien.

'Mijn familie heeft heel goede connecties, ze krijgen me meteen weer vrij,' begon een blonde krullenbol.

Een andere onzichtbare stem onderbrak haar. 'Mijn man heeft zich aangemeld voor het vreemdelingenlegioen, ik hoor hier eigenlijk helemaal niet te zijn.'

Er hadden zich inmiddels enkele kennissen bij ons aangesloten, waardoor we nu een behoorlijke groep van allemaal politieke emigranten vormden. We hoorden de gesprekken om ons heen en verbaasden ons over de naïviteit – dat iedereen kon denken dat hij een uitzondering was en niet opgesloten zou worden.

'Mijn situatie is heel gunstig,' spotte mijn vriendin Doris. 'De *commissaire de police* heeft me zijn woord gegeven dat ik na de oorlog word vrijgelaten.'

We moesten lachen om die naïeve mensen. En we waren boos op hen, omdat ze na zeven jaar naziterreur helemaal niets hadden geleerd, omdat ze de samenhang tussen hun persoonlijk lot en wat zich in de wereld afspeelde niet konden of wilden begrijpen. Hun wereld was altijd alleen tot henzelf beperkt gebleven.

Het duurde een hele tijd voor ik begreep dat juist degenen die niets hadden begrepen de meest tragische slachtoffers waren.

Er liepen politiemannen langs de rijen die instructies gaven: 'Het is verboden messen, scharen of sigaretten mee te nemen!' De vrouwen rommelden snel in hun bagage en gaven de verboden voorwerpen aan de mensen die hen begeleidden. Paulette had een mes, ik een schaar en een aanzienlijke voorraad sigaretten, maar we zeiden tegen elkaar dat ze onmogelijk de bagage van duizenden mensen konden doorzoeken, en in het ergste geval zouden ze die spullen alleen maar van ons afpakken. Het moet tegen vijven zijn geweest toen ik de eerste regendruppels voelde; na een paar minuten begon het te gieten en stonden enkele duizenden vrouwen in de stromende regen. De politieagenten liepen rond en commandeerden: 'Iedereen naar de ingang en naar binnen! *Vite, vite, dépêchez-vous!* De controle komt later wel.' De vrouwen wilden gaan rennen, maar het lukte niemand door die mensenmassa heen te dringen.

Paulette hield mijn arm vast, zodat we elkaar niet zouden kwijtraken. Er werd van achteren geduwd. Toen ik me omdraaide waren onze vriendinnen al verdwenen. Waarom toch zo vreselijk dringen, vroeg ik me af, alleen maar vanwege de regen? Ze zullen elkaar nog vertrappen. Zou het misschien komen door de gewoonte bevelen altijd op te volgen?

'Die zijn toch gestoord,' riep Paulette in mijn oor, 'ze zijn bang de laatsten te zijn.'

Het Vel d'Hiv was niet meer te herkennen. Na de laatste keer dat ik hier was – dat moest al een hele tijd geleden zijn, op een van die gigantische bijeenkomsten van het Front Populaire – klonk het *Des avions, des canons, pour l'Espagne!* nog lang na in mijn oren. Dat was bij de generale repetitie voor de Tweede Wereldoorlog, de Spaanse Burgeroorlog. Toen hadden de fascisten gewonnen.

We wilden zien wat er in de hal gebeurde, maar dat was onmogelijk in die mensenmassa. Een zee van vrouwen, met daartussen een paar soldaten die er maar een beetje verdwaasd bij stonden te kijken. De betonnen vloer was 'bedekt' met stro, dat blijkbaar in allerijl door 'de Amerikanen' was geregeld; sommigen zeiden dat het quakers waren geweest, maar anderen beweerden uit betrouwbare bron te hebben vernomen dat het van een Joodse hulporganisatie kwam. Een vrouw gaf in alle bescheidenheid aan dat ze informatie uit de eerste hand had; ook het eten zou door Amerikanen worden geleverd, want de Franse overheid zou vergeten zijn dat we ook op een of andere manier voedsel moesten krijgen. Dat laatste werd door niemand betwijfeld. Van alle kanten vingen we *bobards* op. Hoe vertaalde je dat eigenlijk? 'Kletsverhalen' dekt wel de lading, maar het Franse woord klinkt eleganter. Over de eindeloze hoeveelheid bobards in de kampen hadden onze mannen al verteld.

Onze mannen. Waar waren die nu?

Een paar dagen geleden hadden ze iedereen die nog niet in een kamp zat weer in open stadions geïnterneerd, waar ze bij weer en wind tot hun verdere transport werden vastgehouden. Alleen ons vrouwen werd de luxe van een dak boven het hoofd gegund, maar het was helaas niet meer dan een glazen koepel en overal rond het gebouw stond luchtafweergeschut opgesteld; de projectielen zouden dus door het glazen dak recht op ons hoofd vallen.

In september 1939 hadden we onze mannen in het Stade Colombe nog voedselpakketten kunnen brengen; die gaven we af bij de ingang in de hoop dat ze werden doorgegeven. Ik kan me de lange rijen vrouwen met hun pakketten nog goed herinneren. Maar nu zaten we zelf allemaal opgesloten. Hoe zouden we elkaar terug kunnen vinden? En wanneer?

'Veel van die mannen wisten zich in die situatie niet te redden,' vertelde Hans Fittko later een keer. 'Hoe bescherm je jezelf tegen regen en wind, hoe krijg je je kleren weer droog? Hoe pak je een blikken kom met hete koffie vast zonder je vingers te branden? Hoe vind je in het donker de latrine? Er brak regelmatig iemand een arm of been nadat hij over de banken was gestruikeld.

Na ongeveer een week laadden ze ons op een vrachtwagen. Op dat moment waren de Duitse tanks al door de linies gebroken. De oude haat jegens de aartsvijand, *les boches*, drukte op alles. Voor de Fransen waren wij emigranten gewoon Duitsers. We kwamen daarvandaan, we hadden het geminachte *accent boche*. In de jaren na onze emigratie zijn we voor veel Fransen in principe altijd *sales boches* gebleven. En nu – we waren gevangenen, dus we moesten wel spionnen zijn. Waarschijnlijk nazi-parachutisten, voor wie in de kranten en op de radio werd gewaarschuwd.

Voor de oorlog hadden ze ons nog uitgemaakt voor oorlogshitsers, omdat Frankrijk niet wilde luisteren naar onze waarschuwingen voor Hitlers agressieve plannen. Maar nu was het oorlog en werd het fijne onderscheid tussen nazi's en antifascisten niet meer gemaakt. Wij waren de vijand.

We renden tussen de rijen *flics* door in de richting van de vrachtwagens terwijl zij met hun *bâtons* op ons insloegen. Ik had geluk, ik kwam weg met maar één klap op mijn achterhoofd toen ik op de wagen sprong. Ik had toen dagenlang hoofdpijn, en het besef dat die klap eigenlijk voor de nazi's bedoeld was, was een kleine troost.'

Paulette en ik vonden een bergje stro dat nog vrij was en genoeg plaats bood voor ons tweeën. Toen we onze bagage erop gooiden steeg er een wolkje stof op en kreeg ik een niesbui. En zoals we daar nu stonden, met onze kletsnatte haren, de regen die van ons af droop en soppend in onze schoenen, keken we elkaar aan en moesten lachen. Paulettes blauwe linnen jurk, die ik zo mooi vond omdat die zo goed bij haar ogen paste, plakte aan haar lichaam en leek wel een badpak van rond de eeuwwisseling. 'Dat zal voorlopig wel ons laatste bad zijn geweest,' zei ze, wijzend naar de eindeloze rijen voor de toiletten.

Ik kan me niet herinneren of er die eerste avond eten werd uitgedeeld; we hadden vast wel eten meegenomen van huis. Ik weet nog hoe ik naar een sigaret verlangde, maar vanwege het stro op de vloer kon ik roken wel vergeten. We liepen rond en waren blij als we een bekend gezicht zagen – zoals je blij bent als je een landgenoot tegenkomt in het buitenland.

'Kijk daar eens,' zei Paulette, 'nee, daar, meer naar links, ja, daarboven, dat is toch Claudia?' Inderdaad, daar zat de 'koningin-moeder', de beroemde antifascistische journaliste, de officiersdochter uit Potsdam met Berlijnse goedgebektheid. Midden tussen het stof en vuil, in het richtingloze gedrang, het gewoel en het lawaai zat ze hoog boven iedereen op een stroberg, slank, lichtblond en kaarsrecht. Ze droeg witte handschoenen.

Dat beeld loodste ons in de daaropvolgende tijd door het gevaar en verdriet. Soms, als we de moed verloren, herinnerde de een de ander aan die witte handschoenen. We moesten er telkens weer om lachen, en door te lachen kregen we weer de moed die nodig was om te doen wat we moesten doen.

Wat waren ze met ons van plan? Was er eigenlijk wel een plan? Hoelang konden ze ons hier houden? Antwoorden op onze vragen waren er niet, we konden er alleen maar naar gissen. In ieder geval moesten we proberen in contact te blijven met de mensen die nog in Parijs waren achtergebleven. De bewakers, jonge soldaten, waren niet zo vijandig als de politie buiten. We glimlachten naar elkaar, en we konden er regelmatig eentje overhalen een postkaart af te geven.

Over de beloofde criblage hoorden we niets meer. We wisten dat zoiets niet meer dan een slecht toneelstukje kon opleveren. Hoe zouden er ooit duizenden gevallen kunnen worden nagetrokken? Dat was zelfs met de beste wil van de wereld niet mogelijk, en nu de vijand door de linies brak al helemaal niet meer. Ons lot werd nu bepaald door bureaucratie en oorlogspsychose.

Het merendeel van de vrouwen bestond uit Joodse immigranten die zich niet bezighielden met politiek, die in Frankrijk asiel hadden gezocht vanwege de Jodenvervolging door de nazi's. Zij werden samen opgesloten met ons, de politieke vluchtelingen van de nazi-oppositie, van wie er veel waren gevlucht om te ontkomen aan foltering en moord.

En dan waren er nog de Rijksduitsers, Duitse staatsburgers met een geldig paspoort, die zich om de meest uiteenlopende redenen op Frans grondgebied hadden bevonden op de dag dat de oorlog uitbrak, of op Franse wateren, zoals de Rijnschippers. Natuurlijk zaten er ook nazi's onder die Rijksduitsers. Ik denk aan het litteken op het voorhoofd van mijn broer, dat tegenwoordig nog steeds zichtbaar is. Het is ontstaan doordat de nazi's in zijn kamp toesloegen toen de Duitse tanks in aantocht waren. Maar dat is een ander verhaal.

Op een dag werd uiteindelijk toch een criblage aangekondigd en moest iedereen in de rij gaan staan. Aanvankelijk was het dringen geblazen, want iedereen wilde als eerste aan de beurt komen. Het duurde dagenlang en de vrouwen werden langzaam maar zeker moe en wanhopig. Paulette en ik wilden tot het laatste moment wachten, tot de rijen niet meer zo lang zouden zijn. De criblage zou toch niets opleveren. We keken toe hoe de vrouwen langsstrokken en vol vertrouwen het hok van de kamparts binnengingen. Na een paar minuten kwamen ze aan de achterkant van het hok weer naar buiten. Een vrouw uit Frankfurt met een scherp gesneden gezicht zag er opeens volkomen afgetakeld uit, en haar ogen dwaalden rond zonder echt iets te zien. De arts had gezegd: 'Zo'n borstkankerverklaring kan iedereen wel kopen.'

L'enfant infirme, de veertienjarige Renée met de lange bruine vlechten – waarom was ze er eigenlijk, kinderen onder de zeventien werden niet geïnterneerd –, strompelde op haar krukken naar buiten. Ondanks haar kinderverlamming was ze *apte* bevonden. Bij het leger betekende apte 'goedgekeurd voor de dienst' – hier betekende het 'goedgekeurd voor het kamp'. *'Je m'en fous royalement!'* zei ze lachend, en ze hinkte verder.

'Word wakker, we moeten gaan.' Paulette schudde me wakker.

'Gaan? Waarnaartoe?' Ik had de hele dag hoofdpijn gehad en een uur eerder was ik eindelijk op mijn hoopje stro in slaap gevallen.

'Naar de commissie. Kom, we moeten aansluiten in de rij. Heb je je papieren?'

Ik stond op en liep met haar mee, nog half slapend.

'Wat zie je eruit,' zei ze, 'je gezicht is helemaal grauw. Zo kun je geen officier ertoe verleiden je te laten gaan. Doe in elk geval lippenstift op.'

'Dat zou verspilling zijn. Je ziet toch wat zich hier afspeelt.' We waren nu in een soort voorruimte van het hok waar de doktersonderzoeken plaatsvonden.

Een bewaker nam onze papieren in ontvangst. De vrouwen gingen een voor een de volgende ruimte binnen, waar twee artsen in een witte jas zeiden: 'Mond open. Diep inademen. Apte. Volgende.' Sommige vrouwen probeerden een van de artsen een doktersverklaring te overhandigen, anderen wilden iets uitleggen. De artsen leken doof te zijn en zeiden alleen maar 'Apte. Apte. Apte.' De vrouwen trokken aan hen voorbij.

'*Docteur, j'ai...*'

'Apte. Volgende.'

'*Pardon, permettez-moi...*'

'Apte. Doorlopen.'

Toen was Paulette aan de beurt. 'Mond open. Apte.'

Ik had nog steeds hoofdpijn en was nog niet helemaal wakker; ik ging voor de dokter staan en deed mijn mond open.

'*Vous êtes malade, madame?*' Ik moest hem verkeerd hebben verstaan.

'*Vous vous sentez mal?*' vroeg hij, nu luid en duidelijk.

'*Non, docteur,*' antwoordde ik beleefd. (Paulette, die nog in dezelfde ruimte was, zei later: 'Het was duidelijk dat je echt niet jezelf was.')

'Bent u werkelijk in orde?' vroeg de arts nogmaals. 'Of bent u net ziek geweest?'

Toen was ik eindelijk wakker. 'O, ja, ik was vreselijk ziek.'

Hij wilde weten wat ik had gehad.

'*Peritonite,*' zei ik zachtjes kreunend, 'buikvliesontsteking.' Dat was de ergste ziekte die me te binnen schoot. Het was zelfs waar, hoewel het wel al een paar jaar geleden was.

'*Exemptée de tout travail,*' besliste de dokter, en ik kreeg een pas waarop stond dat ik arbeidsongeschikt was.

Er gebeurden zoveel dingen die altijd onverklaarbaar zullen blijven.

We werden nu al meer dan een week vastgehouden in het Vel D'Hiv. Luchtalarm, dag en nacht. We hoefden niet naar een schuilkelder te rennen, want het velodroom had er geen. We letten er ook niet meer echt op of de sirenes alarm sloegen of juist het signaal veilig gaven, we trokken ons er niets van aan.

Het gezoem van de bommenwerpers. Het was niet zo schel als de sirenes, maar het werkte meer op je zenuwen. We keken ook niet meer naar boven om te zien van wie de vliegtuigen waren, want de lucht was hier toch onzichtbaar. Een paar keer klonk er een verschrikkelijke knal, alsof de bliksem was ingeslagen, en we wisten dat het de projectielen van de luchtafweer waren die op ons dak vielen. We hoorden dat er in een hoek van de hal een projectiel was doorgeslagen. Waren er gewonden? Waarschijnlijk – misschien – geruchten, steeds meer geruchten.

Soldaten gaven ons soms stiekem een krant. Het waren nog maar één of twee pagina's, maar vol vette koppen en met tegenstrijdige berichten. Eén ding was wel duidelijk: de Duitsers rukten op, braken door de linies, liepen Noord-Frankrijk onder de voet.

Wat zouden ze met ons gaan doen?

Na ongeveer twee weken kwam het bevel tot afvoeren: klaarmaken, aansluiten in de rij, papieren gereedhouden.

Paulette en ik wachtten af tot het gedrang afnam. Het duurde uren, en je kon niet zien wat zich bij de uitgang afspeelde. Uiteindelijk liepen wij ook langzaam mee in de rij, en toen zagen we dat de vrouwen voor de uitgang in twee groepen werden gesplitst. Het merendeel aan de rechterkant, een kleinere groep naar links.

Paulette was aan de beurt. '*À gauche*.'

Toen, tegen mij: '*À droite*.'

Paulette protesteerde. 'Wij horen bij elkaar, waarom willen ze ons scheiden? Waarom moet ik naar links? Wat heeft dat allemaal te betekenen?'

Een officier legde uit dat we voor onze veiligheid werden overgeplaatst. De vrouwen van Franse soldaten mochten echter niet in een kamp worden geïnterneerd en moesten daarom achterblijven. Uit Paulettes papieren bleek dat haar man in het Franse leger zat, ook al was dat maar als *prestataire*, in een eenheid voor buitenlandse vrijwilligers. Paulette werd naar links geduwd.

Het ging nu snel. Mijn groep werd naar de uitgang gedirigeerd, waar ik me naar Paulette omdraaide. Ze stond me na te kijken terwijl de tranen over haar gezicht liepen. Ze huilt, dacht ik verbaasd, Paulette, die altijd op alles voorbereid is, altijd een oplossing vindt. Voor ik haar iets kon toeroepen werd ik naar voren geduwd.

'Ik heb het nooit echt kunnen begrijpen dat je juist op dat moment je zelfbeheersing verloor,' zei ik dertig jaar later tegen haar. 'Elke keer als dat moment opkwam in mijn herinnering dacht ik: als ik haar nog een keer terugzie, moet ik haar dat vragen.'

'Het was zo belangrijk om bij elkaar te blijven,' antwoordde ze, 'juist toen, op het moment waarop we niet wisten wat er zou gaan gebeuren. Tot dat moment konden we alles delen, de zorgen, de onzekerheid. Zelfs vuil en vlooien zijn beter te verdragen als je ze deelt. En samen konden we de angst verdrijven, we hadden het leuk, hadden veel lol samen.'

'Dat klopt, we hadden lol samen...'

'Weet je nog,' nam ze weer het woord, 'wat voor grappige dingen er in die vreselijke situatie gebeurden, hoe we moesten lachen, we waren immers nog jong. Weet je nog dat die ronde kaas uit mijn broodzak rolde, en ik erachteraan, door het halve sportpaleis. En die stotterende soldaat, die een oogje op je had en steeds erger begon te stotteren, en die dronken officier die een toespraak hield. En dat was opeens voorbij, in je eentje is alles maar half zo grappig. En dan die gedachte: wat gaat er met haar gebeuren, en wat met mij? Als dat niet om te huilen was...'

De bussen die buiten op ons stonden te wachten hadden grote borden aan de zijkant: RÉFUGIÉS DE LA ZONE INTERDITE, vluchtelingen uit de verboden zone (in het noordoosten van Frankrijk). Dat het zo erg was had ik niet gedacht. Blijkbaar wilden ze voorkomen dat wij als *étrangers* of boches werden gelyncht, dat was immers allemaal één pot nat.

De ramen van de bus waren geblindeerd en we zaten dicht opeengepakt op de banken. In het donker kon ik de andere vrouwen niet zien, ik voelde alleen de bedruktheid om me heen.

Op een goederenstation werden we eruit gelaten. We dachten dat het Gare d'Austerlitz moest zijn. Vanaf daar gingen de treinen naar het zuiden. Natuurlijk naar het zuiden, waar anders naartoe? Vanuit het noorden kwamen de Duitsers.

De treinen die op ons stonden te wachten waren eindeloos lang. Waarschijnlijk hadden ze die omgeleid naar het goederenstation, opdat de mensen ons niet zouden zien. We werden met z'n tienen in een zespersoonscoupé geladen; een soldaat gooide de deur dicht en deed die aan de buitenkant op slot. Ook de deur naar de gang met de wc werd afgesloten. Onder ons tiental was er maar één die ik weleens eerder had gezien: Renée, het meisje op krukken.

We rijden, we rijden, we zullen altijd blijven rijden, steeds maar verder en nergens naartoe – ik was waarschijnlijk in slaap gevallen, wat een domme droom. Hoelang zaten we eigenlijk al in de trein? Was het de derde nacht of pas de tweede? Eén of twee keer per dag deden soldaten de deur open en dan gaven ze ons een stuk brood, ieder een klein blikje paté en water, maar het was nooit genoeg. Ik was de enige die sigaretten had, en elk uur staken we er één op, die we onder de rokers lieten rondgaan; het hielp ook een beetje tegen de honger. De deur naar de wc werd alleen 's morgens en 's avonds een keer opengedaan.

Een soldaat bracht een ketel met warm eten. *'Qu'est-ce que c'est?'* vroeg een vrouw begerig, terwijl ze haar eetblik ophield.

De soldaat vulde het. *'Du singe,'* zei hij. De vrouw rilde zo erg dat ze de bruine saus op haar jurk morste, de soldaat grijnsde en Renée giechelde. Iemand legde ons uit dat bij de soldaten vlees 'du singe' wordt genoemd – van de aap.

We probeerden de plaatsnamen op de borden te lezen, maar de trein reed te hard langs de kleine stations. Hij stopte één keer in een stad, in Tours. Op het tegenoverliggende perron stonden enorme massa's mensen dicht op elkaar gepakt. Ze schreeuwden iets naar ons, we zagen mensen hun vuisten ballen, er kwamen een paar stenen tegen de trein. Met een ruk kwamen we weer in beweging.

We zaten met ons tienen half op elkaar in onze coupé en waren hongerig, dorstig en uitgeput. Af en toe reageerden we onze angst en woede op elkaar af.

Een van de vrouwen staat me nog voor ogen, geloof ik. Ze was in de veertig, groot en met blonde krullen, ze had een schelle stem, praatte aan één stuk door en werkte iedereen op de zenuwen. Ze sprak alleen Frans; misschien was ze hier vanwege een Duitse grootmoeder. (Wij spraken als immigrant alleen maar Frans in het openbaar, al sinds het uitbreken van de oorlog – het was ondenkbaar om bijvoorbeeld in een schuilkelder tijdens een luchtalarm de taal van de vijand te spreken. Degenen onder ons die niet voldoende Frans spraken moesten hun mond houden.)

De grote blonde vrouw had het op Renée voorzien. 'Ah, l'enfant infirme!' spotte ze boosaardig. 'Kijk toch eens, het arme kind moet het grootste stuk brood hebben.'

'Stop daarmee,' zeiden anderen tegen haar, 'laat dat meisje met rust.' Ze hield een tijdje haar mond.

Er verscheen een soldaat, die de zijdeur opendeed. 'Voilà l'enfant in-firme,' begon de vrouw weer en ze lachte honend, '*pauvre bébé*, zij moet het eerst op het potje.'

Renée negeerde de vrouw, ze leek het getreiter niet te horen, niets kon haar deren. Waar haalde ze de kracht toch vandaan, putte ze die uit haar gebreken? Was ze gewend aan dit soort wreedheden? Ze zat daar maar in haar hoekje, deze dagen en nachten in de trein, het ene moment kletste ze erop los, dan sliep ze weer, en als ze lachte dansten haar bruine vlechten rond haar schouders.

Maar de blonde vrouw hield niet op. 'Ach god,' riep ze, 'het arme gehandicapte kind, ze heeft meer ruimte nodig dan de anderen...'

Een jonge vrouw sprong plotseling overeind. Ze was klein en terughoudend; ze had tot dan toe nauwelijks een woord gezegd, en in gedachten had ik haar 'de schuchtere' gedoopt. Ze ging voor de grote blonde vrouw staan en hield haar vuist voor haar gezicht, en met een verbazingwekkend zware, hese stem hoorde ik haar zeggen: 'Laat dat kind met rust – nog één woord en ik zal...' Een hoog piepend geluid van de locomotief smoorde de rest. Ik zag het gezicht van de blonde trillen; met open mond stak ze haar armen omhoog, alsof ze iets moest afweren, waarna ze in elkaar dook en begon te snikken. Ze was tot zwijgen gebracht en ik zal nooit echt weten hoe. Ik zal ook nooit weten hoe het dat meisje met de krukken verder is vergaan. Heeft ze het gered?

Het leek of we dagenlang kriskras door het land reden. We vroegen aan elke soldaat die opdook: 'Waar zijn we?' 'Waar gaan we naartoe?' Maar iedereen haalde alleen maar zijn schouders op. Misschien wist daadwerkelijk niemand waar we heen werden gestuurd.

Toen zag ik in de verte een kleine stad. De trein reed langzamer. Ik ging voor het raam staan en probeerde de naam van het station te lezen. Oloron-Ste. Marie.

Oloron, die naam kende ik. Het afgelopen jaar hadden Hans en ik af en toe brieven en ook weleens een pakketje opgestuurd naar vrienden, leden van de Internationale Brigades, die na de overwinning van de fascisten in Spanje over de Pyreneeën naar Frankrijk waren gevlucht. In Oloron werden zij door het Franse leger opgevangen en in een reusachtig concentratiekamp gestopt. Dat kamp heette Gurs en lag niet ver van die plaats in de Basses Pyrénées. De beruchte 'Hel van Gurs'. Daar brachten ze ons dus naartoe.

De trein kwam tot stilstand, de deuren werden geopend, we stapten uit. Er stonden treinen zo ver als je kon kijken, en na de onze kwamen er nog meer treinen. En een zee van vrouwen, er bleven er maar meer bijkomen uit de treinen. Nergens een bekend gezicht.

Ik zei tegen de vrouwen in mijn coupé: 'Nu weet ik waar ze ons naartoe brengen, naar concentratiekamp Gurs.' Ik was niet voorbereid op het effect van mijn woorden.

'Ze liegt!' riep een vrouw, en ze begon te huilen.

'Ze wil ons bang maken!' – 'Vals alarm! Dat zouden ze ons nooit aandoen.' – 'Geloof haar maar niet! Het is niet waar.' Het was een algehele hysterie, en ik stond ermiddenin, het mikpunt van de woede.

Op dat moment kwamen er een paar gendarmes op ons af. De vrouwen werden stil. 'In de rij! Schiet op, vooruit, snel, sneller!'

We kwamen over een smalle brug. Aan beide zijden stonden Baskische boerenvrouwen; vijandige ogen staarden ons aan. Knokige, kwade koppen zaten op zuilachtige gestalten, van kin tot voet in het zwart gehuld. Woordeloos stonden ze naar ons te spugen en stenen te gooien. In een droom die af en toe terugkomt, zie ik dat bruggetje in Oloron altijd met die muur van haat op de achtergrond. In een droom is natuurlijk alles vertekend.

Achter de brug hielden het spugen en stenen gooien op. Er stonden vrachtwagens op ons te wachten, we reden een straat uit en toen zagen we de eindeloze omvang van het kamp – de kale aarde en de barakken. We waren veilig, we zaten achter prikkeldraad.

Hoofdstuk 2
Gurs, mei en juni 1940

'*Un-deux, un-deux, un-deux,*' riep de vrouw in uniform terwijl ze in haar handen klapte, steeds sneller, 'vite, vite, un-deux', en we renden door de opening in het hek van prikkeldraad. Het geklaag en gesnik waren opgehouden, je hoorde nu niets dan de bevelen, het geklap en het getrappel. De vrouwen waren buiten adem van de schrik en het rennen. Hoe kun je hard rennen als je doodmoe bent – en waarom moesten we eigenlijk rennen? Boven de poort hadden we een bord gezien: CENTRE D'ACCEUIL, ontvangstcentrum. Dit was een ontvangst voor bajesklanten.

Binnen de omheining stonden nog meer mensen in uniform. Ze verdeelden ons in groepen en dreven ons in barakken. Die waren lang en smal vanbinnen, in het halfdonker liep een smal middenpad met aan weerszijden strozakken die op de kale aarde lagen, dicht naast elkaar, zonder tussenruimte. Hoewel niemand ons hier opjoeg, renden enkele vrouwen alsmaar verder, elkaar verdringend. Voor mij duwden twee vrouwen elkaar aan de kant, en er viel iemand omdat je op het gangpad elkaar niet kon passeren zonder op de strozakken te gaan staan.

Ik liep naar het andere einde van de barak. De plek in de hoek was nog vrij en ik ging erop af. Ik hoopte in de hoek iets meer bewegingsruimte te hebben. Ik gooide mijn koffer op de strozak, iemand rukte me naar achteren, het was een jonge vrouw die schreeuwde: 'Dat is mijn plek, maak dat je wegkomt!' Ik wilde uithalen, maar toen schoot door mijn hoofd: wat is er toch aan de hand, ben ik ook al doorgedraaid, ik ga toch niet slaan om een plek. Toen ik wegliep stootte ik wel nog even licht in haar knieholte, waardoor ze met haar neus op 'haar' strozak viel. Ik zocht een andere plek; aan elke kant van het gangpad lagen dertig strozakken. Het was moeilijk iets te zien, want de enige verlichting was een zwak peertje in het midden van het plafond. Bekende gezichten kon ik zo niet ontdekken.

Ik geloof dat het 25 mei was.

Een paar dagen later had iedereen elkaar weer gevonden: oude kennissen, enkele vrienden. In alle stilte werd van barak gewisseld. De politieke emigranten verzamelden zich. Sommige barakken werden door één bepaald groepje bevolkt, dat zich van de rest isoleerde. Waar zijn de dagen van het Volksfront, dacht ik.

Het kamp was onderverdeeld in afdelingen – *îlots* – en elke afdeling was omheind met prikkeldraad. In elk îlot stonden vijfentwintig barakken met elk zestig slaapplaatsen. Wij zaten in îlot 1, ik zat nu in barak 21 omringd door oude bekenden. Naast me lag Anni, die ik uit Parijs kende. 'Er zit iets in mijn strozak,' zei ze, waarna ze een papiertje tevoorschijn haalde waar een paar uitgelopen regels op geschreven stonden. We bestudeerden het samen: LIEF MEISJE, IK KEN JE NIET, MAAR DEZE STROZAK HEB IK VOOR JE GEVULD. SLAAP ER GOED OP. HEINZ, EEN SPANJESTRIJDER.

De vrouwen in uniform die ons hadden ontvangen met hun *un-deux-vite-plus-vite* bleken inderdaad professionele gevangenisbewaarders te zijn, die de instructie hadden gekregen ons als gewone gevangenen te behandelen. Opstaan, opstellen in rijen, corvee, stilte, licht uit. Ze bedachten telkens weer iets nieuws om ons te treiteren, vooral in naam van orde en reinheid. Reinheid. In een kamp dat op een leemgrond stond waar je in wegzakte, als het geregend had soms wel tot over je enkels, en waar nauwelijks water was. Orde zonder een plek om iets op te bergen, zonder een spijker om iets aan op te hangen. Niets waar je afval in kon doen – behalve in de latrines, die zelfs die naam niet waardig waren en waar een eeuwige rij mensen voor stond.

Om elke barak liep een kleine greppel waardoor het water van het dak kon wegstromen. De bewakers schepten er plezier in een van ons te pakken en te dwingen in de greppel te klimmen om een stuk papier of ander afval op te rapen. En dan deed het mij plezier dat ik hun de verklaring onder de neus kon houden die de dokter in het Vel d'Hiv me had gegeven: exemptée de tout travail. Arbeidsongeschikt.

De wachters maakten medegevangenen tot barakhoofd. In het begin vroegen we ons af wie die vrouwen waren. De meesten waren jong en spraken beide talen vloeiend. Jodinnen waren het zeker niet en politieken al helemaal niet. Het leek alsof de bewakers en die jonge vrouwen elkaar kenden, zelfs dat ze bevriend waren. 'Ach, joh,' zei Maria, die goed op de hoogte was, 'wat zijn jullie toch onnozel! Het zijn hoeren. Hoeren uit Duitsland die in Parijs tippelen.'

De nieuwe hoofden namen het commanderen algauw over. 'Doorlopen – blijven staan – uit de barakken – in de barakken.' Velen van hen waren nog gemener dan de Franse gevangenisbewaarders. Het was al snel duidelijk dat ze als spion voor de bewakers dienden.

Het was verboden om door het prikkeldraad met de vrouwen in de omliggende afdelingen te praten. Het was verboden om kranten te krijgen. Het was verboden post te ontvangen en we konden geen post versturen. Elk contact met de buitenwereld was verboden. De nazitroepen rukten op en wij werden opgesloten in de Pyreneeën. Europa stortte in elkaar en wij werden buitengesloten.

Enkele vrouwen begonnen erover dat we moesten proberen iets tegen die toestanden in het kamp te doen. Ik dacht: eindelijk, hoogste tijd. Ik zei: 'Als we iets willen bereiken moeten we in actie komen, dus waar zullen we mee beginnen?' Maar zo simpel ging het niet, want sommigen twijfelden, anderen wilden er helemaal niets van weten.

Een paar vrouwen hadden via een wachtpost een klachtenbrief naar de kampcommandant gestuurd en er een dode wants bij gedaan om de onhygiënische omstandigheden te illustreren. De volgende dag gaf een soldaat hun een brief van de commandant: 'Als de Franse wantsen u niet aanstaan, *mesdames*, raad ik u aan het eens in een Duits concentratiekamp te proberen.' Zo gemakkelijk moesten we het hem niet maken.

Politieke emigranten uit andere afdelingen benaderden ons om een protest te organiseren. Je moest geduldig en voorzichtig zijn om over de draadversperringen heen met elkaar te kunnen overleggen: als de bewaker die op het pad tussen de îlots heen en weer liep helemaal aan het einde was, kon je ongeveer een minuut lang naar de andere kant roepen, hard genoeg om te worden verstaan, maar niet zo hard dat de bewaker je hoorde.

Uit de diverse afdelingen werd een delegatie samengesteld. Er werden prominente vrouwen geselecteerd, bekende namen, vooraanstaande persoonlijkheden uit de Duitse emigrantengemeenschap: intellectuelen, actrices, leidsters van emigrantencomités. De discussies over de taak van de delegatie waren lastig en soms heftig. Sommigen weigerden zonder meer om op wat voor manier dan ook contact op te nemen met de kampleiding, 'die handlangers van de Franse reactie, voor wie wij als antinazi's een grotere vijand zijn dan de nazi's'.

'Dat klopt,' gaven anderen toe, 'maar we gaan niet onze mond houden als we ertegen kunnen protesteren hoe we hier worden behandeld.'

'Zien jullie niet in dat de machthebbers met wie jullie willen onderhandelen ook degenen zijn die ons emigranten uitmaken voor de vijfde colonne, om de Franse bevolking tegen ons op te zetten? Ze hebben ons niet per ongeluk hier opgesloten.'

'De delegatie moet bezwaar maken over uitwassen. Dat de regering ons met nazi's in één kamp opsluit is één ding, maar dat dit kamp ongeschikt is om tienduizend vrouwen onder te brengen is iets anders.'

(Gurs was in 1939 ontstaan: toen honderdduizenden Spaanse republikeinen over de Pyreneeën naar Frankrijk vluchtten voor de fascisten, liet men het terrein dicht bij Oloron, waar niets anders was dan een kale leemgrond, omheinen met prikkeldraad om ze daar op te sluiten. Geleidelijk werd er steeds meer materiaal aangevoerd, waarmee de Spanjestrijders primitieve barakken bouwden. Onder de republikeinse troepen zaten mannen van de Internationale Brigades, en onder hen Duitse emigranten die aan de kant van de republikeinen hadden gevochten. Hun lied klinkt nog in mijn hoofd:

Maar wij hebben ons vaderland niet verloren
Ons vaderland ligt tegenwoordig voor Madrid...

De laatste maanden waren degenen die zich hadden aangemeld voor de werkcolonnes ontslagen uit het kamp. Wie in Gurs achterbleef werd in een van de eerste twee îlots ondergebracht, op gepaste afstand van ons vrouwen.

Het verhaal deed de ronde dat de commandant half mei een telefoontje had gekregen uit Parijs: 'We sturen u tienduizend vrouwen ter internering. Hallo, hallo?' De ambtenaar in Parijs zou vergeefs op antwoord hebben gewacht, hij hoorde alleen een doffe klap – de commandant was flauwgevallen.)

De delegatie moest vooral protesteren tegen het kranten- en postverbod. Niets kon rechtvaardigen dat vervolgden en tegenstanders van het Derde Rijk werden afgesneden van de buitenwereld. De andere eis was zelfbestuur. Er werd beweerd dat we voor onze eigen veiligheid hiernaartoe waren gebracht, terwijl we nu als gevangenen werden behandeld. Orde handhaven konden we beter zelf.

De gedelegeerden werden de volgende dag gehaald om naar de commandant te gaan; na ongeveer een uur keken we toe hoe de bewakers hen via de stoffige straat terugbrachten. Even later begon hun verslag rond te gaan door de omheiningen van prikkeldraad, van afdeling naar afdeling, van mond tot mond. Als reden voor het nieuwsverbod en de 'scherpe bewaking' had de commandant aangegeven dat de vrouwen die naar dit kamp waren gestuurd deels politieke of om andere redenen vervolgde emigranten waren, maar deels ook Rijksduitse dus vijandelijke buitenlanders – onder hen ongetwijfeld veel nazi's, en zeer waarschijnlijk een aantal spionnen. 'Ik ben er niet verantwoordelijk voor dat de nazi's en hun tegenstanders bij elkaar zijn gezet, maar ik draag wel de verantwoordelijkheid voor de veiligheid.' Hij toonde geen greintje begrip.

Toen een van de vrouwen zich voorstelde als lid van de Liga voor Mensenrechten, was hij tegen haar tekeergegaan: 'Die pacifisten, die antimilitaristen, de oorlog is hun schuld!'

De vrouwen gingen daar niet op in; ze bleven bij hun eisen en herinnerden de commandant aan Frankrijks traditie als asielland voor vervolgden.

Zolang er vijandelijke buitenlanders onder de gevangenen waren, was kortweg de reactie van de commandant, kon hij niets aan de bestaande regels veranderen. De kampleiding kon die niet onderscheiden van de antinazi's. Zouden wij, de vervolgden, het op ons willen nemen om de nazi's te scheiden van de emigranten? Onder toezicht van de *commissaire spécial de police*, voegde hij er terloops aan toe. Als wij in het hele kamp een onderzoek uitvoerden en de Rijksduitse vrouwen eruit pikten, kon hij ons rechten geven op het gebied van post en kranten. 'Maak een lijst met de politieke vluchtelingen, een met de overige emigranten en een met de vijandelijke buitenlanders.'

'Wij zijn toch zeker de Franse politie niet,' antwoordden de gedelegeerden, 'wij zijn gevangenen, wij maken geen lijsten. Het is niet onze taak om over medegevangenen te beslissen. Onder elkaar krijgen we die nazi's wel klein; als we zelfbestuur hebben, hoeft de kampleiding zich daar geen zorgen om te maken.'

De commandant zei dat hij erover na zou denken, waarmee hij het gesprek beëindigde.

De volgende dag hingen er aanplakbiljetten bij de ingangen naar de îlots: elke barak moest een barakhoofd kiezen. De opzichters zouden zich beperken tot beheerderstaken. Was ondertekend: de kampcommandant.

Het was een zwoele avond en we zaten buiten in de schemering. Sinds de nieuwe verordening was ingegaan hoefden we pas om tien uur weer in de barakken. Ik dacht: wanneer je je ogen dichtdoet, heb je bijna het gevoel in het park te zitten. Geklets en gelach, gefluister en gegiechel. Twee vrouwen maakten ruzie en ergens in de verte zong iemand een lied. Voor het eerst viel me op dat er in Gurs ook een alledaags leven was.

'Zie je dat groepje daar?' vroeg Marianne.

'Die daar in een kring zitten?' Ik probeerde de personen te herkennen. 'Zijn dat niet die nazi's die samen in een barak aan de andere kant van het îlot zitten?'

'Klopt. Er zit er eentje bij die behoorlijk lang is, met opgestoken blonde vlechten en een paardenhoofd. Die moet je in de gaten houden, ze probeert aan te pappen met onze mensen. Jou kennen ze niet – wil je eens proberen te horen waar ze het over hebben?'

Eerst kon ik alleen maar wat losse woorden verstaan. Ik hoorde 'Jodenbende' en ik hoorde 'de Führer'. Ze sloegen geen acht op mij, waarop ik dichterbij ging zitten. Die met het paardenhoofd scheen instructies te geven. Ik hoorde '... goed in de gaten houden, vooral de mensen in die barakken daarginds... rapporteren...'

Vanaf dat moment hoorde je overal waar het paardenhoofd zich liet zien: 'Pas op! Nazispion!' Weldra liet ze zich niet meer bij ons zien. Ook de andere nazi's waren voor ons gemakkelijk te herkennen, en we ontwikkelden ons eigen waarschuwingssysteem.

Het gesprek draaide weer eens om het prikkeldraad. De apolitieke emigranten hadden er het meest onder te lijden, die prikkeldraadversperring was een symbool voor hen. 'Hoe durven ze ons zo te vernederen – je voelt je echt een misdadiger – de vernedering is het moeilijkst te verdragen...'

Sala, mijn jonge vriendin uit Berlijn, stond naast me en zei: 'Prikkeldraad? Dat is een vernedering voor jullie? Had ik me in het Duitse kamp ook vernederd moeten voelen? Omdat ik pamfletten tegen de nazi's heb verspreid?' Ik kon ook niet mijn mond houden. 'Vernederd, wij? Wie sluit ons hier op? Frankrijk, Engeland, ze hebben allemaal hun best gedaan om bij Hitler in de gunst te komen, terwijl wíj tegen de nazi's gestreden hebben. We verafschuwen het prikkeldraad, want het berooft ons van onze vrijheid. Een symbool? Het is symbolisch voor de denkwijze van degenen die hier antifascisten opsluiten.'

'Het is allemaal niet zo erg,' zei een volslanke blondine vergoelijkend, 'in de nieuwe bekendmaking staat dat we alleen maar *pour la durée de la guerre* geïnterneerd zijn.'

'Alleen maar pour la durée? En daarmee ben je al blij?' vroeg ik verbluft. 'Hoelang denk je dan dat la durée gaat duren?'

'Ach, niet lang meer, we zullen de Duitsers snel verslaan.' *We* zei de vrouw met het waterstofperoxidehoofd; ze maakte zich vast ook nog zorgen om haar haar, uit schaamte voor de uitgroei. Ik kan me Dita Parlo nog herinneren, wier beroemde geelblonde haar van boven naar beneden geleidelijk donkerbruin werd. Vreemd dat je zulke onbelangrijke dingen in je geheugen opslaat, maar misschien kwam het doordat het me toen erg absurd leek om Dita in een Frans concentratiekamp te zien: de Duitse boerenvrouw uit *La Grande Illusion* die Franse officieren in haar huis verstopt.

Niet alleen de haarkleur maar uiterlijke verzorging in het algemeen speelde een belangrijke rol. Ik herinner me nog hoe ik moest lachen toen ik in de winter mijn man bezocht in kamp Vernuche, ondanks het verbod. De mannen zagen er gevaarlijk uit met hun stoppels en wilde haren, en toen ik dichterbij kwam gingen ze ervandoor. Daarna kwamen ze een voor een weer tevoorschijn, keurig gekamd en geschoren.

Maar in Gurs waren – na de eerste shock – de vrouwen vaak urenlang bezig met hun ochtendtoilet. Het was een wonderlijk gezicht: in een donkere barak met op de vloer niets dan uitgedroogde klonten leem en strozakken waar de stofwolken uit opstegen, zaten vrouwen zich zorgvuldig op te maken, hun wenkbrauwen bij te kleuren, hun haar in de krul te zetten. Sommigen hadden een 'kapster' in dienst, die elke dag hun haar kamde.

Rond het middaguur stonden er altijd een paar vrouwen buiten. Om twaalf uur vloog op geringe hoogte een vliegtuigje over het kamp, eerst van de ene naar de andere kant, daarna kriskras. De vrouwen zwaaiden en lachten. Een van hen beweerde dat de piloot elke dag naar haar knipoogde – ze waren het erover eens dat hij jong was en er fantastisch uitzag. Ze moesten een beetje om zichzelf lachen, maar wel maar een beetje. 'Dat is toch alleen maar voor de flauwekul,' zei een jonge vrouw naast me, 'je moet toch ook iets te lachen hebben.'

's Morgens struin ik door het kamp. Het heeft geregend en mijn schoenen blijven telkens vastzitten in de leem. Ik trek ze uit en loop blootsvoets verder. Het zijn mijn enige schoenen; ik had ze aan toen we in Parijs werden geïnterneerd. Ooit waren het mooie schoenen, van blauw en rood hertenleer, maar nu zitten ze onder de leem en van de linkerschoen moest ik de zool met een touwtje vastbinden. Het probleem met die blote voeten is dat er tot de volgende ochtend geen water is om je mee te wassen. Maar als je je voeten laat drogen in de zon, springt de leem eraf en kun je de barak weer in.

Hier en daar zitten groepjes vrouwen bij elkaar. Er zijn nu dagelijks nieuwe discussiegroepen en lessen waar je van alles kunt doen en leren. Ik blijf bij de grootste groep staan, ongeveer twintig vrouwen; het is een les Engels. 'De meeste van mijn leerlingen hebben een *affidavit* en willen zich voorbereiden op Amerika,' zegt de lerares later tegen me. 'Of ze er ooit zullen komen? Dat doet er nu niet toe. Ze leren Engels omdat dat betekent dat ze een toekomst hebben, en met een toekomst raak je niet zo snel gedemoraliseerd.'

Ik ben aangekomen in de achterste hoek van het îlot, een plek die ik bij daglicht wilde zien. Geen twijfel mogelijk, de aarde is hier vers omgespit. Nee, dat beeld ik me niet in. Maar het bewijst nog niet dat het waar is wat de mensen elkaar toefluisteren. De dysenterie-epidemie is inderdaad op een ramp uitgelopen. Zeker, het is mógelijk dat de doden hier 's nachts onder de grond worden gestopt. En dat is nog wel het ergste: de grootste fantasieverhalen zijn niet meer te onderscheiden van de werkelijkheid.

De hoogste tijd voor mijn rendez-vous met de Spanjaard aan de andere kant van het îlot. Ik weet niet hoe hij heet. Hij en nog een andere gevangene komen elke dag om gaten in de daken van de barakken te dichten. Het is streng verboden voor ons om met de mannen te praten. We verbazen ons er niet eens meer over wat ons allemaal verboden wordt. Bijna alles. Bijvoorbeeld om spijkers in bezit te hebben. Spijkers maken het leven een stuk eenvoudiger, hier leer je ze wel op waarde te schatten. Spijkers kun je boven je strozak in de houten wand of in een balk slaan om iets aan op te hangen.

De eerste keer liep ik toevallig langs de Spanjaard; daar stond hij, met naast hem zijn gereedschapskist. Ik zag iets glimmen: spijkers! Ik keek de Spanjaard aan, hij keek mij aan, en ik wist zeker dat we elkaar hadden begrepen. Ik keek snel om me heen – geen opzichter, geen soldaat. Toen slenterde ik verder. Eén kniebuiging terwijl ik liep en ik had een handvol spijkers en schroeven! De Spanjaard keek toevallig de andere kant op. Sindsdien zet hij elke dag op dezelfde tijd zijn kist op dezelfde plek en heb ik met mijn buit al enkele barakken kunnen bevoorraden. Ik had nooit vermoed dat stelen iemand zo blij kon maken. Hem lijkt het ook plezier te doen en hij kijkt niet meer de andere kant op.

Een jonge vrouw in een witte jas met een groot rood kruis op haar mouw liep gehaast over het îlot. Eindelijk krijgen we nu in elk geval verpleging, dacht ik. De pezige gestalte met kortgeknipt donker haar kwam me ergens bekend van voor en ik liep achter haar aan; ze gaf net een zieke vrouw iets te drinken. Werkelijk waar, het was Ruth! Ik had haar sinds Berlijn niet meer gezien – daar liep ze altijd net zo bedrijvig rond als nu hier.

'Ben je verpleegster geworden?' vroeg ik verbaasd.

'Nou ja, die jas heeft een vrouw uit de zogenaamde dysenteriebarak me geschonken; die had ze bij zich als kappersmantel. Het rode kruis hebben we uit een hoofddoek geknipt en erop genaaid. Ongelooflijk wat voor verschil zo'n "uniform" kan maken. Ze luisteren naar me, ze hebben me nu zelfs een lege barak gegeven voor de zieken. Een paar vrouwen helpen de zieken naar de latrine te brengen, vooral 's nachts. Morgen wil ik proberen een vrijpas te krijgen, misschien kan ik ergens aspirine of keelpastilles op de kop tikken. Als we nou maar eens iets konden krijgen tegen die vervloekte dysenterie-epidemie!'

'Zuster!' riep iemand vanuit een andere barak, en Ruth spoedde zich erheen.

De jongste in onze barak was de zeventienjarige Gisela.

Een week na onze aankomst kwam er een transport aan met vrouwelijke emigranten die door de Parijse politie uit de ziekenhuizen waren gehaald. Onder hen waren terminale kankerpatiënten. Een van hen was Gisela's moeder.

Ik vroeg Gisela een keer naar haar familie. 'Mijn vader is doodgeslagen door de nazi's. Ik was erbij. Mijn broer heeft gevochten bij de Internationale Brigades in Spanje en is gesneuveld.'

Elke ochtend als de zon scheen, spreidde Gisela haar deken buiten uit en streek die glad. Ze nam haar moeder voorzichtig in haar armen en droeg haar naar buiten. Ze wilde geen hulp en had die ook niet nodig, want ze was groot en sterk en haar moeder was heel mager en licht. Ze ging bij haar zitten, streelde over haar hoofd en praatte zachtjes tegen haar. Na een dag of tien stierf haar moeder.

Ik wist weinig van Gisela, want ze praatte zelden. Ik zag haar nooit lachen of huilen.

Destijds zeiden ze, en tegenwoordig zeggen sommigen dat nog steeds, dat alles alleen maar de schuld was van de bureaucratie.

Een lichting vrouwen kwam van de Rivièra. De twee voorgaande jaren, toen een vluchtelingengolf vanuit Oostenrijk Frankrijk bereikte, mochten die vluchtelingen niet in Parijs blijven. Veel van hen werden naar het zuiden gestuurd, waar ze zich voorlopig vestigden. Maar nu werden ze naar Gurs gebracht. We hadden de indruk dat deze 'nieuwen' bij de aanblik van het kamp enorm overstuur waren.

Toen arriveerde er een lange karavaan bussen. Die stopte vlak bij onze afdeling, en wij stonden bij het prikkeldraad toe te kijken hoe die vrouwen werden uitgeladen. Eerst herkenden we alleen maar een enkel iemand, maar toen drong tot ons door dat dit de vrouwen waren die achtergebleven waren in het Vel d'Hiv in Parijs omdat ze met een Franse soldaat waren getrouwd.

Ik zag Paulette en riep haar, maar te midden van het lawaai van de motoren en het stemgedruis hoorde ze me niet. Haar groep werd naar de к-afdeling gebracht, direct tegenover ons, alleen maar van ons gescheiden door een smalle weg en prikkeldraad aan beide zijden. De volgende dag hadden we contact gelegd en konden we door de prikkeldraadversperring met elkaar praten. Als de bewaker naar de andere kant liep, wisselden we snel een paar zinnen, net hard genoeg om elkaar te kunnen verstaan maar zo dat de soldaat het niet hoorde.

Paulette kan zich het volgende herinneren: 'Toen de trein stopte in Oloron en ik de bergen zag, de Pyreneeën, wist ik dat ze ons naar Gurs brachten, waar ze de Spanjestrijders hadden vastgezet. Bij het uitstappen zeiden ze tegen de vrouwen dat ze in een hotel werden ondergebracht. Onder hen was een deftig geklede vrouw met haar dochter. Ze sprak geagiteerd met een van de soldaten die hen bewaakten en vroeg om een telefoon. De soldaat zei dat ze nu daar moest wachten, maar hij was graag bereid een telefoontje voor haar te plegen. Reserveer alstublieft een tweepersoonskamer met een badkamer in een van de betere hotels, zei ze tegen hem. De soldaat liep weg en kwam na een paar minuten terug: alles in orde, uw kamer is gereserveerd. Dank u, zei de vrouw gerustgesteld.

We werden in bussen geladen.

Kun je je herinneren hoe het eruitzag? Dat eindeloze, vlakke, moerassige terrein, door een kaarsrechte weg in tweeën gedeeld. Aan beide zijden de îlots – dat waren de door een hoge, dikke prikkeldraadversperring omheinde rechthoeken. In elk van die afdelingen stonden kaarsrechte rijen houten barakken. Barakken, barakken en niets dan barakken, een onafzienbare hoeveelheid tot achter de horizon. Hoe troosteloos dat eruitzag!

De bussen stopten voor verschillende îlots. Een aantal vrouwen gilde hysterisch. Sommigen snikten, sommigen waren met stomheid geslagen. Ik keek achterom naar de vrouw met de hotelreservering; ze huilde als een kind.

Later vroeg je me door het prikkeldraad: 'En jij?' Ik, ik had immers al van Gurs gehoord, maar zo had ik het me niet voorgesteld. Toen dacht ik: als de mannen het hier vijftien maanden hebben volgehouden, ga ik het ook redden. Nee, ik heb niet gehuild.

Wist je trouwens dat Oloron een prachtig oud stadje op een plateau is? Maar daar kwam ik pas achter toen ik er dertig jaar later terugkeerde. Gurs was inmiddels verdwenen. Niet één spoortje was er achtergebleven. Alleen de herinnering.'

Een paar vrouwen van dit laatste transport uit Parijs zaten nu bij ons op de afdeling. We bleven maar vragen stellen, en zij vertelden. Veel wisten ze niet, maar ze hadden af en toe een krant gezien en met de bewaking gekletst. Er was geen contact geweest met mensen van buiten het Vel d'Hiv.

'Niemand weet wat er aan de hand is,' zeiden ze, 'behalve dat de Duitsers razendsnel oprukken. Er zijn geruchten dat ze niet ver van Parijs zijn.'

'Geloven jullie dat?' vroegen we, hen gespannen aankijkend. Ze reageerden hoofdschuddend en schouderophalend.

Een van de vrouwen vertelde: 'Ik heb een vriend op de *préfecture*. Op de laatste dag in het Vel d'Hiv lukte het hem me te bezoeken. Hij zei alleen maar dat ze ons met grote spoed vanuit Parijs wilden wegbrengen naar het zuiden, om ons in veiligheid te brengen.'

De vrouwen uit Parijs vertelden ook dat er paniek heerste onder de emigranten die nog vrij waren. Dat wisten ze door binnengesmokkelde boodschappen en van een paar vrouwen die later waren gekomen. Er schenen nu dagelijks rijen voor het stadion te staan: vrouwen die binnengelaten wilden worden voor transport naar het zuiden.

'Geloven jullie dat?' vroegen we weer. 'Dat zijn toch alleen maar geruchten?'

'Nee,' antwoordden ze, 'het is zeker waar. Jullie kunnen je geen voorstelling maken van de buitenlanderspsychose. Wij Duitse emigranten zijn nu de vijand, wij zijn spionnen en agenten van Hitler – anders zaten we toch niet opgesloten. Wij zijn de vijfde colonne en we zijn hier zelfs met een parachute geland. In Parijs hadden de kranten grote koppen als: PARACHUTISTEN BOVEN DE OPERA – VIJFDE COLONNE IN NONNENDRACHT. Sindsdien was in Parijs geen non meer veilig.'

Paulette en ik stonden tegenover elkaar, allebei in een hoek in de prikkeldraadversperring. De bewaker liep heen en weer, en wij wachtten tot hij helemaal aan de andere kant was. In korte fragmenten vertelde ze: '... toen de trein onderweg stilstond, gooiden ze stenen naar ons... ze riepen sales boches, *métèques, cinquième colonne...*'

'Pas op, hij komt eraan...'

De bewaker kwam en keerde weer om. Paulette vroeg: 'Wie zit er nog meer in jouw afdeling? Martha?'

'Ja, en veel andere politieken. En bij jou?'

'Hier ook. De commissaire wil...' Achter mij waren stemmen, en het was moeilijk om Paulette te verstaan.

'Wat wil hij?'

'Een lijst... Wij moeten een lijst voor hem maken...'

'Paulette, maak geen lijsten!'

'Natuurlijk niet, geen sprake van.'

Iemand achter mij vroeg ertussendoor: 'Welke politieken? Waarom wil hij lijsten? Lijsten van wie?'

De onderbrekingen ergerden me. 'Wees eens even stil,' zei ik. Ik draaide me om en keek de vrouw boos aan. 'Hoor je dan niet...' Toen bleef mijn mond openstaan, want het was Ili, mijn nicht.

Ili had ik een jaar of twee eerder voor het laatst gezien, toen ze vanuit Wenen naar Parijs was gevlucht. Ze vertelde ons het volgende over de 'aansluiting' van Wenen bij Duitsland.

Van de straat klonk geschreeuw en lawaai en ze keek naar buiten. De nazi's haalden Joodse vrouwen uit hun huizen en dwongen hen de straat te vegen. Ili pakte haar nertsmantel, sloeg die om haar schouders en liep met geheven kin de straat op.

'Geef me een bezem,' beval ze de twee nazi's die de vrouwen onder het schreeuwen van 'Jodenzwijn' opdreven.

De twee keken de imponerende vrouw verward aan. 'Maar u toch niet, mevrouw!' stamelde een van hen.

'Ik ben een Jodin,' zei Ili gedecideerd, 'en ik sta erop dat ik die rotzooi opveeg, net als de anderen. Geef een bezem of ik dien een klacht in!'

Daarop trokken de nazi's zich voorlopig terug uit die straat.

In Parijs mocht ze niet blijven, dus reisde ze door naar Zuid-Frankrijk. Nu, in Gurs, had ze weer nieuwe verhalen – deze keer over hoe het er aan de Rivièra aan toe was gegaan. Daar zaten veel emigranten uit de ooit 'betere kringen', van wie een aantal nog een beetje geld had. De politieke emigranten waren doorgaans intellectuelen – Duitse schrijvers en kunstenaars zonder vaderland – voor wie het leven in ballingschap heel zwaar was.

De mannen waren, net als overal, al eerder opgehaald. Tegen de vrouwen werd gezegd dat ze voor hun veiligheid naar een mooi plaatsje in de bergen werden gebracht, waar cottages voor hen klaarstonden. Ik zei dat ze dat toch niet echt geloofd konden hebben, want ze wisten immers van de kampen waar hun mannen zaten.

'Het verstand verzet zich tegen het onvoorstelbare,' zei Ili. 'Stel je eens voor, op ons transport was een vrouw die haar dienstmeisje uit Nice had meegenomen hiernaartoe.'

We noemden ze de 'Rivièravrouwen'. Natuurlijk was niet iedereen die daarvandaan kwam een Rivièravrouw. Ik kan me herinneren dat Ili in Gurs was zoals ik haar altijd had gekend. Ze moest alles weten, ze wilde alles begrijpen. Vuil en honger konden haar temperament en gevoel voor humor niet temperen. Na een paar dagen haalde ze een schilderskist tevoorschijn die ze blijkbaar had meegebracht en ging ermee buiten zitten. Dat was iets nieuws en iedereen kwam om haar heen staan om te kijken wat ze deed. De volgende dag begon ze tekenles te geven, die nog meer toeloop had dan de cursus Engels. Bij haar barak was altijd leven in de brouwerij, wanneer ik er ook maar langsliep. De mensen waren er druk bezig het leven draaglijker en interessanter te maken. Ik weet nog dat Ili me telkens een snoepje uit haar voorraad gaf als ik langsliep. Alleen wie in Gurs heeft gezeten kan zo'n kleinood op waarde schatten.

De dagelijkse hoofdmaaltijd was *pois chiches*, kikkererwten. Naast een stuk brood was dat de enige voeding op een dag. Kikkererwten zijn keiharde balletjes die een nacht in de week moeten. Vervolgens laat je ze urenlang koken om ze eetbaar te maken. Maar er waren niet genoeg pannen, aangezien daar 's morgens het slootwater in zat dat surrogaatkoffie werd genoemd, en waar moest je dan de soep voor de circa duizend vrouwen op onze afdeling laten? Het eten bestond dus uit een schep warm, troebel water waar kiezelstenen in dreven, die je zonder kauwen moest doorslikken. Ik haatte die kikkererwten zo erg! Elke dag moest ik mezelf ertoe dwingen ze weg te krijgen.

Paulette herinnert het zich zo: 'Die pois chiches waren vreselijk. Maar we hadden zo'n honger dat het er altijd te weinig waren. Ik telde elke dag hoeveel er op mijn bord ronddreven. Het waren er altijd maar veertien of vijftien, en een heel enkele keer zestien. Af en toe zat er ook een stukje half bedorven koolblad of een plakje wortel bij.

Ik was de broodsnijder, omdat ik goed op het oog kan schatten. De witte broden die we 's morgens kregen waren elk voor zes vrouwen, en dat zesde deel moest genoeg zijn voor de hele dag. De anderen stonden om me heen, en als ik het mes op het brood zette, klonk het van alle kanten 'Dat is te groot!' en 'Nu is het te klein', daarna 'Nee, groter, veel groter!' Iedereen was bang te weinig te krijgen. Het was een van de belangrijkste gebeurtenissen op een dag, het verdelen van het brood.'

Ik kan me herinneren dat ik elke ochtend moest beslissen hoeveel brood ik meteen zou opeten. Als ik een stuk van twee vingers dik neem, heb ik dan vanmiddag en vanavond nog genoeg? Misschien had ik nu genoeg aan een iets dunner stuk, dan zou ik nog wat overhebben voor het slapengaan, wanneer ik het meeste honger heb.

Je moest je brood overdag goed opbergen. Tot dan toe was mijn brood nog maar één keer gestolen en de dief was een vrouw uit een andere barak. Het was ook mijn eigen schuld, want ik had het open en bloot laten liggen.

Hoewel ze een galaandoening had, dacht Martha dat het de pois chiches moesten zijn waardoor ze zoveel pijn had. We wilden haar zo graag helpen, maar er waren geen artsen, er waren geen medicijnen. Ik zie haar nog voor me, hoe ze voor de barak op een oude deken lag, het lichtgrijs gemêleerde haar strak naar achteren getrokken.

'Er is hier een vrouw,' vertelde ze me, 'die elke dag een rondje maakt langs de zieken en haar handen oplegt. Ze is ervan overtuigd dat ze helende krachten heeft. Natuurlijk geloof ik niet in dat soort hocus pocus. Ik heb er geen verklaring voor, maar als ze haar handen hier op mijn lichaam legt, op deze plek, voel ik hoe de druk verdwijnt.'

Martha was iets ouder dan wij. Sommigen kenden haar nog van de socialistische jeugdbeweging. Wanneer ik aan haar denk, komt altijd de naam *l'enfer de Gurs* bij me op.

Op een dag kwamen de nonnen. Ze werden met twee bussen gebracht en belandden op onze afdeling. We stonden bij het traliehek toe te kijken toen ze uitstapten. Op de stoffige straat wemelde het van de zwarte gedaanten. Ze werden over verschillende barakken verdeeld, maar één van hen, een overste blijkbaar, overlegde met de hoofdopzichter, waarna ze samen een lege barak kregen. Ik merkte dat ze binnen druk in de weer waren en keek nieuwsgierig naar binnen: ze probeerden gordijnen tussen de strozakken op te hangen – linnen doeken, dekens en allerlei soorten lappen, die ze over de balken hingen.

'Waarom doen ze dat?' vroeg ik aan een van mijn katholieke vriendinnen.

'Ze mogen elkaar niet zien als ze zich uitkleden,' legde ze me uit. Dat vond ik dolkomisch.

Later vroeg ik een paar nonnen waarom ze hiernaartoe waren gebracht. Kwamen ze uit Duitsland?

'We komen uit de Elzas,' antwoordden ze. Dat vermoeden had ik al, je herkende het aan de tongval. Maar Elzassers waren sinds de vorige oorlog toch Fransen? Waarom werden ze dan nu geïnterneerd? Ja, dat hadden zij ook niet zo precies begrepen. Ze waren allemaal wezen die in het klooster waren opgegroeid. Toen de Elzas na de Eerste Wereldoorlog bij Frankrijk werd gevoegd, waren ze nog kinderen. Later bleven ze in het klooster om non te worden.

Vorige week was de politie in het klooster gekomen, die hun namen had opgenoemd. Toen ze allemaal bij elkaar hadden gestaan, werd hun verteld dat ze hun spullen moesten inpakken en meekomen. Ze hadden het niet kunnen vatten. Ze zouden vijandelijke buitenlanders zijn, ressortissants allemands, daarom moesten ze naar een kamp, werd hun gezegd. De moeder-overste had een verklaring geëist en de chef van de politie werd erbij gehaald.

Ze hadden in de dossiers ontdekt, zo had hij uitgelegd, dat de nonnen in Duitsland waren geboren, niet in de Elzas dus, en blijkbaar waren ze in 1920 geen Franse staatsburgers geworden. Hij had toegegeven dat het merkwaardig was. Mocht alles op een misverstand berusten, dan zou dat worden doorgegeven aan het kamp. Hij volgde alleen maar orders op en deed zijn plicht.

De volgende dag vielen de nonnen me weer op. Bij het uitdelen van het eten heerste weer het gebruikelijke gedrang. Er werd geruzied, geduwd en gescholden. In het voorbijgaan hoorde ik iemand zeggen 'Gaat u maar voor, wij kunnen wachten', en drie glimlachende nonnen gingen opzij voor de vrouwen achter hen. Dat paste totaal niet hier, de andere vrouwen keken het drietal bijna geschrokken aan, en het gedrang hield in elk geval voor even op.

'Had u dan geen honger?' vroeg ik later aan een van de nonnen.

'Wij vinden het echt niet erg. Die andere dames hebben immers al heel lang niet meer goed te eten gehad.'

Mijn voorstelling van nonnen was dat ze alleen maar heilig deden, en nu bleek dat in elk geval deze hier het serieus meende met de naastenliefde. Wonderlijk.

Toen dacht ik aan onze barak en hoe vanzelfsprekend het voor me was dat in nummer 21 niet om eten werd gevochten. De solidariteit onder ons antifascisten was sterker dan de honger – de gemeenschappelijke overtuiging hield ons bijeen. Ook waren we erin geoefend ons te redden. Er werd een grote pan 'georganiseerd', geen idee waar die vandaan kwam, en daarin werd het eten voor ons zestig vrouwen gehaald om het vervolgens rond te delen. Als er iets overbleef, werd het verdeeld onder de magersten en zwaksten.

Ik kan me herinneren dat ik op een dag ophield met eten. Ik kon dat bocht met de harde knikkers erin niet meer zien of ruiken; misschien weigerde mijn maag om nog langer mee te werken. Ik lag op mijn strozak toen de soep werd rondgedeeld. Het eten interesseerde me niet meer, ik voelde geen honger. Anni, die de strozak naast mij had, bracht me soep. Ik zei: 'Ik hoef niets, eet jij mijn portie maar op.'

'Onzin,' zei ze, 'geen fratsen nu, het belangrijkste is dat we ons hier allemaal doorheen slaan.'

En dat terwijl ik wist dat Anni nooit genoeg kon krijgen. Maar de solidariteit was sterker dan de honger. Brechts woorden schoten door mijn hoofd:

... en niet vergeten
wat ons altijd kracht bereidt!
Bij honger en bij het eten,
voorwaarts en nooit vergeten:
de solidariteit!

43

Overigens waren de nonnen bij lange na niet de enigen die nooit hadden geweten dat ze Duitsers waren. Een van de vrouwen in die warrige mensenkluwen is me vooral bijgebleven. Ze verstond namelijk geen woord Duits. Ik vroeg haar hoe oud ze was geweest toen ze naar Frankrijk was gekomen.

'Ik ben een Française,' zei ze, 'ik ben hier geboren, ik ben nog nooit in het buitenland geweest. En al helemaal niet in Duitsland.'

'Hoe kan het dan dat ze u hier interneren?' vroeg ik.

'Dat heb ik aan de politie gevraagd toen ze me kwamen halen,' zei ze daarop terwijl ze druk gebarend voor me stond, alsof ik de politie was. '"Fichez-moi le camp!" zei ik tegen ze. Toen hebben ze me in de dossiers laten kijken. Ik was het bijna vergeten, het was immers al zo lang geleden, ik was pas achttien en heel onschuldig – ik was zo verliefd op die Duitser en we zijn meteen getrouwd. Het heeft maar een paar maanden geduurd, hij was namelijk geen klap waard, ce sale boche. Nu beweren ze dat ik de Franse en de Duitse nationaliteit bezit. Iedereen doet weleens domme dingen in zijn jeugd – on fait des bêtises – maar daar kunnen ze je toch niet voor opsluiten!'

Buiten, aan de straatkant, langs het prikkeldraad, stonden lange voedertroggen. Daarboven hing horizontaal een dikke buis met kranen, eigenlijk niet meer dan gaten, met telkens ongeveer een meter ertussen. Dat was onze wasgelegenheid. Er was alleen 's morgens water en regelmatig kwam het er alleen druppelsgewijs uit. In twee uur tijd moesten meer dan duizend vrouwen zichzelf en hun kleren wassen.

Die vervloekte soldaten ergerden ons het meest. Tijdens de wastijd patrouilleerden ze uitgerekend in de buurt van de troggen, heen en weer, steeds dichterbij.

'Bij mij komen ze niet aan hun trekken,' zei een vrouw vlak naast me. Iedereen keek jaloers naar haar: ze had een grote, dunne regenmantel, de enige kleding die ze droeg bij het wassen. Er waren vrouwen die het gewoon niet voor elkaar kregen om zich onder het waakzaam spiedende oog van de armée glorieuse te wassen. Met groteske kronkelingen probeerden ze zichzelf eerst van boven, dan van onderen, nu eens de achterkant, dan weer de voorkant met hun handdoek te bedekken. Anderen kleedden zich doodgemoedereerd uit. 'Gewoon allemaal negeren,' zei een vrouw met Weens accent.

Er was niet veel meer over van de zeep die we hadden meegenomen en we waren er heel zuinig mee, want we konden natuurlijk niets kopen. Er bestond dan wel een zwarte markt voor zeep, maar het enige betalingsmiddel was arbeidskracht. Vrouwen die niets meer hadden deden tegen betaling van een extra stuk zeep de was voor de zeepbezitters. Daarmee konden ze hun eigen was doen, maar ook die van weer anderen, die op hun beurt op een andere manier in natura betaalden. Later was er een kantine, beheerd door opzichters, waar met geld werd betaald. Je kon er bijvoorbeeld een ei bestellen, een wortel, of tomaten (vooral tomaten, want er werd gezegd dat tomaten ons behoedden voor een vitaminetekort). De opzichters bepaalden de prijs en je moest vooruitbetalen. Vervolgens moest je wachten tot ze je bestelling konden leveren – soms dagenlang, en soms ook nooit. Het geld werd niet teruggegeven.

Paulette haalt herinneringen op aan de latrines: 'Het was een houten platform op dikke palen, ongeveer twee meter hoog. Je liep via ruwe houten treden zonder leuning naar boven. In het platform waren ronde gaten aangebracht, die van elkaar gescheiden waren door planken die ongeveer tot je middel reikten. Onder de gaten stonden enorme metalen vaten. Als je de trap op kwam, moest je wel naar de vrouwen kijken die gehurkt boven de gaten stonden en zich nergens aan konden vasthouden.

Voor ons was die trap niet zo heel erg, maar er waren ook oudere en zieke vrouwen. De eerste avond kan ik nooit meer vergeten. We stonden in de rij en ik zag een oude vrouw onder aan de trap staan huilen: "Ik kan het niet, ik kom niet naar boven." Ik pakte haar vast onder haar arm en liep met haar de trap op terwijl ik tegen haar praatte, maar het was zo triest dat ik zelf bijna moest huilen. Je zag er vaak vrouwen staan die wanhopig waren. Ze probeerden de treden te beklimmen, maar redden het niet zonder de hulp van iemand anders. Soms viel iemand naar beneden. Hoeveel tranen vloeiden er op die treden naar de latrines!

Vrouwen op leeftijd moesten vaak 's nachts naar buiten en dat was elke keer weer een drama. We mochten 's nachts de barakken niet verlaten, en als je het er wel op waagde kon je in het donker nauwelijks de weg vinden. En als het geregend had zakte je tot je enkels in de bodem. Ik kan me de discussies daarover herinneren, of er voor die vrouwen po's in de barakken moesten worden toegestaan, hoewel er geen ramen open konden en de deuren 's nachts dicht moesten blijven.

's Morgens werden de latrinevaten opgehaald. Net buiten het kamp, direct naast de prikkeldraadversperring, liepen de rails van een veldspoor. Een treintje met open platformwagons, bemand met een paar Spanjaarden, reed van îlot naar îlot. Wanneer de trein kwam, riepen we naar de vrouwen op de latrine: "Snel, schiet op, de goudexpres komt eraan!" Dan stopte de trein, de Spanjaarden sprongen eraf en liepen naar de latrines. De vrouwen stonden naast het prikkeldraad en de mannen glimlachten naar hen.

Aan dit uiteinde van de omheining lag een smalle strook met bruin geworden gras en stoffige paardenbloemen. We liepen er weleens naartoe; met de ene hand moest je je neus dichtknijpen vanwege de stank van de open goudexpres, met de andere hand plukten we paardenbloemen, die we de Spanjaarden toewierpen. De mannen lachten en bliezen ons kusjes toe. Ze hadden al meer dan een jaar geen vrouw meer gezien, en nu waren er duizenden tegelijk.'

Ik werd wakker van luide stemmen. De barakdeuren stonden open. De vrouwen praatten door elkaar, maar niemand wist wat er aan de hand was. Vlak bij me hoorde ik gefluister: de Duitsers? Luftwaffe... duikbommenwerpers... Ik sprong overeind en liep naar buiten.

Buiten stonden groepjes vrouwen, daartussen soldaten. Ik liep op een grotere groep af. Er was een mannenstem te horen, en ik ging op het puntje van mijn tenen staan om te kunnen zien wat er gebeurde. De commissaire spécial, zijn pet was van zijn voorhoofd naar achteren geschoven, praatte snel en opgewonden. Ik drong naar voren om beter te kunnen verstaan wat hij zei.

'Mijn lijsten... De nazi's... Ze hebben de lijsten gestolen...'

Een vrouwenstem riep: 'Wat zijn dat voor lijsten? Wie staat erop?'

'Heel belangrijke lijsten,' zei hij, 'streng geheim materiaal, dat in de handen van de vijand gevaarlijk kan worden.' Daarom moesten we allemaal helpen de lijsten te vinden.

Ik ging terug en dacht na: niemand weet wat die commissaire heeft gedaan. We kunnen ook niets doen, alleen maar op onze hoede zijn. Toen schoot me te binnen dat Paulette de avond ervoor iets had willen zeggen. Ze wilde een paar keer beginnen, maar vervolgens had ze zichzelf weer afgekapt: 'Nee, daar kan ik nu niet over praten,' had ze een keer gezegd. Kon Paulette hier iets mee te maken hebben?

'Toen het postverbod werd opgeheven,' herinnerde Paulette zich, 'heersten er grote vreugde en hoop: nu konden ze weer contact opnemen met familie en dingen laten toesturen. Ik dacht: dat klinkt wel mooi, dat we post kunnen ontvangen en versturen, maar wat helpt die toestemming als het land door de Duitsers onder de voet wordt gelopen en er geen transport meer is? Maar toch, toen ze een vrijwilliger zochten om in de nieuw ingerichte beheerders- en postbarak te werken, meldde ik me aan, want ik dacht dat werken de tijd zou doden. Ik leer ook graag mensen kennen, en je kreeg daar heel wat mee.

Dus zat ik elke dag een paar uur in een hoek van de beheerdersbarak aan een ruwe houten tafel die ze daar hadden neergezet. De vrouwen van de afdeling kwamen hun brieven brengen, waarvan de envelop open moest blijven, en ik verkocht postzegels. Ik wist zo zeker dat de post niet meer werkte dat ik niet eens meer naar mijn moeder in Parijs schreef. En dat terwijl ik me heel veel zorgen om haar maakte, dat weet jij zeker ook nog wel.

Er waren beter gesitueerde vrouwen, die we 'de goede kringen' noemden. Een groot aantal van hen woonde in de barak die wij 'het bordeel' noemden, omdat zij zulke mooie kleren en sjiek ondergoed hadden, en de hele tijd bezig waren met hun uiterlijk. Sommigen droegen ook duur parfum, dat zich vermengde met de latrinelucht. Die vrouwen stuurden nu het ene na het andere telegram met hulpkreten naar familie en vrienden. Niemand kreeg ooit antwoord. Maar ik bleef elke avond onder begeleiding van een bewaker naar voren lopen om bij de centrale beheerdersbarak de brieven en telegrammen af te leveren.

Op een keer ging ik naar onze postbarak, waar ik op de soldaat wachtte die me zou begeleiden. Dat was toen we al wisten dat de Duitsers steeds dichterbij kwamen. Op mijn tafel zag ik een stapel beschreven papieren liggen. Het waren lijsten. Er stonden enkele namen tussen van politieke emigranten die ik kende. Ik had geen tijd om verder te lezen, want ik hoorde dat de soldaat eraan kwam. Ik stopte de papieren onder mijn blouse en we gingen.

's Avonds heerste er grote consternatie. Kun je je die avond nog herinneren, Lisa? De commissaire spécial kwam naar onze afdeling om zijn lijsten te zoeken. Ik begon flink te zweten en dacht: als ze mij maar niet fouilleren. De soldaten en hij renden rond en haalden alles overhoop; blijkbaar kon hij zich helemaal niet meer herinneren waar hij die lijsten had gelaten. Ik ging op mijn strozak zitten en bedacht wat ik zou zeggen wanneer ik verhoord werd.

Na een tijdje liet de commissaire me uit de barak halen. De lijst zat nog steeds onder mijn blouse, want ik wilde die niet uit het zicht verliezen. Hij vroeg of ik papieren met namen had gezien. "Misschien op uw tafel," zei hij. Ik deed of ik heel verbaasd was en antwoordde: "Weet u niet meer dat ik net naar buiten ging met de bewaker toen u de beheerdersbarak binnenkwam? Daarna ben ik er niet meer geweest." Hij leek mij te geloven, hij was vreselijk nerveus en suggereerde dat misschien "de nazi's erachter zitten".

Ik dacht: nu is het toch wel de hoogste tijd om die papieren te laten verdwijnen, wat voor lijsten het ook mogen zijn. Het konden de namen zijn van vrouwen die voor verdacht of gevaarlijk doorgingen – en je weet, de politie vond ons nazivijanden altijd verdacht. We konden de papieren niet verbranden, want het vuur zou gezien worden. Dus toen ging ik met twee vriendinnen naar de latrine. Eentje stond beneden op de uitkijk terwijl we boven met z'n tweeën in het donker op het plateau het papier in kleine snippers scheurden. Onder ons zagen we de bewakers rondrennen, zoekend naar de lijsten die wij in de goudexprestonnen smeten.'

Achter in het kamp was het *îlot des indésirables* – de afdeling van de 'ongewensten'. Die vrouwen, die niet samen met ons uit Parijs waren gekomen waren al eerder uit hun woningen gehaald en als 'verdachte' geïsoleerd – waarvan ze werden verdacht werd hun niet verteld. Op die afdeling hielden ze, buiten een paar nazi's, de bekendste geëmigreerde antifascistische vrouwen van allerlei politieke schakeringen gevangen. In Frankrijk bestond nog geen Gestapo – het was het Deuxième Bureau, de Franse geheime dienst, dat de toonaangevende nazi-oppositie in speciale gevangenschap had vastgezet.

De indésirables werden veel ruwer behandeld dan wij. Ze stonden onder zware bewaking en mochten geen contact hebben met de andere gevangenen. Hun voeding was zo karig dat wij, die zelf al altijd honger hadden, een beetje brood door hun dubbele prikkeldraad smokkelden zodra dat maar even mogelijk was. Toen ik een keer een doorgangspas kreeg voor corvee, deed iedereen uit onze barak een stukje van haar dagelijkse portie brood in een zakje. Op het hoofdpad liep ik niet de kant op van het beheerdersgebouw vooraan, maar in tegengestelde richting – ik kon me immers een keer vergist hebben, mocht ik staande worden gehouden.

Je zag het al van verre als er iemand over het middenpad aankwam, dus stonden er veel bekende gezichten bij het prikkeldraad toen ik langzaam voorbijkwam en vervolgens weer terugliep. Er was niet veel moed voor nodig om het brood stukje voor stukje naar de andere kant te gooien als de bewakers niet keken. Je hoefde de ingevallen wangen en de grote ogen maar te zien om al je angst te vergeten.

Het leven in die eerste dagen van juni in Gurs beperkte zich tot de dagelijkse kampgebeurtenissen. Berichten van buiten het prikkeldraad kon je niet krijgen, ze waren verboden. Maar zwaarder dan dat verbod woog voor het merendeel van de kampbewoners de zorg om het eigen bestaan, die je leven geheel in beslag nam en de rest uitsloot. De wereld was gekrompen, die bevond zich in het kamp van Gurs, die ging niet verder dan de omheining. Daarachter begon het onbekende, het ongerelateerde buiten.

Maar algauw begon ondanks alle verboden het wereldgebeuren door te sijpelen, door het prikkeldraad en de scheuren van de zelf opgeworpen muren.

Het ging allemaal zo snel dat je er met je verstand niet bij kon. Sommige details zitten nog helder in je geheugen en melden zich van tijd tot tijd.

Ik zie de krant die een soldaat naar binnen had gesmokkeld nog voor me. De vette kop nam de hele bovenste helft van de voorkant in beslag: LE ROI FÉLON – de koning als verrader. De Belgische koning Leopold III had gecapituleerd. Dat was op 28 mei. Het nieuws dat ook koningen verraders konden zijn maakte niet echt indruk op me, hoewel premier Paul Reynauds had verklaard dat dit de eerste keer in de wereldgeschiedenis was. Het was niet duidelijk of Leopold als koning of als opperbevelhebber verraad had gepleegd, maar dat maakte ons niet uit, want in elk geval was het gevolg dat er niets meer tussen het Duitse leger en de Franse grens was. Waar was dan die onneembare Ligne Maginot?

We waren een paar dagen afgesneden van alle nieuws. Maar iemand had een krantenkop gezien in de beheerdersbarak: DE VIJAND BREEKT DOOR. De volgende dag werd een krantensnipper doorgegeven: L'ARMÉE FRANÇAISE GLORIEUSE EST INTACTE! Toen stopte mijn Spanjestrijder die het gat in het dak van onze barak moest dichten – zijn naam wist ik nog steeds niet – me een artikel toe: DE VIJAND LOOPT HET LAND ONDER DE VOET.

Korte tijd later deed het verhaal de ronde dat Parijs tot een open stad was verklaard. Niemand had het zwart-op-wit gezien, maar iedereen wist ervan. Zou het weer een bobard zijn, een hersenspinsel? Als het toch eens waar was – dat zou betekenen dat Parijs zich niet verdedigde, dat de nazi's gewoon zouden binnenmarcheren. De brok die ik plotseling in mijn keel had kan ik nu nog voelen. Parijs, waar mijn vader en moeder en al die anderen waren achtergebleven, zou onder de heerschappij van de nazi's komen te staan. Maar in elk geval zou het dan niet worden gebombardeerd.

14 juni. We hadden nog steeds een krantenverbod, maar het nieuws drong nu toch tot ons door: DUITSE TROEPEN MARCHEREN DOOR PARIJS. We wisten dat dit de feiten waren, maar we konden het toch niet bevatten. Binnen vier weken!

En het ging verder. MOFFEN RUKKEN OP NAAR HET ZUIDEN. Waar zouden ze stoppen? Wist ik nou maar waar het kamp was waar ze mijn man in hadden gestopt. Maar wat was er met mijn ouders gebeurd? Waren ze in Parijs gebleven of bevonden ze zich onder de zes miljoen waardoor het zo vol was op de wegen in Frankrijk?

Steeds nieuwe geruchten: de Duitsers zijn in de buurt van Bordeaux. De militaire strategen onder ons legden uit waarom dat technisch onmogelijk was. En als het nou eens wél waar was? Gurs was niet ver van Bordeaux.

'We moeten hieruit.'

'Eruit? Hoe stel je je dat voor? Hoe kom je uit een concentratiekamp? En hoe kom je door dat prikkeldraad? En waar moeten we dan heen?'

'We moeten het proberen, het moet lukken. Wat vind jij dan dat we moeten doen? Hier blijven zitten wachten op de Gestapo?'

De kampdiscipline leek te verdwijnen. De bewakers, de officieren, zelfs de commissaire spécial de police – iedereen was in verwarring en buiten zichzelf. Er was geen houvast meer omdat er geen richtlijnen meer waren; de orde stortte in omdat het ontbrak aan orders.

Het was nu mogelijk om weg te glippen van je eigen îlot, het blok met bijna duizend mensen, en mensen op een ander îlot te bezoeken. De bewakers waren vaak niet op hun post; ze leken je ook nauwelijks te zien. We begonnen een soort berichtennetwerk te installeren, al was het zwak en gammel. Alleen het îlot des indésirables werd nog streng bewaakt. Waarom juist de Hitlervijanden in dat blok bijzonder ongewenst waren, was niet duidelijk. Tot de 'gevaarlijken' behoorden enerzijds de pacifisten, anderzijds echter ook degenen die Frankrijk hadden gewaarschuwd voor Hitlers oorlogsplannen, want dat waren de 'oorlogshitsers'.

Ondertussen kwamen er steeds nieuwe vrachtwagens aan, volgeladen met vrouwen. We probeerden door het prikkeldraad heen met hen te praten: waar komen jullie vandaan? – Wij zijn Belgen. – Wij komen uit Nederland.

Een paar vrouwen werden apart gezet van de anderen, wie waren dat? We zagen dat ze naar het îlot des indésirables werden gebracht.

Ik moet de commissaire spécial de police du Camp de Gurs beschrijven. Gedrongen, kaarsrechte houding, onberispelijk zittend uniform. Hij straalde waar hij zich ook maar vertoonde kracht en macht uit, en iedereen wist dat hij over je lot kon beslissen. Dat was de commissaire, tot een week geleden ongeveer.

Nu slofte hij opeens een beetje rond, de slappeling, zijn varkensoogjes in zijn opgezwollen gezicht schoten onrustig heen en weer. Nu vroeg hij opeens óns, zijn gevangenen die om hem heen stonden: 'Wat doe je eraan? Stel dat de Duitsers hier komen en het kamp overnemen. Maak een lijst voor me...'

De vrouwen keken hem sprakeloos aan; iedereen had inmiddels begrepen dat die eindeloze lijsten niet alleen stompzinnig maar ook gevaarlijk waren – in wiens handen kwamen ze terecht? Zijn ogen dwaalden nerveus knipperend van de een naar de ander. 'Ik moet tenslotte bevelen opvolgen; als de Duitsers het commando overnemen...' Hij haalde diep adem, het bloed steeg hem naar het hoofd en plotseling brulde hij tegen de vrouwen: 'Weg hier! Naar de barakken! Ik deel hier de bevelen uit!'

Het gebeurde de daaropvolgende dag, op een morgen in juni, de datum weet ik niet meer.

Ik sloop met Marianne uit ons blok I; we keken om ons heen en liepen voorzichtig naar blok K, dat aan de andere kant van het hoofdpad lag. We wilden met de vrouwen die we daar kenden overleggen over vluchtmogelijkheden.

'Verdomme!' siste Marianne plotseling. Ik volgde haar blik.

'*Merde!*' zei ik.

De commissaris kwam de hoek om, recht op ons af. Maar zoals hij eruitzag! Zijn uniform – hij moest op een mesthoop hebben liggen slapen. Aan zijn arm hing het jonge meisje dat sinds een paar dagen *la putain spéciale* werd genoemd, 'de speciale hoer'. Hij was stomdronken, en zij, ook niet bepaald nuchter, probeerde hem te ondersteunen. Zo waggelden ze ons op het stoffige pad tegemoet. Ik weet niet of zij een van de beroepsprostituees was die ze samen met ons in het kamp hadden gestopt, of dat ze nieuw was in het vak. Een knap meisje, heel jong, een jaar of zeventien, achttien. Het viel me op dat zijn neus bijna net zo rood was als haar geverfde mond en wangen.

Hij pakte me ruw bij mijn arm, de geur van zure wijn sloeg in mijn gezicht. 'U, u spreekt beiden waarschijnlijk wel Duits,' zei hij. 'Zij daar – dat is mijn secretaresse – zij kan namelijk alleen maar Frans.' Hij wees naar het meisje aan zijn arm en stak zijn korte, dikke vinger in haar buik, waarop ze allebei lachten. Toen probeerde hij zichzelf weer in het gareel te krijgen: 'U gaat allebei als vertaler voor mij aan de slag. Nu meteen – het heeft haast. Vooruit!' Hij duwde me aan mijn arm voor zich uit.

Wat wilde hij van ons? Wat was hij van plan?

'Ik moet ze sorteren, die indésirables,' zwetste hij verder. 'De kampcommandant wil alleen de echt gevaarlijken daar vasthouden. Hij heeft mij de opdracht gegeven heel snel een lijst te maken, ze uit elkaar te halen voor de Gestapo er is. Maar ja, wie is er dan "echt gevaarlijk"? Vandaag gevaarlijk? Of morgen gevaarlijk? Dat zegt hij niet, de laffe hond.

Hij schuift gewoon de verantwoordelijkheid af op mij! Dus vooruit, u beiden. U moet de verhoren vertalen.'

Hij liep schommelend in de richting van een klein gebouwtje langs het pad, zijn zware hand lag nog steeds op mijn arm. De stank uit zijn mond was onverdraaglijk. Hij bleef maar wauwelen en zijn tong werd steeds dikker. 'Ik weet al hoe ik het ga oplossen. U gaat samen een lijst van de vijfde colonne onder de indésirables voor me maken. Daar zal hij tevreden mee zijn, de commandant.'

Daar vergist u zich in, bezopen meneer de commissaris, dacht ik, wij maken geen lijsten. U, de Franse overheid, hebt ons in deze kampen gestopt: de politieke en de Joodse emigranten, zeldzame exoten (zoals de Hongaarse schrijver) en nonnen uit de Elzas; en die dan allemaal samen met de nazi's. Nee, we geven u niets, we helpen u niet, want we wantrouwen u. Wij weten wie de nazi's onder ons zijn, wij kennen onze vijand. Maar u weet niet zeker welke kant u moet kiezen. Nee, wij werken niet samen met uw politie.

Marianne en ik keken elkaar aan. Natuurlijk dacht ze er hetzelfde over als ik, zoals wij allemaal. Ze schudde lichtjes haar hoofd en haar ogen zeiden: nee, wij helpen niet mee.

Het kon niet moeilijk zijn om ons eraan te onttrekken. Ik kon bijvoorbeeld struikelen, vallen en gillen van de pijn. Of misschien nog beter flauwvallen, daar was ik goed in.

Ze brachten de vrouwen uit het indésirable-blok naar het gebouwtje. Hilde was een van hen, ze zag me meteen – wat was ze mager geworden in die paar weken sinds Parijs. Irma was er ook, en de andere bekende gezichten, daarnaast vele onbekende. En die dronken man ging nu beslissen wie aan de Gestapo moest worden overgeleverd en wie niet. Nee, dat mocht niet gebeuren – konden wij – of moesten wij...

Ik viel niet flauw. Ik keek Marianne weer aan, ze knikte licht met haar hoofd, boog zich naar me toe en zei zachtjes in het Duits: 'Zullen we het proberen?'

We gingen met de commissaire en zijn putain het gebouwtje in. De vrouwen op de omliggende îlots konden ons zien, en ik voelde hun blikken door het prikkeldraad heen in mijn rug. En we wisten wat ze dachten: die twee werken dus samen met de politie. Het maakte mij op dat moment niet uit, we hadden geen andere keuze.

In het gebouwtje stonden een tafel, een korte bank en een paar stoelen. De commissaris en zijn 'secretaresse' gingen op de bank zitten, Marianne en ik op de stoelen. Overal stonden soldaten, die de indésirables bewaakten. De eerste vrouwen werden binnengebracht. Aan hun gezicht was te zien dat ze wisten wat er op het spel stond.

De commissaris keek in de papieren die hem werden aangereikt. Het waren allerlei soorten legitimatiebewijzen en een paar buitenlandse passen; sommige vrouwen hadden alleen maar een briefje waarop stond dat ze naar kamp Gurs waren gebracht. De commissaris verveelde zich en had moeite zijn ogen open te houden. Hij verhoorde de vrouwen, zijn autoritaire toon klonk gemaakt, zijn stem trilde: Hoe bent u hiernaartoe gekomen? Waarom bent u gearresteerd? Hebt u al eens eerder in de gevangenis gezeten? Bent u een spion?

We vertaalden de vragen in het Duits en de antwoorden in het Frans.

Hij trok het meisje heel dicht tegen zich aan en zei tegen ons: 'Nu weet u wat er gevraagd moet worden. Stelt u nu maar de vragen en vertaal alleen de antwoorden voor me.'

Hij leunde tegen de muur, zijn buik hing over zijn riem tegen de rand van de tafel; hij legde zijn arm om zijn putain en drukte haar tegen zich aan. Beneveld van de wijn lachten ze en kusten ze elkaar terwijl de indésirables aan hen voorbijtrokken. Af en toe viel zijn hoofd opzij en begon hij te snurken; ze giechelde dan en kietelde hem om hem wakker te maken. En de vrouwen trokken aan hen voorbij.

De commissaris was blij dat wij de 'verhoren' nu helemaal zelfstandig deden. De gevraagde lijst met de vijfde colonne was vergeten.

Onze taak was niet moeilijk, we moesten niet vergeten waar het om ging: de nazitegenstanders en de vervolgden uit de 'ongewensten'-afdeling krijgen vóór de Gestapo kwam. Veel vrouwen waren ons bekend, menigeen in elk geval van naam. Het was gemakkelijk met een paar vragen vast te stellen aan welke kant ze stonden. De eersten die we ondervroegen sperden hun ogen wijd open, zagen het onvoorstelbare koppel op de bank, keken ons vol wantrouwen aan en antwoordden ontwijkend – in Gurs was je altijd op je hoede voor een val. Maar binnen korte tijd was buiten onder de wachtenden doorverteld wat voor soort criblage de onze was.

Onder de Nederlandse en Belgische vrouwen die als 'verdachten' hiernaartoe waren gebracht waren veel bekende namen: zij of hun mannen waren pacifisten, kunstenaars, journalisten, schrijvers, vakbondsleiders. Gelukkig kende de commissaris zelfs in nuchtere toestand niemand van hen. Het kwam blijkbaar ook niet bij hem op dat ze in België eerder Frans dan Duits spraken.

En wij 'vertaalden'. '*En règle*,' zeiden we, 'papieren in orde, er is niets wat te denken geeft over deze persoon – niets verdachts.' De commissaris luisterde nauwelijks; soms maakte hij met zijn hand een gebaar naar de bewakers. Dan werd die vrouw eruit gelaten en was ze vanaf dat moment een gewone gevangene, geen 'ongewenste' meer.

In de laatste groep zaten voornamelijk Rijksduitsers. Zij hadden zich, zoals overal in het kamp, afzijdig gehouden; Duitse staatsburgers die ervan werden verdacht nazi-agenten te zijn. Het was zo eenvoudig hen te onderscheiden van de emigranten. Nog duidelijker dan uit hun geldige Duitse passen bleek het uit hun wezen – hoe kun je het beschrijven? Het Derde Rijk had hun een stempel opgedrukt, een BDM-stempel, dat je hoorde, zag en voelde.

In de enkele gevallen dat we er niet helemaal zeker van waren met wie we van doen hadden, verklaarden we dat de vrouw niet verdacht was. We mochten in geen geval per ongeluk de verkeerde mensen terugsturen naar het îlot des indésirables; een paar nazi's meer of minder onder ons maakte daarentegen niet uit – ze zouden snel herkend en, net als de anderen, geïsoleerd worden. De duidelijke nazi's lieten we zonder gewetensbezwaar teruggaan naar hun speciale blok, die moesten daar maar het welkomstpartijtje voor de Gestapo voorbereiden!

Na een paar uur waren we klaar met de criblage. '*Ça y est*,' moesten we een paar keer herhalen voor de commissaris begreep dat zijn taak erop zat. Met de kleine putain op zijn schoot keek hij ons glazig aan. Zijn gezicht zat onder de lippenstift, hij zag eruit als een clown, maar niet als een grappige, niet om te lachen. Om van te kotsen.

Marianne en ik stonden op en liepen naar buiten, zomaar. Ik moest wel erg gespannen zijn geweest, want ik merkte opeens dat alles in me ontspande en ik aangenaam moe werd. En ik dacht: als ik er ooit de tijd voor heb moet ik het opschrijven: die dronken commissaris, die jonge hoer en het 'verhoor' van de vijfde colonne. Maar dat zou toch niemand geloven.

Buiten waren de bewakers op het middenpad bezig alle vrouwen die nu niet meer indésirable waren onder te brengen in de gewone blokken. Nu waren ze tenminste niet meer geïsoleerd, wat er verder ook mocht gebeuren. De commandant van het kamp had er in elk geval voor gezorgd dat 'alleen de echt gevaarlijken' daar werden vastgehouden en alle anderen eruit werden gelaten 'voor de Gestapo er is'. Misschien voelde hij zich aangesproken door *l'honneur de la France* in hem, misschien wilde hij ons niet in de weg staan bij de vlucht uit deze val?

Toen bedacht ik dat dit allemaal was begonnen toen we 's ochtends naar blok k wilden gaan om vluchtplannen te bespreken.

De hoogste tijd dus, laten we gaan.

We zaten rond de barak het pad in de gaten te houden. Eindelijk zagen we de lange Lotte terugkomen; je herkende haar al van verre aan haar slungelige loopje. Toen ze bij onze poort aankwam, bleven we rustig zitten om geen aandacht te trekken, maar we probeerden te raden of het gelukt was. Ze knipperde met haar ogen tegen de zon, maar er viel niets aan haar gezicht af te lezen. Het leek een eeuwigheid te duren voor ze eindelijk bij onze barak was.

'Heb je ze?'

'Nou en of.'

'Hoeveel?'

'Heel wat.' Ze legde een bruine zak voor ons neer.

We gingen met z'n drieën de lege, donkere barak binnen, Lotte, Nelly en ik. Benieuwd maakten we de zak open, waar een stuk of honderd, misschien nog wel meer blanco formulieren in zaten.

Lotte had zich onlangs aangemeld als bode. Ze had een laissez-passer gekregen en werd met nieuws en boodschappen naar de verschillende afdelingen en naar de commandopost gestuurd. Ze maakte zich nuttig op het bureau van de commandant, hielp een beetje en wist algauw wat er in de verschillende laden te vinden was. De training voor dit soort 'bodediensten' had ze gehad bij het Duitse verzet. De formulieren waren ontslagbewijzen, en helemaal onderaan stond: *Le Commandant du Camp de Gurs*. Een handtekening ontbrak natuurlijk.

We wilden deze formulieren alleen gebruiken als we niet op een andere manier uit het kamp wisten te vluchten. (Valse papieren brachten altijd een zeker risico met zich mee, dus je gebruikte ze alleen als het strikt noodzakelijk was.) Ze zouden vooral buiten het kamp goed van pas kunnen komen: als je in bezet gebied belandde, was het belangrijk een document te hebben waarop een andere naam en een andere nationaliteit vermeld stonden, vooral voor vrouwen van wie de naam bekend was bij de Gestapo. We moesten eerst maar eens uitzoeken wie politiek het meeste gevaar liepen en op welke afdelingen diegenen zaten.

'Ergens helemaal achteraan, in blok M, zit Anja Pfemfert. Zij moet geholpen worden, ze is er niet zo best aan toe.'

'Mevrouw Feuchtwanger? Die zit daartegenover in blok J. Ja, zij wil eruit, ze heeft gezegd dat ze ons financieel kan helpen.'

'Vergeet Hannah Arendt niet op het volgende îlot. Jawel, natuurlijk kennen jullie haar, zij is de vrouw van Blücher. Ze wil er samen met ons uit, maar dan zal ze haar eigen weg gaan. Dat lijkt haar veiliger.'

'Weet je nog,' vroeg Paulette later, 'hoe we destijds Marta hebben toegesproken? Zij was mijn oudste, beste vriendin. Het ging helemaal niet goed met haar, ze had veel pijn. Ze zat bij jou op de afdeling, maar ze kwam elke avond naar het prikkeldraad, waar we een beetje met elkaar konden praten.

Natuurlijk wilden we haar meenemen uit het kamp. Met haar antifascistische verleden zou ze verloren zijn als de Duitsers haar vonden. Ik weet dat jullie lang op haar hebben ingepraat. Na een tijdje te hebben nagedacht zei ze dat ze had besloten niet mee te gaan. "Niemand weet wat ons te wachten staat," meende ze. "In mijn toestand zou ik een obstakel zijn, want ik weet dat jullie me niet in de steek zouden laten. Je mag niet een hele groep opofferen vanwege één persoon."

Drie dagen later kwam ze naar het hek om afscheid te nemen. Ze zei: "Ik wens je veel geluk, kleintje van me." Ze noemde me altijd "kleintje van me". We wisten allebei dat het de laatste keer was dat we elkaar zouden zien.'

(Franse vrienden in Limoges hielpen Marta korte tijd later uit het kamp te komen en verstopten haar bij hen. Toen ze eindelijk bij een dokter kwam, was het te laat.)

De volgende dagen zaten zo vol vanwege de voorbereidingen dat we nauwelijks aan slapen toekwamen. We wilden over drie dagen het kamp uit zijn. Nelly had zich onder Hitler gespecialiseerd in vervalsingen, en ze was daar zo geoefend in dat haar handtekening van de commandant niet te onderscheiden was van de echte. Nu zat ze de hele dag in de barak secuur te werken terwijl anderen de wacht hielden. Af en toe stopte ze even, schudde haar lange roodblonde haar uit haar gezicht en klaagde: 'Dat rotpapier! Dat is toch helemaal niet geschikt om te vervalsen...'

Steeds meer nauwelijks geloofwaardige berichten over de opmars van de Duitsers. Steeds meer knaagden de vragen: Waar zit onze familie? Wat is er met onze mannen gebeurd? Er waren geruchten dat de kampen van de mannen door de Duitsers onder de voet waren gelopen en iedereen gevangengenomen was. Ik geloofde dat niet. Ze zullen toch niet rustig hebben zitten wachten tot de nazi's er waren, zei ik tegen mezelf, ze zouden uitbreken. Maar toch, als ik eraan dacht, kreeg ik een vreemd gevoel in mijn maagstreek.

Het kamp waar mijn broer ondertussen was terechtgekomen heette La Braconne. Het lag niet ver van Bordeaux. 'Vertel me eens hoe het er bij jullie aan toeging,' vroeg ik hem jaren later. Hij vertelde het zoals je dat waarschijnlijk alleen van een wetenschapper kunt verwachten: 'Een aantal politieke emigranten had zich bij elkaar aangesloten. Niemand wist precies wat er speelde, maar iedereen wist van de opmars van de Duitsers en het was duidelijk dat ze binnenkort in La Braconne zouden zijn. Die groep wilde onze vlucht uit het kamp organiseren. We namen aan dat er vlak voordat de Duitsers kwamen een overgangsperiode zou zijn waarin de Franse bewakingstroepen zich zouden terugtrekken of gewoon op de vlucht zouden slaan. Dat moment moesten wij benutten voor onze vlucht.

We zetten mensen op de uitkijk om in de gaten te houden wanneer de Franse bewakingsposten zich terugtrokken of de Duitse troepen eraan kwamen. Zoals je weet waren er in La Braconne net als in de andere kampen behalve nazivijanden ook Duitsers die na het begin van de oorlog in Frankrijk waren blijven hangen, onder wie natuurlijk ook nazi's. De nazi's wisten net als wij wat er ging gebeuren en ze waren van plan de Joden en antifascisten vast te houden en over te leveren aan de Duitse troepen. (Later bleek dat de gevechtstroepen over het algemeen niet geïnteresseerd waren in onbewapende burgers.)

Ik stond 's avonds in mijn barak op de uitkijk bij het raam dat mij was toebedeeld. De nazi's begrepen waarom ik daar stond. Een aantal van hen overviel me van achteren en probeerde me weg te trekken van het raam. Ik verzette me, waarop ze me met veel geweld terugsmeten in de donkere barak. Ik sloeg met mijn voorhoofd tegen de rand van een bank en het bloed spoot eruit. Ik moet een tijdje bewusteloos zijn geweest, maar toen kroop ik terug. Toen de kamparts me onderzocht, had hij het over een hersenschudding en onvoorspelbare gevolgen; hij zei dat ik minstens een week rustig moest blijven liggen. Hij deed een enorm verband om mijn hoofd, maar het bloed kwam erdoorheen. Ik ging liggen en kreeg koortsrillingen, wat normaal was bij sterk bloedverlies, zeiden ze. Ik zou ongeveer een liter bloed hebben verloren.

De volgende morgen trokken de kampbewakers zich terug en was het kamp open. Het verliep allemaal tamelijk ordelijk. De commandant liet verkondigen: *Sauve qui peut*. Of hij ons dat ook meedeelde? Ja. Ik kan me herinneren dat de commandant een kampbewoner inzette als *Chef de Camp*. Die man was een voormalige Duitse officier, een kolonel, maar hij was Joods en daarom een emigrant. Die ochtend verkondigde die chef namens de commandant kortaf: De Duitsers naderen – De bewakingstroep wordt teruggetrokken – *Débrouillez-vous* – Redde wie zich redden kan. Vervolgens liepen we gewoon het kamp uit. De nazi's probeerden ons niet tegen te houden, want er stonden overal nog Franse bewakers.

Al snel bleek echter dat we vanuit onze gevangenschap weliswaar in vrijheid waren gekomen, maar dat die slechts beperkt was. Na een paar stappen bevond ik me in een onaangename situatie, namelijk precies tussen twee tanks, de ene Frans, de andere Duits. Ze hadden allebei hun loop op mij gericht, zo kwam het op me over. In werkelijkheid was ik in hun ogen natuurlijk niets anders dan een ellendige strompelende burger met een bloederig verband om zijn hoofd.

Het gebied was dus al door Duitse tanks omsingeld. We moesten proberen in onbezet gebied te komen voor de Gestapo het leger achternakwam. De richting konden we alleen maar raden – in elk geval weg van de Duitsers, dus een beetje zuidoostelijk. Instinctief ging ieder voor zich, een groep zou eerder voor een militaire eenheid gehouden kunnen worden. Er werd niet geschoten maar het was wel een onprettige tocht, met de Fransen aan de ene en de Duitsers aan de andere kant.

Na een tijdje stopte er een vrachtwagen van het Franse leger, die me meenam. Ik zag er vermoedelijk erg heldhaftig uit met dat zwaar bebloede verband om mijn hoofd. Omdat ik moe was, strompelde ik meer dan anders. De vrachtwagen hoorde bij een lange colonne luchtafweerwagens, die probeerde te ontkomen aan de Duitse omsingeling.

Het werd een behoorlijk uitputtende rit. In een razend tempo reden we in zuidoostelijke richting. Plotseling stopten we – er kwamen ons Duitse tanks tegemoet. Onze wagens keerden om en raasden terug. Nadat we een paar keer van richting waren veranderd, naderden we een riviertje – bij het bruggenhoofd stonden Duitse uniformen. Stoppen, vervolgens een zijweg in en vol gas een andere kant op. Tijdens de rit brachten ze een telefoonverbinding tot stand met een commandopost, en nogmaals stopten we plotseling om van richting te veranderen. Zo ging het een halve dag; je werd er heel zenuwachtig van, zo'n rondrit door bezet en onbezet gebied, zonder te weten of je al omsingeld of veroverd was.

Eindelijk lukte het de colonne om uit de omsingeling te komen. We waren in onbezet gebied (hoewel niemand toen nog wist tot hoe ver de Duitsers zouden gaan). Ik herinner me dat we stopten in de buurt van een bos, om ons heen was het helemaal stil. We stapten uit, waarna de manschappen een echte Franse maaltijd begonnen te bereiden. Er werd opgediend en ik werd uitgenodigd. Met mijn verband was ik immers een held, al was het maar een burgerlijke held.

Het is onbeschrijflijk hoe misselijk ik werd na het eten. Na wekenlang honger lijden kun je een volledige maaltijd met vlees, saus en zoetigheden niet verdragen. Ik weet nog hoe ongelooflijk veel moeite het me kostte om niet over te geven, want ik wilde er geen smeerboel van maken in de wagen.'

In Gurs groeide de verwarring onder het kamppersoneel van uur tot uur, en dus konden we ongehinderd naar de andere afdelingen gaan om de ontslagbewijzen aan onze contactpersonen te geven. We waren van plan om ons de volgende ochtend uit de voeten te maken. We hadden om acht uur links van de poort afgesproken om vervolgens afzonderlijk of in tweetallen te proberen erdoorheen te komen. Buiten zouden we eerst in verschillende dorpen onderduiken en afwachten tot hoe ver de Duitsers oprukten.

Na middernacht zat nog steeds iedereen buiten. Dat was nu mogelijk omdat niemand zich nog bekommerde om de voorschriften.

'Ik zit de hele tijd te peinzen,' zei iemand in de duisternis tegen me, 'ik ben er niet meer zo zeker van dat we het juiste doen.'

Ik herkende de stem van de vrouw en draaide me naar haar om: 'Hoe bedoel je, wat zouden we anders moeten doen?'

'Misschien is het verkeerd om hem maar gewoon te smeren.'

Ik was even met stomheid geslagen. Nu, een paar uur voor het beslissende moment, twijfelen? En dan juist zij, iemand die bekendstond als kalm en bedachtzaam en die zogenaamd nooit haar zenuwen verloor!

'Dat kun je toch niet serieus menen, dat we hier moeten blijven zitten wachten op de Gestapo?'

'Kijk,' zei ze, 'ieder geval is anders. Ik denk vooral aan Otto; hij hoort toch bij degenen die het meeste gevaar lopen. Hij weet dat ik hier ben, en dus zal hij me hier gaan zoeken. Als ik wegga, zouden we elk contact verliezen. Waar zou hij me anders moeten vinden?'

'Contact!' zei ik woedend. 'Vinden! Als je elkaar terug wilt vinden, moet je eerst maar eens je eigen huid redden – hij en jij, wij allemaal...'

Ze stond op. 'Je hebt waarschijnlijk gelijk,' zei ze, 'maar ik raak dat gevoel van twijfel gewoon niet kwijt. Als je denkt aan de gevaren – hier in Gurs ken ik tenminste alles. Buiten is het onbekende. De nazi's zullen overal komen. Waar is de kans groter om het te doorstaan? Laat me er nog even over nadenken.'

Ik kon nu niet gaan slapen. Het hele kamp leek wakker te zijn. Het was pas eind juni, maar de nacht was zwoel. Of was het de onrust, de angst die in de lucht hing die het zo drukkend maakte?

Plotseling verscheen de kampcommandant. Dat was nog nooit voorgekomen. Hij scheen van afdeling naar afdeling te gaan en werd omgeven door een horde vrouwen. Ze liepen achter hem aan en wilden weten: 'Wat gaat er gebeuren? Wat gaan ze met ons doen?'

Hij deed zijn best een militaire uitstraling te behouden en beheerst over te komen. 'Het klopt dat het er aan het front niet best voor staat,' begon hij, 'maar...'

Een vrouwenstem onderbrak hem: 'Waar zijn de Duitsers?'

Anderen riepen: 'Wees stil!'

De commandant vervolgde: '... maar er is geen reden tot ongerustheid. Frankrijk neemt de volledige verantwoordelijkheid voor uw veiligheid op zich.'

Nu hoorde ik een onderdrukt gelach. Dezelfde stem als net riep weer 'Waar zijn de Duitsers nu?', en de commandant antwoordde: 'Ze komen vanuit verschillende richtingen.'

Een vrouw die ik niet goed kon zien zei: 'Hijs toch een Amerikaanse vlag boven het kamp, dan is Gurs Amerikaans grondgebied en mogen de Duitsers hier niet komen.' Naast me begon iemand hysterisch te lachen.

De commandant ging naar de volgende afdeling. De vrouwen bleven staan praten, ik hoorde het aan en dacht: hoe kunnen ze toch zo passief zijn? *Wat gaat er met ons gebeuren,* vragen ze, in plaats van *wat kunnen we doen.*

'We moeten vooral weg hier,' zei ik voor de tiende keer, 'in deze chaos kun je ertussendoor glippen.'

'Waarnaartoe?' vroeg een vrouw met wie ik wel vaker had zitten babbelen.

'Dat maakt toch niet uit, het voornaamste is uit deze gevangenschap te komen, weg uit Gurs, voor de nazi's er zijn.'

'Zonder geld! Een mens moet toch eten...'

'Voor die pois chiches wil je in het kamp blijven?'

'Maar mijn familie – hoe vinden we elkaar terug? De mannen zullen vast hiernaartoe komen om ons te halen. Wil jij dan niet op je man wachten?'

'Op mijn man? Nee, dan zou ik lang moeten wachten. Als hij te horen krijgt dat je uit Gurs weg kon komen, zal hij me hier niet zoeken.'

(Hans, vroeg ik hem maanden later een keer, is het nooit bij je opgekomen om me te komen zoeken in Gurs? Destijds, toen er heel wat mannen heen gingen om hun vrouw te halen? – Nee, zei Hans en hij moest lachen, het was toch vanzelfsprekend dat jij niet in Gurs op me zat te wachten. Dat zou toch onlogisch zijn geweest. Tijdens mijn vlucht uit het noorden was ik een keer met een paar kameraden onderweg. Ze wilden naar Gurs. Voor onze wegen zich scheidden zeiden ze: Geef ons in elk geval haar naam, voor het geval ze toch daar zit. – Lisa heet ze, zei ik, maar doe niet al te veel moeite, ze zit daar niet meer.)

Soms is mijn geheugen een raadsel voor me. Het roept uit die laatste nacht nietszeggende beelden in me op. Er wappert een rode blouse in de wind. Ik zie ook een scheve kruk waar een onbekende vrouw op zit. Dan komt de ochtend en de vlucht uit Gurs. Mijn herinneringen zijn vaag, wat ik onthouden heb is niet meer dan een kleurloze kroniek. Misschien was ik te moe. Misschien ging het niet verder dan dat.

We waren met ongeveer zestig personen. De ontslagbewijzen wilden we alleen laten zien als erom werd gevraagd. (De ongebruikte formulieren hadden we achtergelaten voor anderen.) Iedereen was er, dat weet ik nog precies, natuurlijk ook degenen die op het laatste moment waren gaan twijfelen. We kwamen aan bij de poort, alleen of in kleine groepjes. In de chaos vielen we niet op.

We zagen dat Lotte en Nelly, die er het eerst door gingen, hun bewijzen moesten laten zien en dat de bewaker die bestudeerde. Bij de volgende keek hij er niet meer zo nauwkeurig naar. Na een tijdje gingen Paulette en ik samen door de poort en ik zei: 'We komen meteen terug.' Ik weet niet meer of mijn hart bonsde.

Op een gegeven moment, op een doorgaande weg, stopte er een auto en een officier nam ons mee. Zodra ik zat, viel ik in slaap en ik werd pas weer wakker toen we in een dorp stopten. Het heette Pontacq en daar hadden we met enkele anderen afgesproken.

Eerst moesten we uit zien te vinden waar de Duitsers nu waren.

3

Op zoek. Pontacq, zomer 1940

De officier die ons in zijn auto had meegenomen was tot onze schrik naar de gendarmerie gereden. Twee gendarmes kwamen naar buiten en onze chauffeur stapte uit. Hij zag er erg vlot uit in zijn uniform.

'Ik draag twee vrouwen aan u over,' zei hij. Ik voelde Paulettes hand op de mijne, ijskoud was die. Hij vervolgde op een bevelende soldatentoon: 'Ik stel de gendarmerie van Pontacq aansprakelijk voor de veiligheid van deze vrouwen. Ze zijn vluchtelingen uit België die door de Gestapo worden vervolgd. U bent ervoor verantwoordelijk dat ze niet in handen van de Duitsers vallen.'

Iedereen salueerde, hij deed het autoportier open en we stapten uit, hij stapte weer in en reed weg zonder ook maar één blik op ons te werpen. Ik was een beetje duizelig. Ik keek Paulette aan en dacht: die voelt zich ook niet helemaal lekker.

Op het bureau lieten we de gendarmes onze zelf gefabriceerde ontslagbewijzen zien: Paulette Perrier en Lise Duchamps, Belgische staatsburgers. De brigadier zei: 'Wij zullen zorgen voor uw veiligheid. U mag Pontacq niet verlaten. Ik hoop dat u het ons niet lastig maakt.'

Dus toen stonden we met z'n tweeën op het kleine plein aan de rand van het dorp te wachten tot we aan de beurt waren. Voor ons stonden ongeveer twintig vluchtelingen uit verschillende delen van het land, vrouwen met kinderen en bejaarden. Midden op het plein, onder de bomen, was een stand opgebouwd. Een gemeentemedewerker regelde de levensmiddelendistributie en de toewijzing van de onderkomens.

Ze gaven ons een paar knollen en wat groene bladeren, een stukje spek, een beetje brood en zout. Toen kregen we een spiritusstelletje en ieder een blikken bakje. Een man bracht Paulette en mij naar een kleine boerderij. De boerin was van kop tot teen in het zwart gekleed, zoals alle vrouwen in dit Baskische dorp. Ze wees ons een woonschuurtje achter de groentetuin, naast het kippenhok. Binnen stonden een groot bed en een tafeltje. We vroegen haar waar water was.

'De dorpspomp is daarginds, aan het einde van de weg,' zei ze, 'daar kunt u zich wassen en de was doen.' Bij het weggaan voegde ze eraan toe: 'Vergeet niet het tuinhek achter u te sluiten, anders komen de kippen in de groentetuin. En het *cabinet* daarginds hoeft u niet te gebruiken, de mest is goed voor de groente.'

'Ach, god,' zei Paulette. 'Als dat mijn moeder weten zou...'

'Paulette,' zei ik, 'een bed! Een echt bed!'

'... van smart haar harte breken zou.'

We hebben een bed en iets te eten, dacht ik, en misschien zitten we hier voorlopig veilig. Als de vrouwen die het kamp in Gurs niet durven te verlaten nu maar eens wisten dat de vluchtende bevolking van het meest noodzakelijke wordt voorzien.

In het dorp wisten ze niet waar de Duitsers nu waren en of ze in aantocht waren. Een paar vluchtelingen die door Pau waren gekomen dachten dat je daar vast wel wijzer kon worden, misschien in de kazerne, die vol militairen zat.

Dus gingen we de volgende dag op weg naar Pau. Er waren inmiddels nog zes andere vrouwen uit onze groep aangekomen en ondergebracht in Pontacq. De rest was verspreid over meerdere dorpen. We moesten uitvinden of er een kans bestond dat de Duitsers hier in de buurt zouden komen.

Maar hoe kwamen we naar Pau en weer terug? Bussen waren er niet, er was helemaal geen vervoer. We vinden wel een manier, zeiden we tegen de anderen. We gingen met een omweg het dorp uit om niet gezien te worden door de gendarmes. Er waren maar weinig voertuigen op de weg, want niemand had benzine. De automobilisten die er waren, waren meestal officieren, en die scheurden ons voorbij.

Lag het misschien aan ons? 'Je zwaait helemaal niet,' zei ik, 'dan zal er nooit iemand stoppen.'

'Ik dacht dat jij zwaaide. Heb je dan nog nooit gelift?'

'Nee. Jij wel?'

'Ik ook niet.'

We besloten dat Paulette druk met haar armen zou zwaaien en ik het woord zou voeren als er iemand stopte.

Er kwam een auto aan. Paulette mompelde 'O, Falada, als dat mijn moeder weten zou...' en zwaaide. De auto stopte en nam ons mee.

In Pau gingen we eerst naar de grote kazerne waar de vluchtelingen in Pontacq het over hadden gehad. Overal zwermden soldaten rond, maar het viel ons op dat we nergens officieren zagen. Niemand kon ons informatie geven, niemand wist iets over de compagnie van Paulettes man. De soldaten die we spraken pauzeerden alleen maar om in de kazerne te overnachten. 'Waar zijn de Duitsers?' vroegen we, maar we hielden al snel op met vragen stellen. De soldaten keken ons met een lege blik aan. Sommigen lachten. Het was een onvriendelijke lach. Sommigen zeiden: 'Ze zitten overal, les boches.' En telkens weer: '*Nous sommes vendus.*'

We liepen door Pau en probeerden uit te vinden wat de stand van zaken was. De zon brandde, we waren moe en zeker ook terneergeslagen. In het raadhuis kregen we wel een ambtenaar te spreken, maar hij wist niet meer dan alle anderen. Hij zei dat er geruchten waren dat de Duitsers morgen of overmorgen tot stilstand zouden komen, er was sprake van een wapenstilstand. Geruchten. We gingen weer op pad.

Op straat zagen we een paar jonge mannen. 'Die zien eruit als Duitse emigranten,' zei Paulette. De mannen kwamen op ons af: 'Komen jullie uit Gurs? Hoe staat het daar?' Zij waren gevlucht uit een kamp in het noorden en net hier aangekomen. Ze wisten alleen dat alles en iedereen was omsingeld door Duitse pantserwagens en dat je overal groepen emigranten tegenkwam. Ik wilde weten of iedereen er op tijd vandoor was gegaan. Of waren er ook kampen die door de Duitsers waren overrompeld? Hans, mijn man, scheen in de buurt van Tours te zijn. Ik vroeg of ze mensen van daar waren tegengekomen. Nee. Maar voor zover ze wisten waren de meeste emigranten uit de kampen gevlucht; de Franse commandanten hadden op het laatst niet moeilijk gedaan en waren er uiteindelijk ook zelf vandoor gegaan. Maar vervolgens de vlucht dwars door Frankrijk, waarbij je nooit wist... En net als je dacht dat je het gehaald had, wéér tanks...

Er kwamen een paar vrouwen voorbij. Ook zij waren ontkomen uit Gurs en ook zij waren op zoek.

We wilden ons voorlopig schuilhouden in Pontacq. Ver weg van de rest van de wereld. Zo hadden we het bedacht en zo ging het ook – een aantal dagen. Paulette en ik zaten vaak op een bank op het dorpsplein. Er was niet veel te beleven, maar het was aangenaam onder de bomen, in de koele schaduw. De weg liep dwars over het plein; zo nu en dan passeerden er een paar vluchtelingen. Soms ook groepjes soldaten in vuile uniformen, doelloos. Je zag maar zelden een auto.

Op een keer hoorden we het lawaai van motoren. Twee soldaten op een motor. Plotseling sprong Paulette op en ze riep: 'Alfred, Alfred!' Ze zwaaide met haar armen en rende achter de motoren aan, maar ze waren alweer verdwenen.

'Dat was de jonge Alfred uit Parijs,' riep ze naar me, 'je weet toch wel wie ik bedoel – hoe kan ik hem nu inhalen?'

'Nu begin jij ook al door te draaien, net als de anderen,' zei ik ongeduldig. 'Alfred – uitgerekend hier in Pontacq!'

We kibbelden; Paulette hield vol dat ze zich niet had vergist.

Er kwam een paard-en-wagen voorbij. Paulette rende naar de boer die op de bok zat en vroeg buiten adem: 'Als u twee soldaten op motoren ziet op de weg – een van hen, de kleine blonde, is een vriend van ons, hij heeft ons niet gezien, hij moet meteen terugkomen!'

De boer knikte en reed met zijn karretje langzaam verder.

'Lach maar,' zei ze tegen me, 'ik blijf hier wachten. Je weet maar nooit.' Als Paulette zich iets in haar hoofd had gezet, was er niets meer aan te doen. En dus bleven we op onze bank zitten wachten op Alfred.

Na een tijdje zei ze teleurgesteld: 'Het is blijkbaar niet gelukt. Kom, we moeten iets gaan eten. Maar ik weet zeker dat hij het was.'

Was dat niet weer het lawaai van motoren? Het kwam uit de tegengestelde richting, vanuit de verte. Het was inderdaad weer een motor, en er zat een soldaat op. Hij zoefde door het dorp, stopte op het plein en keek om zich heen: 'Was er iemand die had gezegd dat ik terug moest komen?'

Ja, het was Alfred uit Parijs die daar in zijn smerige uniform op de motor zat, vermoeid en verward, Alfred met de blonde haardos en het blozende jongensgezicht. We liepen naar hem toe, hij staarde ons ongelovig aan, wreef in zijn ogen en over zijn voorhoofd. Hij stapte af en ging in het gras zitten, en terwijl we opgewonden tegen hem aan zaten te kletsen, vielen zijn ogen dicht en dommelde hij in. Ik ging naast hem zitten en zei tegen mezelf: *L'armée glorieuse... Voilà l'armée glorieuse...*

Alfred was een jonge Pool, net twintig jaar, die zich na het uitbreken van de oorlog in Parijs aangemeld had voor het Poolse legioen. In Pontacq had hij zijn tocht naar het zuiden tijdelijk onderbroken en zich aangesloten bij de soldaten die hier en daar over de aangrenzende dorpen verspreid waren. 's Avonds zaten we bij elkaar en hij vertelde over de winter van de drôle de guerre, la Ligne Maginot, van het begin van het offensief.

'... en na de Duitse doorbraak in België plaatsten ze ons over naar het westen. Het moet eind mei geweest zijn toen we ten zuiden van de Somme werden ingezet. Onze officieren herhaalden de woorden van generaal Weygand: "Dit is de beslissende slag van deze oorlog." Ons vertrouwen in de generaals was niet groot meer, maar toch, je wilt er toch nog in geloven dat die daarboven een of andere strategie hebben. Het was duidelijk, de bruggenhoofden van de Somme moesten terugveroverd worden, en we gingen over tot de aanval. Maar het was zinloos, we hadden geen ondersteuning. Drie dagen zonder eten en slaap, onophoudelijk onder vuur, de doden en gewonden lagen overal in het rond en we konden niet bij hen komen.

Begin juni kwam het bevel voor een nieuwe aanval: het oprukken van de vijand naar Parijs moest worden voorkomen. Onze aanval begon in het donker, tegen de ochtend, en op datzelfde moment zetten de Duitsers het vuren in. Onze artillerie was per ongeluk een paar minuten te vroeg begonnen met schieten. We dachten: waar blijven onze vliegtuigen nou? Ze zijn nooit gekomen.

De munitie raakte op. Ze vertelden ons dat er al een nieuwe voorraad onderweg was vanuit de depots in het zuiden. Wij wachtten en wachtten. Het vuren van de Duitsers ging onverminderd door, we hoorden het gekreun en geschreeuw van onze gewonden daarbuiten. Steeds maar weer beloften: weldra zal de munitie er zijn. Wachten, vloeken; naast me zat iemand te snikken.

Het moet de derde dag zijn geweest dat we twee vrachtwagens zagen aankomen. We stormden erop af, ik was er als een van de eersten bij. De ene vrachtwagen was leeg – gewoon leeg. Op de andere stond één enkele munitiekist.

Meer weet ik niet van de Slag om Abbeville. Vanaf toen waren er alleen nog maar geruchten. Stonden we nu onder Frans of onder Engels commando? Hadden we ook Duitsers in onze rug? Werd er bevel tot terugtrekking gegeven? Maar we konden niet meer op bevelen wachten.'

Alfred bleef bij ons in de buurt. Hoewel hij zijn legermotor moest inleveren, kon hij als soldaat ons vrouwen in Pontacq vaak helpen. Het maakt toch niet uit waar ik zit, zei hij, hij had geen doel. Hij was een van de talloze ronddolende soldaten, een van de *armée en déroute*.

In Pontacq waren ze er inmiddels wel aan gewend geraakt ons te zien, de bewoners keken ons minder wantrouwend aan dan in het begin. Wat ze onder elkaar zeiden in het Baskisch konden we niet verstaan, maar met ons praatten ze Frans. We kregen een kleine toelage die de *mairie* aan alle vluchtelingen uitbetaalde, we behoorden nu tot de verheven stand van vluchtelingen. Onze boerin had het niet zo op ons, vooral omdat de kippen voortdurend aan ons ontsnapten en dan in haar groentetuin zaten. Maar de stokoude boer die drie van 'onze' vrouwen had opgenomen kookte soms voor ons allemaal. Hij kookte toverachtig lekkere dikke soepen in de zwarte ijzeren pan die aan een ketting boven de haard hing. Een keer offerde hij een van zijn kippen en toen ik me verbaasde over zo'n lichtzinnige daad, zei hij: 'Die kip was zo oud als ik, dan maakt het het niet meer uit.'

Kranten waren er nog steeds niet, en toch had iedereen het over een wapenstilstand. Wanneer we 's middags met onze blikken borden naar de dorpspomp liepen, ontmoetten we weleens soldaten die daar een tussenstop maakten om zich te wassen. Die zeiden dat ze tijdens hun vlucht nog steeds waren gebombardeerd. En ze vertelden over vliegtuigen die hen van boomhoogte bestookten met machinegeweren.

Paulette en ik gingen verder op verkenningstocht. Onze twee man sterke gendarmerie nam haar taak heel serieus en hield ons scherp in de gaten, maar we hadden al snel ontdekt wanneer we veilig waren voor hen: vooral tijdens het twee tot drie uur durende heilige *déjeuner*. We hadden geleerd om ongemerkt het dorp uit te sluipen. *L'autostop*, liften, leek inmiddels een oude gewoonte van ons, maar er waren steeds minder auto's, en vaak legden we op onze versleten schoenen grote afstanden te voet af. We gingen naar Tardes en naar Lourdes, en naar de

dorpen waar de andere vrouwen die gelijk met ons uit Gurs waren gekomen zich verstopt hielden. We kwamen rondzwervende en zoekende
emigranten tegen. Toen we een keer met een paar mensen ergens op de
weg stonden, stopte er een auto met enkele personen erin. Een vrouw
stak haar hoofd naar buiten en wilde weten waar die weg naartoe leidde.

'Jij bent toch Hertha Pauli?' vroeg iemand.

'Klopt. Waar zitten we hier?'

'In de Basses Pyrénées. Waar komen jullie vandaan?'

'Uit het westen, van de kust. In welke richting rijden we nu?'

'Naar het zuiden. Waar willen jullie heen?'

'Naar Lourdes misschien...' De auto reed door.

We zaten op onze bank en overlegden wat we nog konden doen om onze
familieleden terug te vinden. Het was warm, zelfs in de schaduw. Opeens ontstond er een oploop – er kwam een bus aan, de bus uit Pau reed
voor het eerst weer! Het hele dorp keek toe terwijl er een paar passagiers
uitstapten. Toen sprong Paulette op, ze rende dwars over het plein naar
de bushalte en riep 'Papa! Papa!' en omhelsde – ik staarde die druïdege-
stalte met de grijze manen aan – inderdaad haar vader, 'de ouwe', zoals
we hem noemden. Hoe was het mogelijk dat hij ons in dit nest had
gevonden?

Heel gemakkelijk, legde hij uit. Vlak voordat de Duitsers kwamen was
hij met enkele vrienden uit zijn kamp te gevlucht, waarna ze richting
Gurs waren getrokken. Hij had namelijk zijn dochter willen halen. Voor
Pau waren ze iemand tegengekomen die zijn dochter samen met andere
vrouwen uit Gurs had ontmoet en die ook had geweten waar ze zich bevonden.

'We kunnen de ouwe niet hier bij ons houden,' zei Paulette later tegen
me. Hij weigerde halsstarrig zijn karakteristieke wilde haren te laten
knippen. En hij sprak geen woord Frans. Hij zou beter in de mensenmassa van Lourdes kunnen onderduiken. Dus trok hij verder, en we
spraken af dat wij hem spoedig zouden volgen.

Toen we een paar dagen later langs de mairie kwamen, zagen we Bol-
les man Kaminski van een hooiwagen klimmen. (Bolle was een van de
drie vrouwen die bij de oude boer onderdak hadden gekregen.) Het verbaasde ons nauwelijks nog. Ook hij was iemand tegengekomen die wist

waar wij waren. Hij kwam uit het kamp in de buurt van Tours, waar mijn man ook had gezeten.

's Avonds zaten we in het donker bij elkaar in de woonkamer van de oude boer en luisterden naar Kaminski, die over zijn vlucht uit het kamp vertelde. Het was een dramatisch relaas. Hij vertelde over een wilde rivier die hij zwemmend had moeten oversteken om te ontkomen aan de Duitsers die hem te voet achtervolgden. Maar toen bleek dat hij helemaal niet had gezwommen, omdat hij een boot tegenkwam die hem meenam. Ik vroeg hem wat hij over de anderen wist, of iedereen had weten te ontkomen, wanneer hij mijn man voor het laatst had gezien.

'Ik ben met twee mannen gevlucht. De anderen hadden hun vlucht voor de volgende dag gepland, maar wij wilden niet wachten. En inderdaad hebben de Duitsers de volgende ochtend het kamp bezet – we hebben gehoord dat niemand is ontkomen. Wij zijn de enige drie die zich hebben weten te redden – de anderen hebben de situatie verkeerd ingeschat.'

Het was stil in de kamer. Deze hansworst, dacht ik, hij weet niets, hij heeft alleen maar van alles 'gehoord' en zaait paniek. Waarschijnlijk is het een voorbereiding op zijn volgende roman. Uitgerekend hij heeft 'de situatie goed ingeschat', terwijl hij van toeten noch blazen weet. Hans en de anderen moeten geweten hebben wat ze deden.

En dus zochten we verder en trokken elk spoor na, en zo kwamen we op de weg naar Lourdes twee emigranten tegen die afkomstig waren uit hetzelfde kamp.

'Hans Fittko?' zei de een. 'Jazeker ken ik hem, ik heb in het kamp een tand bij hem getrokken. Maak je geen zorgen, wij waren allemaal het kamp uit toen de Duitsers kwamen. Hans heb ik buiten nog gezien. Geef ons jullie adres, stel dat we iemand tegenkomen...'

Een vrachtwagen die richting Lourdes reed nam ons mee. We wilden de ouwe bezoeken en kijken of alles in orde was met hem. De chauffeur en zijn bijrijder, beiden nog jong, waren spraakzaam en wilden alles precies weten: wat we hier deden, waarom we naar Lourdes wilden, waar we vandaan kwamen. We komen uit België, zeiden we. Onze mannen zaten in krijgsgevangenschap en we hadden moeten vluchten.

'Zo,' zei de chauffeur, 'uit België? Waar dan precies?'

Paulette noemde een klein plaatsje dat haar toevallig te binnen schoot.

Dat bleek een fout te zijn. 'Wat een toeval,' zei de chauffeur. Hij leek ons niet echt te geloven.

'Wat deed uw man daar dan?' vroeg de bijrijder.

'We hebben een tankstation.'

'Welke van de twee? Die bij het raadhuis? Of die bij de kruising?'

Paulette draaide zich in de richting van de mannen en keek hen met grote blauwe ogen verontwaardigd aan. 'U steekt de draak met ons,' zei ze gekrenkt. 'Dat is niet aardig, dat u zo omgaat met vrouwen van krijgsgevangenen.' Ze stootte me voorzichtig aan met haar voet.

'Ach, Paulette,' fluisterde ik, 'we hadden ons niet mee moeten laten nemen. Wie weet waarvoor ze ons houden – laten we lopend verdergaan, het kan toch niet meer veel verder zijn dan een paar uur.'

Dat wilden de twee mannen niet laten gebeuren. We hadden niets meer te vrezen, ze zouden geen indiscrete vragen meer stellen.

Wat zouden ze gedacht hebben?

Er was een groot doorgangs- en verzamelpunt voor Duitse emigranten ergens ten noordoosten van Tarbes. Verschillende mensen waren er tijdens hun zwerftocht doorheen gekomen en beschreven ons de weg. Bij Tarbes zouden honderden mannen zijn die uit de kampen kwamen, en zelfs als we geen van de onzen zouden vinden, konden we vast meer over hen te weten komen.

Het was ver weg, en we slopen 's morgens vroeg het dorp uit. Een vrachtwagen die al enkele boeren had opgeladen liet ons instappen en nam ons mee. In Tarbes spraken we met een officier die naast zijn auto stond. Het was een mooie, dure auto; de officier was heel beleefd en zei dat hij ons graag een stukje liet meerijden, maar hij moest wel op een gegeven moment de andere kant op en ons dan onderweg laten uitstappen. Dat vonden we prima.

'Dat moet wel een heel hoge pief zijn,' fluisterde Paulette, 'kijk maar eens naar zijn epauletten.'

We klommen op de achterbank en hij startte de auto. De weg die de stad uit leidde ging over een brug. Toen we dichterbij kwamen, zagen we dat soldaten met geweren de toegang versperden. Wat goed, dacht ik, dat we met zo'n hoge pief zijn, anders kwamen we hier nooit door.

De officier stopte bij de eerste wachter en praatte even met hem. We konden niet goed horen wat hij zei. De soldaat schudde zijn hoofd en zei nee, hij mocht de wagen er niet langs laten. De officier haalde een bankbiljet tevoorschijn uit zijn zak, waarop de wachter hem aankeek en zei: 'Nee, ik heb mijn orders, niemand mag deze brug passeren.' Er volgde een snelle woordenwisseling. We hoorden de officier zeggen: 'Aan de kant, ik rij door.' De soldaat zei: 'Ik heb het bevel te schieten.' Hij legde zijn geweer aan. Ik zag hoe zijn handen vlak voor mijn ogen trilden. Plotseling hield de officier een revolver in zijn hand. De soldaat stapte instinctief iets naar achteren, de officier gaf gas en racete over de brug. De wachtpost aan de andere kant sprong aan de kant en de wagen reed door.

De weg liep door een zomers, vredig bos en de officier babbelde gemoedelijk. Het voorval op de brug deed hij af met een vluchtige opmerking over 'de verwarring onder de huidige omstandigheden'.

Nadat hij ons had laten uitstappen en een andere richting was ingeslagen, gingen we een heel eind te voet verder. Vervolgens kwam er nog een auto, die ons dicht bij de kampplaats afzette. Het was 's avonds laat. De nacht was warm en we legden ons onder de blote hemel te rusten.

De volgende ochtend keken we om ons heen. Op het veld stonden grote legertenten, maar er waren niet voldoende slaapplaatsen, de meeste mannen sliepen buiten. Ze kwamen uit kampen in alle delen van Frankrijk, van het noorden tot aan de Middellandse Zee. Maar niemand wist iets over mijn man. Niemand kende mijn broer. Paulette had de hoop opgegeven hier iets te weten te komen over haar man, want hij was ingedeeld bij een Franse militaire groep. We luisterden naar de verhalen over de exodus: miljoenen mensen op de wegen – *la pagaille*. Waren mijn ouders daarbij geweest? En Paulettes moeder?

We hoorden ook over tweeëntwintig vrachtwagens met emigranten die naar het noorden waren gereden toen alles ineenstortte. Het waren vrijwilligers die als hulptroepen bij het Engelse leger waren gevoegd. Ze werden met de reguliere troepen naar Duinkerken gedirigeerd, maar konden niet meer worden ingescheept. Nu zaten de Duitsers hen op de hielen. Over hun verdere lot was niets bekend.

Ook degenen die rechtstreeks uit de bezette gebieden kwamen wisten niet hoe het ervoor stond. Er zou sprake zijn van een wapenstilstand, maar er werd nog steeds sporadisch geschoten en gebombardeerd. Rukten de Duitse troepen verder op?

'Het schijnt,' zei iemand, 'dat ze tot stilstand zijn gekomen, maar daar kun je nooit zeker van zijn.'

Niets is zeker.

De meeste mannen bleven maar kort. Ze wisselden nieuwtjes uit, geruchten, ook namen van familieleden, en trokken verder, zochten verder.

Op de terugweg hadden we niet veel geluk. Tegen de avond kwam er een auto, maar die raasde met zo'n hoge snelheid voorbij dat we niet eens aan zwaaien toekwamen. Maar toen piepten zijn remmen en reed de wagen achteruit naar ons toe, in datzelfde razende tempo.

'Voorzichtig, dat moet wel een maniak zijn,' zei ik.

Het was een man in burgerkleding. Of we hem de kortste weg naar het kamp in Gurs konden wijzen, vroeg hij, we kwamen er zo te zien vandaan. 'Stap in, schiet op, ik neem u mee. U hoeft niet bang te zijn, bij mij bent u veilig. Wijs me maar gewoon de weg, er is niet veel tijd meer.'

Hij klonk opgejaagd maar wel oprecht en we besloten in te stappen. Gelukkig liep de kortste weg door Pontacq. De man werd iets rustiger, maar de auto reed nog steeds met een angstaanjagende snelheid door de nacht.

'Hoe ver is het nog naar Gurs? Kan ik er voor middernacht zijn?' We moesten hem wel vertellen dat hij nog een flink eind te gaan had.

Na een tijdje zei hij: 'Ik kom rechtstreeks uit Parijs. Toen ik op mijn ministerie opving dat er een commissie van de Gestapo onderweg was naar Gurs, ben ik meteen vertrokken. Ik moet er eerder zijn dan zij.'

Wie was deze man? Blijkbaar een ambtenaar op een belangrijke post, iemand die veel wist. Was hij te vertrouwen? We wilden onszelf niet verraden door vragen te stellen waaruit bleek dat we gespannen waren. Maar na een korte pauze praatte hij verder; in zijn opgewonden toestand moest hij wel praten.

'Ik weet dat Margot nog in Gurs zit. Margot, mijn verloofde, is een Duitse emigrante, net als u. U begrijpt het toch wel – ik moet haar eruit halen voor de Gestapo komt.'

Ja, dat begrepen we.

Deze onbekende had blijkbaar connecties, hij was gehaaid, hij zou zijn verloofde er ongetwijfeld uit krijgen. En wat gebeurde er met de anderen?

We vroegen of hij iets van een wapenstilstand wist.

'Ja,' antwoordde hij, 'we hebben een wapenstilstand gesloten met de Duitsers, maar hier en daar wordt blijkbaar nog wel gevochten... Maar waarschijnlijk hebt u dus ook nog nooit gehoord van *article 19*?' informeerde hij voorzichtig.

Nee, we hadden geen idee wat er speelde in de wereld.

'Dat is de reden voor mijn race tegen de Gestapo. In artikel 19 van de wapenstilstand staat: *... de livrer sur demande tous les ressortissants allemands désignés par le gouvernement du Reich*, alle door de regering van het Duitse Rijk bij naam genoemde Duitse vluchtelingen dienen op verzoek te worden uitgeleverd...' Hij keek ons zijdelings aan.

Ik probeer me te herinneren wat voor indruk dit nieuws op ons maakte. Ik geloof niet dat mijn geheugen een loopje met me neemt: artikel 19 van de wapenstilstand tussen Duitsland en Frankrijk was maar een van de vele schakels in de keten van gebeurtenissen. Het verbaasde ons niet.

Uitleveringen aan Duitsland (we noemden het 'die Heimat') waren niets nieuws voor ons. Sinds Hitler aan de macht was, liep je in alle landen rondom Duitsland het gevaar uitgeleverd te worden. Zo had Zwitserland in 1936 een uitleveringsverzoek ingewilligd, hoewel Duitsland alleen maar de schuilnaam 'Stephan' had aangegeven, waaronder een schrijver van antifascistische pamfletten te boek stond. Ze wisten niet dat het in werkelijkheid om Johannes Fittko ging, die door de Gestapo gezocht werd. De officiële reden was, als ik me goed herinner, dat de man met de onbekende naam een roofmoord had gepleegd (of was het een zedenmisdrijf?). En dus lieten de Zwitserse autoriteiten een aanhoudingsbevel uitvaardigen en kreeg hun speciale politiecommando opdracht om 'Stephan' te zoeken. Hij werd niet uitgeleverd, omdat hij niet kon worden gevonden – dankzij de hulp van Zwitserse vrienden. De Zwitserse officier van justitie die me het aanhoudingsbevel liet zien heette dr. Gans; hij gaf zonder aarzeling zijn geweten voorrang boven zijn ambtelijke plicht.

Het gevaar om uitgeleverd te worden konden we al heel lang alleen nog vermijden door onvindbaar te zijn.

De man uit Parijs zette ons vlak voor Pontacq af en scheurde verder naar Gurs. Pas later vernamen wij van vrouwen die erbij waren geweest hoe het eerste bezoek van de Gestapo was verlopen – dat bezoek had zich beperkt tot het îlot des indésirables.

's Avonds overlegden we met de andere zes vrouwen en we werden het erover eens dat het tijd was om verder te trekken, alleen of in tweetallen, zoals we waren gekomen. Dit deel van Zuid-Frankrijk scheen voorlopig niet te worden bezet en we hadden meer bewegingsvrijheid nodig. We wilden naar een grotere stad – Marseille misschien? Het was de enige zeehaven die nog niet was bezet.

Paulette en ik moesten eerst naar Lourdes, waar de ouwe op ons wachtte. Anja Pfemfert, die samen met ons in Pontacq zat, zouden we meenemen. Ze was niet in staat zich aan te passen, had angstaanvallen en viel zo op dat het niet lang meer goed kon gaan. Ze kreeg het zelfs een keer voor elkaar om 's nachts in het dorp te verdwalen.

Op ons laatste 'uitstapje' gingen we naar de dorpen waar de andere vrouwen uit onze groep waren ondergebracht om hen van onze plannen op de hoogte te stellen. Onderweg zagen we Hannah Arendt wandelen door het grasland in de buurt van het dorp waar ze zich in haar eentje schuilhield. Ook zij was van plan over een paar dagen verder te trekken. 'Wilt u met ons mee naar Lourdes?' vroegen we.

'In m'n eentje voel ik me veiliger,' antwoordde ze. 'Met een hele kudde heb je minder kans het te halen.'

Op de terugweg nam een vriendelijke, vrolijke officier ons mee in zijn auto. Onderweg werden we aangehouden door een surveillant van de gendarmerie. Dat gebeurde wel vaker, en we kropen dieper weg op de achterbank, zoals altijd. Het was al donker en toen de auto stopte zagen we pas dat het onze brigadier was. De chauffeur gaf hem zijn papieren, de gendarme controleerde ze, gaf ze terug en bedankte zonder in de auto te kijken. De vrolijke officier wees met zijn duim naar achteren en zei: '... et ça, c'est l'auto-stop.' De gendarme bukte zich en richtte zijn zaklamp op ons. Even staarden we elkaar aan. Toen zei hij kort: 'Morgenmiddag melden op de gendarmerie.'

Daar kwam het niet meer van.

De bus naar Lourdes reed weliswaar weer, maar ze zouden ons meteen ontdekken als we daarmee vertrokken. We moesten het dorp ongezien verlaten.

Alfred, onze jonge vriend in uniform, was een eersteklas *débrouillard*, hij wist altijd van alles voor elkaar te krijgen, en dus beraadslaagden we met hem. Hij haalde ergens een motor en wat benzine vandaan. Ik bracht Anja Pfemfert met een ommetje naar de weg waar hij op haar stond te wachten en we zetten haar achterop. Ik nam even het beeld in me op: de blonde soldaat met het blozende jongensgezicht en achter hem, tegen hem aan geklemd, een brede vrouwengestalte met Kalmukse ogen onder zwarte haarslierten.

Ze reden met veel geraas weg.

Paulette vergat weer het hek van gaas achter zich dicht te doen, waardoor de kippen achter ons aan de groentetuin in renden. Ze liep terug en joeg ze onder luid gefladder, gekakel en gekrijs de tuin uit. Toen slopen we via de achterkant het dorp uit.

4

Lourdes, juli 1940

Terwijl we bij twee soldaten op de fietsstang zaten trokken Paulette en ik Lourdes binnen. Zij hadden ons een lift aangeboden toen ze ons langzaam langs de weg zagen sjokken. Zo kwamen we bij de ingang van de stad gemakkelijk langs de militaire controle; ze vroegen ons niet naar onze papieren. De anderen wachtten, zoals afgesproken, op een straathoek op ons.

Lourdes was vol gedrang en lawaai, en vol vluchtelingen uit alle delen van het land. We liepen door een straat met tientallen kleine winkeltjes met cadeauartikelen en religieuze souvenirs. Voor een patisserie bleven we staan, maar de etalage was leeg – op een paar kleine Bernadettes van suikergoed na. Paulette rilde en zei: 'Is toch niet te geloven, die zoete heiligen, mijn maag draait ervan om.' 'Ik word er ook misselijk van,' zei ik, 'maar we moeten eerst een plekje vinden waar we allemaal de nacht kunnen doorbrengen.'

Wij allemaal – wie waren dat op dat moment, 'wij allemaal'?

Drie vrouwen die samen uit kamp Gurs waren gevlucht: Anja, Paulette en ik. Verder waren er de ouwe, Paulettes vader, die al voor ons naar Lourdes was gegaan, en Alfred, de soldaat op de motor.

Onderweg hadden we een aantal emigranten gesproken die uit Lourdes kwamen. Ze hadden ons gewaarschuwd voor het Centre d'Acceuil, het ontvangstcentrum, dat nu in elke stad bestond. Vluchtelingen moesten zich bij aankomst eerst daar melden en dan kregen ze onderdak toegewezen. Loop met een grote boog om die *centres* heen, zeiden ze tegen ons. Buitenlanders en mensen zonder papieren worden weer in kampen gezet.

De stad Lourdes had een deel van het grootste luxehotel gevorderd om daar vluchtelingen in onder te brengen. We wilden proberen in dat hotel onderdak te krijgen. In een grote mensenmassa, dachten we, zouden de ouwe en Anja minder opvallen. Maar we hadden vast verblijfspassen nodig om er te kunnen overnachten.

Anja en de ouwe waren moe. We zetten ze af in een bistro en waren blij dat we niet met hen door de straten hoefden te trekken. Alfred bleef bij hen, omdat ze met een soldaat aan tafel iets veiliger waren.

Anja moet toen een jaar of zestig zijn geweest. Met haar brede jukbeenderen en korte, gitzwarte haar dat in plukken naar voren viel, trok ze alle blikken naar zich toe. Omdat ze die plukken in de tijd dat ze in het kamp zat niet had kunnen bijverven, leek het nu alsof ze een wit kapje op haar hoofd had. Haar gebroken Frans had de Russische klank die iedereen kende van de taxichauffeurs in Parijs. En uitgerekend in haar geval was er een vergissing gemaakt toen we uit Gurs vluchtten: in de haast was haar een ontslagbewijs voor een twintigjarig Nederlands meisje toegestopt.

Ook de ouwe was een lastig geval. Als hij nu in elk geval die lange grijze haren eens had laten knippen, die warrig om zijn hoofd stonden en waaraan hij altijd werd herkend! Zelfs in deze wirwar van verwaarloosde vluchtelingen staarde iedereen hem aan. Hij sprak geen woord Frans en maakte zich alleen verstaanbaar met gebarentaal en wat flarden van woorden uit de verschillende talen. Wanneer hij wilde uitleggen dat hij vroeger parlementslid in de Rijksdag was geweest, zei hij: '*Député kaputt.*'

Alfred in zijn uniform was een geschenk uit de hemel. Zijn rol als beschermengel kende echter ook grenzen, want uit zijn papieren bleek dat hij geen Fransman maar een Pool was.

Paulette en ik gingen in het park tegenover het bisschoppelijk paleis op een bankje zitten om te overleggen. We waren het eens geworden over een werkverdeling: Paulette was verantwoordelijk voor 'huiselijke aangelegenheden' en mijn afdeling had de 'diplomatieke relaties met overheidsinstanties' tot taak.

Er ging een jonge soldaat bij ons zitten. '*Nous sommes foutes*, we zijn verslagen,' zei hij. Hij strekte zijn benen en voegde er nog aan toe: '*Nous sommes vendus*, ze hebben ons verkocht.' Ze zeiden allemaal hetzelfde, die soldaten. Hij heette Bernard, vertelde hij ons, zijn geboortestreek was in Normandië. Hij had geen *route de marche*, hij had geen idee waar zijn regiment was, en dat kon hem ook helemaal geen reet schelen. Paulette wilde meer weten: aan welke fronten hij was geweest, hoe het was toen de déroute was begonnen en hoe de wapenstilstand was verkondigd.

Hij vertelde en leek blij te zijn dat er iemand luisterde.

Na een tijdje zei Paulette: 'Nu moeten we gaan, we hebben namelijk een probleem, we zoeken een plek om te overnachten.' Door een vergissing zouden we geen *fiche d'hébergement* hebben gekregen, ze vertelde hem dat we haar oude ouders bij ons hadden en dat we in elk geval die ergens moesten onderbrengen. Als we nu maar eens ergens die verblijfspas konden krijgen! Als soldaat kende hij, Bernard, natuurlijk dergelijke problemen niet.

Bernard knikte.

'Nu ik er zo over nadenk,' zei Paulette, 'zou Bernard toch eigenlijk zo'n verblijfspas voor ons kunnen halen; hij kan zeggen dat het voor zijn familie is. Dat zou toch een oplossing zijn.'

De jongen keek ons wantrouwend aan. 'Ik heb genoeg aan mijn eigen zorgen, ik kan niet nog meer narigheid gebruiken,' zei hij. 'Trouwens, dat hele verhaal, *c'est louche,* daar zit een luchtje aan.'

'C'est la pagaille, alles is in elkaar gedonderd,' zei ik, 'we zitten allemaal in hetzelfde schuitje, dan moet de een de ander toch helpen. Je bent toch zeker niet bang? Jij als soldaat, je hebt toch zeker eergevoel...'

'Eergevoel! Hahaha!' lachte Bernard, en hij sloeg zich op zijn bovenbenen. 'Mijn eergevoel? Dat is allang verloren, net als al het andere.'

Paulette kreeg een woedeaanval. 'Heb jij geen broers of zussen?' viel ze uit.

Hij staarde voor zich uit.

'En je meisje?' ging ze tegen hem tekeer. 'Als zij hulp nodig heeft, vindt ze hopelijk iemand die meer moed heeft!'

Hij schuifelde met zijn voeten.

'En je moeder, je vader – nou ja, jij bent er waarschijnlijk zo één die het niet kan schelen of je ouders een dak boven hun hoofd hebben. Nou ja.'

Bernard werd vuurrood in zijn gezicht. *'Tu m'emmerdes,'* zei hij. Hij stond op en liep weg. Zonder zich om te draaien riep hij: 'Wacht hier.'

'Vraag om een verblijfspas voor het grote hotel,' riep Paulette hem na, 'mijn ouders moeten weer eens in een echt bed slapen.'

Ik weet niet meer hoe het verder is gegaan. Maar ik herinner me dat ik de volgende morgen in een hotelkamer wakker werd; er waren twee bedden en een paar matrassen op de vloer. Ik telde. Ja, we waren er alle vijf.

Die luxe! Stromend water, een grote spiegel met een gouden sierlijst, schoon beddengoed, zelfs een bidet achter een gordijn. Toen Paulette en ik op pad wilden gaan voor onze eerste verkenningstocht, voelden we ons schoon en verzorgd. Nu moesten we eerst maar eens uit zien te vinden hoe het hier werkte, welke informatie ze hadden over de situatie in de rest van het land en wat je kon doen.

We wisten dat de Duitsers een groot deel van Frankrijk hadden bezet en zelfs toen al was het ons duidelijk dat ze op een gegeven moment heel Frankrijk onder controle zouden hebben. We wisten ook dat Frankrijk bij de wapenstilstand de verplichting had aanvaard om ons emigranten uit te leveren aan de nazi's. We zouden ons dus moeten zien te redden zonder ons bij de centra voor vluchtelingen te melden; op den duur was dat echter niet vol te houden. We zaten hier in een val en moesten een uitweg zoeken. De val was Frankrijk; we moesten Frankrijk uit.

Hoe konden we toen serieus geloven dat dat mogelijk was? We zaten in Lourdes, zonder geld, zonder papieren, zonder contacten die ons zouden kunnen helpen. Maar we overwogen toch dat we moesten proberen naar Marseille te komen, naar de grote havenstad. – Je komt in een val te zitten; je ziet hoe die zich langzaam sluit. De een staat als aan de grond genageld tegenover het onvoorstelbare noodlot, anderen rennen in paniek rond. Degenen die een doel hebben zoeken een uitweg. Het besluit om uit die val te komen neemt je helemaal in beslag en verdringt de twijfel aan de uitvoerbaarheid.

In de allereerste plaats moesten we onze familie vinden. Maar waar was die te vinden in die chaos? Je kon nergens meer op vertrouwen, zelfs de algehele instorting was niet compleet, want in de onbezette zone functioneerden in elk geval de spoorwegen, post en telegrafie nog, al was dat maar beperkt.

Nog belangrijker en bruikbaarder was ons eigen postverkeer, dat vanaf de eerste dagen van de ineenstorting tot ontwikkeling was gekomen en waardoor de emigranten elkaar meestal al na korte tijd vonden, hoewel iedereen een andere kant op rende. Het is onverklaarbaar, maar in de massa's vluchtelingen herkenden de Duitse emigranten elkaar al van verre – op de wegen buiten de bewoonde wereld, in de steden en dorpen, herbergen en kazernes. De meesten van hen hadden een klein boekje, of alleen maar een briefje, om de namen op te schrijven van de mensen die ze tegenkwamen en hoe met hen contact kon worden gezocht. Slechts zelden had iemand het adres van de persoon die je zocht; maar vaak kreeg je een connectie die je op het spoor van familie of vrienden kon zetten.

Zo ging het ook met mijn familie. Al toen we nog in Pontacq waren, ontmoetten we op een van onze geheime expedities twee jonge emigranten die ons vertelden dat 'de Oostenrijkers zich verzamelen in Montauban'. Ze gaven ons het adres van Lisl Fischer, een jonge Weense. Ik kende haar en schreef haar meteen een kaartje: IS ER IEMAND VAN ONZE FAMILIE IN MONTAUBAN? IK KAN VIA LISE DUCHAMPS WORDEN BEREIKT, POSTE RESTANTE PONTACQ, BASSES PYRÉNÉES.

Na enkele dagen kwam er een kaart van mijn broer uit Montauban, kort en zakelijk als altijd: IK BEN UIT HET KAMP ONTKOMEN, BEN HIER NET AANGEKOMEN EN HEB JE BERICHT ONTVANGEN. JE MAN IS OP EEN FIETS GEZIEN TUSSEN LIMOGES EN MONTAUBAN, IK LAAT JE ADRES HIER VOOR HEM ACHTER BIJ VRIENDEN. IK HOOR NET DAT EVA MET DE BABY VLAKBIJ IN EEN KAMP ZIT, EN IK GA HAAR HALEN. ZIJ WEET VAST HOE HET MET ONZE OUDERS STAAT. À BIENTÔT, HANS.

Ik ging op een bankje onder de bomen tegenover het postkantoor zitten en probeerde alles in me op te nemen. Ik las de kaart nogmaals en vond dat hij er nog wel bij had kunnen zetten: ik ben blij dat je nog leeft. Maar dat was hij waarschijnlijk vergeten; hij vergat meestal wel iets.

Toen we die eerste ochtend rondliepen door de straten van Lourdes, verbaasden we ons over de hoeveelheid bekende gezichten. Je bleef staan luisteren naar de laatste nieuwtjes en geruchten zonder te weten of er iets van waar was. Iemand was Karl, Paulettes man, tegengekomen; hij probeerde naar Marseille te komen. Verschillende mensen hadden Hans op de vlucht gezien en bevestigden dat hij vanuit bezet gebied en door de Duitse linies Limoges had kunnen bereiken; hij was in uniform.

Het klopte dat hij en twee anderen fietsen hadden 'georganiseerd' en in de richting van Montauban wilden gaan. Ze gaven me het adres van diverse kennissen daar en ik schreef weer: ZEG TEGEN HANS DAT HIJ AAN LISE DUCHAMPS MOET SCHRIJVEN, HET ADRES IS NU POSTE RESTANTE LOURDES.

Ze lieten ons voorlopig in de hotelkamer zitten. Op de kelderverdieping hadden ze voor de vluchtelingen een grote keuken ingericht, waar iedereen iets voor zichzelf kon koken – wat er op dat moment ook maar te koop was. Ook waren er verschillende plekken waar we in de rij konden aansluiten voor soep, en die was veel beter dan die in Gurs! Paulette en ik kregen een kleine *allocation militaire*, steun voor soldatenvrouwen, bewijzen waren niet meer per se nodig, dat zou in deze chaos toch zinloos zijn geweest. Ook Alfred kreeg zijn soldij van een of andere militaire post.

Franz Pfemfert hoorde van emigranten dat Anja bij ons in Lourdes zat, contact was snel gelegd. Hijzelf was na zijn vlucht uit het kamp in Perpignan terechtgekomen. We dachten dat dit nieuws Anja zou geruststellen, maar zij was nu helemaal gedeprimeerd en zat voortdurend 'Ik moet naar Franz' voor zich uit te prevelen. En wij verzekerden haar: 'Ja, natuurlijk, zodra we toestemming hebben.'

Een keer zei Paulette tegen haar: 'Anja, waarom zit je alleen maar de hele tijd op bed te zuchten?' Anja keek haar lang aan: 'Mijn kind, wij Joden zijn een oeroud geslacht en hebben veel te zuchten.'

Anja moesten we naar Perpignan zien te krijgen en wij moesten hier weg, proberen om naar Marseille te komen. Maar hoe?

Om naar een andere plaats te reizen had je nu een vergunning nodig, een *sauf-conduit*. Sommige emigranten zaten al weken in Lourdes en kregen geen reispapieren. We moesten alles proberen, maar welke papieren moesten we laten zien? De valse ontslagbewijzen uit Gurs? Of de papieren die we nog uit Parijs hadden, uit de tijd voordat het land instortte, met onze echte namen, die mogelijk op opsporingslijsten stonden? De Parijse passen waren verschillend van kleur; mijn pas was bijvoorbeeld grijsblauw en heette *refus de séjour*, verblijfsontzegging, en was al maandenlang niet meer vernieuwd. Grijsblauw was een van de betere kleuren, slechter waren andere pasteltinten: hemelsblauw, lila, roze, en heel slecht was wit. Wit was de gevreesde uitwijzing.

Je moest een reden opgeven voor je reis, maar wat je motivatie ook was, de aanvraag werd meestal afgewezen, soms zelfs ondanks een oproep van het Amerikaanse consulaat, die maar weinig uitverkorenen konden laten zien. De aanvraag moest worden ingediend bij de *Commandant Militaire de la Ville de Lourdes*. We werden voor hem gewaarschuwd, want daar waren al enkele *apatrides* gearresteerd, naar een verzamelpunt gebracht en vandaar weer naar een concentratiekamp. Naar hem zouden we in elk geval niet gaan.

We probeerden het bij andere instanties. Paulette en ik gingen naar diensten voor militairen en burgers, verschillende commandantsbureaus en commissariaten, altijd heel voorzichtig en erop bedacht dat we er weer snel vandoor konden. Overal werd ons verzoek afgewezen. Af en toe, als we moe waren, rustten we uit op een bank in het park tegenover het bisschoppelijk paleis. De stem van de bisschop van Lourdes klonk door tot bij ons: 'Vrede op aarde...'

'Ik voel een rilling over mijn rug lopen,' zei Paulette, 'dat is altijd een waarschuwing voor bedrieglijke tovenarij.'

Anja's lethargie sloeg plotseling om in agressie. 'Jullie willen verhinderen dat ik naar Franz kan!' ging ze op een ochtend tegen me tekeer. We probeerden haar te kalmeren: 'Je hebt toch toestemming nodig om te kunnen reizen, daar zijn we druk mee bezig.'

'Ik ga er wel zelf achteraan, ik heb jullie niet nodig!' Ze begon te snikken. 'Jullie twee houden me hier gevangen, dat laat ik niet meer over mijn kant gaan.'

'Maar Anja, wij zijn toch bezig voor ons allemaal. Wij vallen niet zo op door ons accent als we praten.'

'Nee,' schreeuwde ze, 'jullie willen mij in jullie macht houden... Ik ga nu naar de commissaris en eis mijn sauf-conduit.' Ze pakte haar handtas en rende zonder zich verder nog ergens om te bekommeren, met ongekamd haar en haar jurk maar half dichtgeknoopt, de deur uit.

'Doe dat nou niet, ze zullen je arresteren!' riepen we haar na, maar in de toestand waarin ze verkeerde durfden we haar niet tegen te houden. We konden haar ook niet achternagaan, ze zou ons allemaal in gevaar gebracht hebben. Dus bleven we in onze kamer zitten wachten. Ze zouden haar gegarandeerd oppakken. De politie zou hiernaartoe komen.

Voor de ouwe was het beter dat hij verdween, hij mocht pas tegen de avond weer terugkomen. De geüniformeerde Alfred bleef bij ons in het hotel. We probeerden te bedenken wat we konden zeggen om Anja en onszelf hier uit te praten, mocht de politie verschijnen. Nu moesten de ontslagbewijzen hun dienst bewijzen. Mijn naam is Lise Duchamps. Ik heet Paulette Perrier, allebei uit België...

De politie kwam met veel spektakel. Drie agenten, met in hun midden de zacht snikkende Anja. Ze ondersteunden haar, spraken haar vriendelijk toe en zetten haar op het bed. '*Elle est affolée, la pauvre dame,* ze is in de war,' legden ze aan ons uit.

Ze was naar het politiebureau gekomen en had gevraagd of ze de commissaris kon spreken. De mensen werden nooit direct bij hem toegelaten, maar de arme vrouw was zo opgewonden geweest dat ze niet te houden was en ze haar naar hem toe hadden gebracht.

'We konden haar niet verstaan – wat voor taal spreekt ze eigenlijk? – ze herhaalde alleen maar de hele tijd "sauf-conduit, sauf-conduit". *Monsieur le commissaire spécial* is een aardige man en heeft geprobeerd haar te kalmeren, maar ze is ingestort. Toen ze weer kon lopen, hebben we haar hiernaartoe gebracht. Misschien moet u haar aspirine geven, of valeriaandruppels. *Il n'y a pas de quoi, au revoir.*'

Eindelijk – een telegram voor Lise Duchamps op het postkantoor. Uit Montauban, de eerste directe boodschap van Hans. Hij was daar dus aangekomen en had mijn adres gekregen. Ik had de hele tijd geweten dat hij zich wel zou redden, maar toen ik het telegram openscheurde trilde mijn hand wel een beetje. Ik las: *J'attends Lise à Montauban.* Het was ondertekend met een onbekende naam, poste restante Montauban.

In een lange brief legde ik hem uit in welke situatie ik zat: Paulette, de ouwe en Anja waren bij mij in Lourdes. We probeerden aan sauf-conduits te komen. Hij was vast ook van mening dat we naar Marseille moesten? Zodra we toestemming hadden om te reizen, zouden we op het station van Toulouse kunnen afspreken en dan konden we samen verdergaan naar Marseille, aangezien ik het tussenstation niet mocht verlaten. Hij zou als soldaat toch zonder meer toestemming krijgen. We zouden spoedig weer samen zijn...

86

Ik weet niet meer wie het was die vertelde dat er een nieuwe ambtelijke dienst was: op het station zat nu een *capitaine* met de titel *Commandant Spécial Militaire de la Gare de Lourdes*. Het was niet duidelijk wat er op het station voor hem te commanderen viel en er was verder nog niets over hem bekend, maar ik kon toch in elk geval voorzichtig proberen hem om toestemming te vragen. Misschien was hij bereid ons een of andere pas te geven met een stempel erop – zijn titel klonk immers erg indrukwekkend. Het leek ons beter dat ik met de papieren van ons allemaal in m'n eentje naar hem toe zou gaan; het was in ieder geval geen goed idee om de ouwe en Anja naar hem toe te brengen.

Er zat niemand te wachten, geen soldaten, geen vluchtelingen, ik mocht meteen bij hem komen. Of het was nog niet verder verteld, of het was al duidelijk dat je die man beter kon mijden.

Het kantoor van de commandant was een smalle, kale ruimte. Hij zat achter zijn bureau en keek niet op van zijn werk; hij gebaarde dat ik moest gaan zitten. Terwijl hij zat te schrijven, bekeek ik hem wat beter. Ik vermoedde dat hij een jaar of veertig was en vond dat hij er eigenlijk niet onaantrekkelijk uitzag. En moest ik hem nu aanspreken met mon capitaine of met mon commandant, welke rang is hoger? Ik koos voor monsieur, voor een vrouw is monsieur altijd gepast.

Zonder echt op te kijken vroeg hij waar het om ging. Ik legde hem uit dat ik naar Marseille moest, waar mijn man op me wachtte. 'Wij zijn Belgen,' vertelde ik verder, 'en ik ben met een paar vrienden naar het zuiden gevlucht toen de Duitsers het land binnenvielen. Ik dacht dat u als stationscommandant ons misschien verder kon helpen, mij en de andere drie...'

Hij onderbrak me met een kort handgebaar. Hij zei dat ik op de verkeerde plek was, wat ik nodig had was een sauf-conduit, en daar ging de stadscommandant over, niet de stationscommandant.

'Dat weet ik,' zei ik.

Hij keek me verbaasd aan, en ik had het gevoel dat hij me nu pas echt zag.

'Dat weet ik,' herhaalde ik, 'maar het is hopeloos. Onze aanvragen worden niet ingewilligd. Ik heb alles geprobeerd en ik zou u niet lastigvallen als het niet zo dringend was. We moeten naar Marseille. Ik ben gekomen om u om hulp te vragen, monsieur.'

Hij keek me zwijgend aan. Hij was zichtbaar nieuwsgierig geworden. Misschien voelde hij ook een beetje mee? Zou hij ons helpen? Zeg toch iets, capitaine, of commandant, geef toch eens antwoord.

'Zegt u dat u een Belgische bent?' vroeg hij eindelijk.

Ik aarzelde even. 'Ja,' zei ik langzaam, 'dat zei ik.'

'Mag ik uw papieren eens zien?' Zo beleefd was een officier al in geen tijden meer tegen me geweest.

Ik gaf hem de ontslagbewijzen uit Gurs: Paulette en ik kwamen volgens die papieren uit België, Anja uit Nederland. Toen gaf ik hem de verlopen *carte d'identité* van de ouwe uit Parijs en ik zei: 'Dat is de vader van mijn vriendin.'

Hij bekeek de papieren en schudde zijn hoofd. Hij stond op het punt iets te zeggen, maar toen keek hij me weer aan en zweeg.

'*Pendant la pagaille*,' zei ik, 'tijdens de chaos, toen iedereen op de vlucht sloeg, hebben ze ons naar dat kamp gestuurd omdat er elders geen onderdak was. Toen de oprukkende boches tot stilstand kwamen, lieten ze ons weer gaan.' Dat klonk plausibel.

Hij haalde zijn schouders op. 'U moet begrijpen dat ik u niet kán helpen, ook al zou ik dat willen. Mijn werk hier beperkt zich uitsluitend tot militaire aangelegenheden. Ik ben niet bevoegd om u papieren te geven, en die zouden u ook niets opleveren. Bij de eerste de beste controle in de trein zouden ze u oppakken.' Hij praatte rustig en zakelijk, hij leek onbewogen, maar ik was nog niet helemaal ontmoedigd – lag het aan zijn ogen? Of aan de toon van zijn stem? Ik dacht te merken dat deze zaak hem niet onverschillig liet. Hij had natuurlijk in de gaten dat er iets niet klopte aan mijn verhaal, maar onvriendelijk was hij niet.

'Misschien is het te veel van u gevraagd,' probeerde ik nogmaals, 'en als het om een normale situatie zou gaan... Ik bedoel, als we niet in deze situatie zaten, als... Ik weet niet zo goed hoe ik het moet uitleggen...' Ik zat daar maar een beetje te stamelen en hoopte dat hij me zou helpen, maar hij keek alleen maar gebiologeerd naar een vlieg op het plafond terwijl hij met een potlood zat te spelen.

Ik raapte al mijn moed bijeen. 'Als u misschien zo vriendelijk zou willen zijn om alleen maar onze papieren te stempelen en ondertekenen – u kunt er ook *Vu*, "gezien", op schrijven –, denk ik dat u uw mandaat zeker niet zult overschrijden, en al heeft het officieel geen geldigheid, in de huidige chaos, waarin de voorschriften vaak onduidelijk zijn en sommige beambten helemaal niet goed willen kijken, denk ik dat we daarmee wel in Marseille kunnen komen.' Het zweet barstte me uit. Ook de commandant veegde zijn voorhoofd af.

'Ik heb u gevraagd of u Belgisch staatsburger bent,' herhaalde hij.

Ik keek hem aan zonder te antwoorden.

'Welke documenten hebt u nog meer? Paspoorten, cartes d'identité?'

Ik stond op het punt te zeggen dat we op de vlucht alles waren kwijtgeraakt. Maar nog voordat ik me kon bedenken nam mijn instinct het woord.

'Monsieur le commandant, ik ben geen Belgische. Deze ontslagbewijzen werden ons gegeven door de kampleiding om ons te beschermen tegen de Duitsers.'

De vlieg zat nog steeds op dezelfde plek en hij observeerde hem aandachtig.

'We zijn apatrides,' vertelde ik verder, 'we hebben geen nationaliteit. We zijn emigranten uit nazi-Duitsland. We waren naar Frankrijk gevlucht, het land van het politieke asiel, maar nu moeten we verder trekken – naar een of andere plek elders. Wilt u ons helpen?' Ik probeerde zijn gezicht te lezen. Was hij een ambtenarenziel of had ik toch iets in hem weten te raken?

Hij deed een laatje open en haalde er een stempel uit. Toen pakte hij onze papieren, een voor een, en schreef er 'Vu' op; daaronder schreef hij nog 'Pour Marseille' en vervolgens zette hij er een stempel en een handtekening op. Hij gaf ze aan me terug en zei: 'Vergeet niet dat dit geen sauf-conduits zijn, en ik ben niet bevoegd om u wat voor toestemming dan ook te geven. Bonne chance.'

'Ik weet niet hoe ik u kan bedanken, monsieur,' zei ik, 'ik bewonder uw hulpvaardigheid...'

'Vous m'embarrassez, madame,' onderbrak hij me ruw en hij stond op. Ik keek verbaasd naar hem op en merkte nu pas op hoe lang hij was. 'Ik begrijp het niet,' zei ik, 'u hebt ons allemaal misschien gered...'

Hij viel me weer in de rede. 'Ecoutez bien, madame. Ik ben een Fransman, een Franse officier. Mijn land heeft een artikel ondertekend waarin we ons verplichten mensen als u aan de Duitsers uit te leveren. En u wilt mij bedanken? Wij hebben u verraden, en u hebt het over bewondering?

Wij staan diep bij u in het krijt.' Hij wilde me een hand geven, maar toen hief hij toch zijn arm om te salueren.

Als je me nu vraagt hoe Frankrijk destijds de Joodse en politieke emigranten heeft behandeld, hoe de Fransen zich tegenover ons hebben gedragen, weet ik geen antwoord te geven. Frankrijk – welk Frankrijk? 'De Fransen' – wie zijn dat?

Ik weet dat we in de ogen van de Franse autoriteiten lastige buitenlanders waren die ze zich van het lijf moesten houden; dat ze ons als schadelijk zagen omdat we de betrekkingen van Frankrijk met nazi-Duitsland in gevaar konden brengen. Duizenden emigranten waren gedwongen illegaal hun weg te vinden. Voor ons was er geen werkvergunning, we hadden geen rechten, we mochten niet eens trouwen.

De Franse regering verklaarde ons tot 'vijandelijke buitenlanders' toen de oorlog uitbrak en sloot ons op in concentratiekampen – samen met de echte vijanden, de nazi's. Veel emigranten meldden zich als vrijwilliger bij het Franse leger om tegen het Duitse fascisme te vechten, maar ze werden afgewezen en in plaats daarvan gedwongen in het vreemdelingenlegioen te gaan om een spoorlijn door de Sahara aan te leggen.

'De Fransen' – Pétain, Weygand, Laval – ondertekenden het artikel van de wapenstilstand dat ons emigranten uitleverde aan de Duitsers, en de nieuwe regering deed flink haar best om de nazi's nog te overtreffen.

Maar niemand van ons had kunnen overleven zonder de hulp van Fransen, tot in alle uithoeken van het land – Fransen wier menselijkheid hun de moed gaf die verdreven vreemdelingen op te vangen, te verstoppen, te voeden. Mensen zoals de commandant van het station in Lourdes, die in het duisterste uur van hun eigen nederlaag de last op zich namen van dat schandelijke artikel dat hun land had beroofd van de trotse naam *la France généreuse*.

5

Via via naar Marseille

De trein kwam stipt om acht uur 's morgens aan in Toulouse. Precies volgens de dienstregeling, dacht ik; alles verliep ongeregeld, alleen onze trein reed zonder zich iets aan te trekken van de algehele chaos.

Ik maakte Paulette, Anja, de ouwe en Alfred, de soldaat, wakker. We waren al twaalf uur onderweg en toen we eindelijk zitplaatsen hadden gevonden was ik de enige die niet kon slapen. Ondanks mijn vermoeidheid schoten er allerlei gedachten kriskras door mijn hoofd. Zou Hans al op het station op me staan te wachten? Zou hij nog in uniform zijn? Hoelang hadden we elkaar inmiddels al niet meer gezien – in werkelijkheid was het nauwelijks drie maanden geleden, hoe was het mogelijk? Hij stond vast al op het station te wachten.

Toen de stationscommandant in Lourdes onze papieren voor de treinreis naar Marseille had voorzien van een 'Vu', schreef ik Hans op zijn correspondentieadres in Montauban dat we het vast gingen halen met zo'n mooie stempel op onze formulieren, maar we hadden natuurlijk geen toestemming om onze reis te onderbreken, we moesten direct door naar Marseille.

Ik gaf de datum aan hem door; om acht uur kwam de trein aan in Toulouse en om twaalf uur vertrok de volgende naar Marseille. Als ik niets meer van hem hoorde ging ik ervan uit dat we elkaar op het station zouden zien, om vervolgens samen verder te reizen. Dat was de enige mogelijkheid.

De trein vertrok na middernacht uit Lourdes, maar vanwege de oorlogstoestand gold vanaf acht uur de avondklok. Daarom moesten we al om halfacht ons hotel verlaten. De paar stukken bagage die we nog hadden droegen Alfred, Paulette en ik naar het station, zodat de twee senioren niet hoefden te zeulen met hun tasjes en zakjes.

'Iedereen denkt vast dat we clochards zijn,' zei Paulette lachend. Daarna wachtten we vier uur op het onoverdekte perron.

De trein was overvol en we moesten urenlang staan. De vermoeidheid kroop in je benen, in je armen, je hoofd werd steeds zwaarder. Twee- of driemaal kwam er een militaire controle en werd er naar onze papieren gevraagd. We hadden onze bewijzen zo gevouwen dat het stempel van de stationscommandant goed zichtbaar was. Het maakte de verwachte indruk, de papieren werden verder niet bekeken.

De trein kwam stipt op tijd aan in Toulouse, ik wekte de anderen, mijn hart begon te bonzen: Hans staat vast al op me te wachten...

Ik keek uit het raampje terwijl de trein langzaam langs het perron reed. Er stonden her en der wat soldaten, maar Hans niet. We stapten uit en keken om ons heen. Mijn man was er niet.

'De trein uit Montauban heeft vast een beetje vertraging,' zei ik. 'Laat me maar even kijken op de dienstregeling.' Maar Hans' trein was twintig minuten geleden aangekomen en de volgende reed pas laat in de middag. 'Misschien komt hij niet met de trein, misschien is er een bus, of komt hij met de fiets... We moeten gewoon nog even wachten.'

Intussen kwam de trein naar Perpignan aan, en daar zetten we Anja Pfemfert in met haar bagage. Toen ze eenmaal in haar coupé zat, werd ze rustiger. Over een paar uur zou ze weer verenigd zijn met Franz, en dat was het enige wat telde.

Wij bleven wachten op Hans. Wat kon er met hem zijn gebeurd? Nee, hem overkwam niets, hij wist zich wel te redden. Misschien was er iets tussen gekomen, maar waarom had hij me daar dan niet van op de hoogte gebracht? Hij had nog een telegram kunnen sturen of iemand anders naar Toulouse kunnen laten gaan. 'J'attends Lise a Montauban' was het laatste wat ik van hem had gehoord, mijn beide brieven had hij niet beantwoord. Nu was het al bijna elf uur. Over een uur ging onze trein naar Marseille.

'Ik kan niet met jullie meegaan,' zei ik tegen de anderen.'Ik moet eerst Hans zien te vinden, anders verliezen we weer het contact.'

'Waar wil je hem dan gaan zoeken?'

'Waar? Ik weet ook niet waar hij uithangt. Vast in Montauban – maar ik heb niet eens een adres, alleen maar een postbusnummer. Hoe kan hij toch zo...'

Mijn vreugde om hem weer te zien ebde weg. Was dit niet weer echt iets voor hem? Maar ik kon niet doorreizen naar Marseille zonder te weten wat er met hem aan de hand was.

'We kunnen je toch niet in je eentje hier laten rondrennen,' zeiden de anderen. 'Als je echt wilt proberen Hans te vinden – weet je het zeker? –, dan wachten wij hier op het station op jou tot de volgende trein, die om middernacht gaat; voor die tijd moet je terug zijn.'

'Daar zijn jullie toch veel te moe voor,' protesteerde ik, 'en afgezien daarvan zou het veel te gevaarlijk zijn voor jullie om de hele dag hier rond te hangen, stelletje clochards, vooral de ouwe met zijn wilde manen.'

'Zorg jij nu maar dat je hier wegkomt,' zei Paulette ongeduldig, 'maar je móét voor middernacht terug zijn.'

Eerst maar eens door de uitgangscontrole zien te komen zonder te worden gearresteerd. Alfred, in uniform, legde zijn arm om me heen. Toen we door de controle liepen, kuste hij me zo gepassioneerd dat ik bijna omviel. Ik zag een van de agenten begripvol glimlachen – niemand zou een frontsoldaat met zijn meisje tegenhouden. En toen stond ik buiten, in de openlucht, op het stationsplein, en Alfred was al verdwenen. Ik was een beetje beduusd en haalde eerst maar eens diep adem.

'Lisa? Wat doe jíj hier? Hans zit toch in Montauban op je te wachten, al sinds vanmorgen vroeg.'

Ik draaide me om; voor ik ook nog maar één stap had gezet, stond Eva Lewinski voor me, ongelooflijk.

'Hij wacht? Hoe kan dat nu weer, dat hij daar op me zit te wachten?'

Maar daar wist zij verder niets van, ook zijn adres wist ze niet.

'Ik kan je vertellen hoe je mijn broer Erich kunt vinden; die helpt je zeker Hans te vinden,' zei ze.

'Hoe kom ik daar zonder te worden opgepakt?'

'Probeer het met de bus, die schijnen minder te worden gecontroleerd,' zei Eva.

De bus ging over twee uur, maar de chauffeur liet me er al in, zodat ik in elk geval een beetje kon zitten dutten. Er kwam één keer een politieagent binnen, die wilde weten wat ik daar deed. 'Ik moet op iemand wachten,' zei ik, 'een soldaat, een kennis van me.' Begripvolle glimlach. Hij stapte uit zonder naar mijn papieren te hebben gevraagd. Weer een keer geluk gehad.

Het moet tegen vier uur 's middags zijn geweest toen ik aankwam in Montauban. Ik vond Erich, die daar met een paar vrienden in een klein huisje onderdak had gevonden.

'Lisa, daar ben je eindelijk!'

'Hoezo eindelijk?'

Hans staat al sinds vanmorgen in de tuin van zijn villa op je te wachten...' Hij wees me de weg. De straat liep steil omhoog en ik was nu al doodmoe.

Het klopte: Hans stond in de tuin op de uitkijk. Toen hij me zag, kwam hij met zijn armen wijd op me af.

Ik weet dat er nu een ontroerende herenigingsscène zou moeten volgen, maar dat was niet zo. Mijn reactie verbaast me nu nog steeds. 'Jij staat dus in de tuin op me te wachten,' snauwde ik hem toe over de heg, 'en ik – en de anderen – wat denk je dan wel niet...'

Hij probeerde me alles uit te leggen, en er waren echt goede redenen. Een sauf-conduit kon hij pas over een paar dagen krijgen. Tot mijn verrassing was hij er niet zo zeker van dat Marseille de enige juiste optie was. Was het misschien beter om op het platteland onder te duiken? Dat moesten we toch allemaal eerst maar eens bespreken.

'Maar waarom heb je me niets laten weten? Je hebt zelfs geen telegram gestuurd!'

Daar was geen tijd meer voor, antwoordde hij.

'En hoe kon je ervan uitgaan dat ik alle plannen zou laten varen, jou ging zoeken en zou vinden, en dat ook nog eens zonder de juiste papieren?' Ik wond me weer op.

Hij was verbaasd: 'Ja, wat anders? Je zou toch niet zonder mij doorgereden zijn naar Marseille. Het is toch logisch dat je me hier ging zoeken als ik niet op het station in Toulouse was – en dus heb ik op je gewacht. Sinds vanmorgen vroeg sta ik hier op je te wachten!'

Ja, natuurlijk, voor hem was dat logisch. Wat anders. Wat ontroerend dat hij in de tuin op me stond te wachten.

'Laten we naar binnen gaan,' zei hij, 'daar kunnen we even gaan zitten om het erover te hebben.'

De 'villa' was echt een villa, alleen was die nog niet half af. De bouw was door de oorlog tot stilstand gekomen en wat wel af was stelde de eigenaar van het huis ter beschikking aan emigranten uit Duitsland.

De buitenmuren stonden grotendeels overeind en er zat ook een dak op. Binnen stonden trappen die half klaar waren, maar er waren geen binnenmuren. Overal zaten en lagen tientallen emigranten; ze leken de hele tijd in en uit te lopen.

'Daar ben je dan eindelijk, Lisa,' hoorde ik hier en daar een bekende stem zeggen, maar de gezichten die bij die stemmen hoorden zie ik niet meer voor me, het is immers al te lang geleden. Ja, Boris Goldenberg was er, die kende ik nog van de Socialistische Arbeidersjeugd in Berlijn-Wilmersdorf, een eeuwigheid geleden; hij begon meteen een analyse van de huidige situatie uit de doeken te doen, maar ik kon nu niet luisteren.

We gingen op Hans' strozak zitten, waar hij me zijn plannen wilde vertellen.

'Je moet je wel even realiseren,' onderbrak ik hem, 'dat Paulette en haar vader op het station in Toulouse op me zitten te wachten, samen met Alfred, een jonge soldaat. We hebben afgesproken dat ik zo snel mogelijk weer terugkom, anders nemen ze de nachttrein naar Marseille.'

Hans kwam rap weer overeind. 'Dat kan niet,' zei hij geschrokken, 'ze mogen in geen geval die trein nemen, we móéten ze op tijd zien te bereiken.' Fritz Opel had pas net de boodschap doorgegeven dat sinds een paar dagen alle buitenlanders op het station van Marseille werden opgepakt en naar kampen werden gebracht. Paulette zou er met de geüniformeerde Alfred misschien nog wel doorheen komen, maar de ouwe met zijn manen – uitgesloten.

We moesten heel erg opschieten. De laatste trein naar Toulouse zou rond vijf uur vertrekken. We renden naar het station. De trein was net vertrokken. De bus? De volgende kwam pas na middernacht aan in Toulouse.

Er zat niets anders op, we moesten aan fietsen zien te komen. Twee van de fietsen die ze in Limoges hadden 'georganiseerd' waren bij Franse kennissen gestald; hopelijk waren ze daar nog. We hadden geluk: een heren- en een damesfiets. Hans nam de damesfiets en ik de herenfiets, vanwege de betere versnellingen. We vertrokken meteen, het was wel vijftig, zestig kilometer, in voornamelijk heuvelachtig gebied. De weg ging meestal omhoog, bijna nooit bergafwaarts, of in elk geval leek dat

Hans Fittko in 1940, na zijn vlucht uit de bezette zone

zo. We kwamen steeds langzamer vooruit en de klok ging steeds sneller. Op steile stukken duwde Hans mijn fiets van achteren aan, met zijn hand op de zadelpen. De laatste kilometers, toen we de stad al bijna hadden bereikt, nam een vrachtwagen ons mee, inclusief de fietsen. Het uniform dat Hans toen nog droeg was een zegen: een soldaat hoefde zich niet te legitimeren, een soldaat kreeg hulp van de mensen.

Om tien minuten voor middernacht stonden we voor het station. Natuurlijk waren de drie op het perron zenuwachtig geworden. Ze wilden net in de trein stappen. Toen we plotseling voor hen stonden, riepen ze opgewonden: 'Dus toch! Eindelijk! Schiet op, stap in!'

En nu haastten we ons om hen ervan te overtuigen te blijven: 'Wacht – jullie kunnen niet de trein nemen – jullie kunnen nu niet naar Marseille!' Ik kende de ouwe en wist dat het niet eenvoudig zou zijn. Hij weigerde hardnekkig: 'Als je alle geruchten moest geloven – ík neem de trein, wat jullie ook doen – je moet niet altijd maar weer op je beslissingen terugkomen!'

Ik weet niet meer hoe we hem uiteindelijk toch het station uit hebben gekregen.

Vervolgens liepen we door de donkere straten van Toulouse. Onder begeleiding van twee soldaten werden we niet tegengehouden: drie burgers met militaire escorte. Hans bracht ons naar een bioscoop die leeggeruimd was voor vluchtelingen. Die sliepen daar op de kale vloer, enkele honderden mensen. Sommigen zwierven rond tussen de slapenden, op zoek naar familie en vrienden. Af en toe bukte iemand om het gezicht van zo'n slapende persoon te bekijken. Hans vond een vrij plekje voor me; de mensen schoven een stukje dichter naar elkaar toe, ik ging liggen, ingeklemd, mijn ogen vielen dicht, en bij het inslapen merkte ik dat iemand zich over me heen boog en zei: 'Wat doe jij hier, Lisa, Hans wacht toch in Montauban op je...' Ik wilde vloeken, maar mijn tong was te zwaar en ik viel in slaap.

Ze hadden een gaarkeuken ingericht in de bioscoop, en 's morgens kregen we een koffieachtig brouwsel en een stuk brood. We zaten aan lange tafels en overlegden wat we nu het beste konden doen.

Plotseling begonnen de sirenes te loeien en bijna tegelijkertijd klonk het gebrom van vliegtuigmotoren. Mensen sprongen overeind, renden, schreeuwden *'Alerte!'* en anderen: *'Mais c'est l'armistice!'* Hans bukte zich en voor ik er erg in had trok hij me onder de tafel. Toen zwegen de sirenes en vliegtuigmotoren.

'Zo ken ik je helemaal niet,' zei ik verbluft. 'In Parijs wilde je nooit de schuilkelder in en nu er een wapenstilstand is...'

'Een wapenstilstand die je doet huiveren. Wij hebben met eigen ogen gezien hoe tijdens die wapenstilstand de vluchtende burgerbevolking met bommen en mitrailleurvuur werd aangevallen. We zaten op een gegeven moment met z'n drieën op een boerderij – dat was een week na de ondertekening – toen ik een keer over het erf naar de pomp liep; ik hoorde een vliegtuig en keek al lopend omhoog. Op datzelfde moment sloeg een bom in, vlak naast de pomp. Door zoiets slaat de schrik je om het hart.'

(Het voorwendsel voor de aanvallen van de Luftwaffe op de Franse burgerbevolking na ingang van de wapenstilstand was dat er sprake was van 'illegale troepenbewegingen'.)

In Montauban zouden we allemaal voorlopig onderdak vinden in de 'villa'; de politie daar liet de emigranten ongemoeid en tot dan toe was niemand naar een kamp gebracht. Hans zou aan papieren kunnen komen; we moesten afwachten hoe het zich in Marseille verder zou ontwikkelen – en we hadden een adempauze om eens goed na te denken.

Hans en Alfred reden met de fiets terug. Paulette, haar vader en ik namen de bus. Omdat ik had ontdekt dat je al van tevoren in de bus kon gaan zitten ontliepen we de controle, die deze keer vlak voor vertrek bij het instappen werd uitgevoerd.

In Montauban kwam je om de haverklap kennissen tegen. Maar de gezichten en namen vervagen in mijn geheugen. We kwamen op straat Hitlerbiograaf Konrad Heiden tegen, dat kan ik me nog herinneren, omdat Hans zei: 'Die moet ook maken dat hij wegkomt, wat een waanzin om hier zo openlijk rond te wandelen.'

We bespraken onze situatie en werden het met elkaar eens dat we het in Marseille moesten proberen zodra de scherpe controles daar weer werden opgeheven. De idylle in Montauban kon niet eeuwig duren. In Marseille bestonden hulpcomités en organisaties die emigranten hulp boden; je stond daar in nauwer contact met de antifascistische emigranten.

Hans moest eerst nog een vergunning hebben om naar Marseille te reizen. Ik ging met hem naar de militaire autoriteiten in Montauban. We kwamen in een grote wachtzaal vol soldaten. Sommigen werden vergezeld door hun vrouw, die ze waarschijnlijk net weer hadden gevonden. Iedereen had een of ander bewijs nodig. Aan een tafel zat een aantal officieren. Toen Hans eindelijk aan de beurt was, liet hij het militaire document zien dat hij voor zijn vlucht uit het kamp had gekregen en verzocht hij om een route de marche naar Marseille (vooral niet te veel woorden, voorzichtig met je *accent boche!*). Na een tijdje werd hij weer geroepen en kreeg hij zijn paspoort terug. Terwijl hij door de zaal naar mij terugliep, bestudeerde hij het papier en trok hij verwonderd zijn wenkbrauwen op. 'Wat betekent dat dan nu weer?' vroeg hij terwijl hij me het papier aangaf. Er stond met de hand geschreven ROUTE DE MARCHE: DESTINATION MARSEILLE, DEPT. BOUCHES DU RHÔNE op, en eronder stond, ook met de hand geschreven, VOIE DE TERRE. 'Wat betekent dat dan, *voie de terre?*' vroeg hij weer.

De soldaat naast me keek over onze schouders mee. 'Dat betekent,' zei hij, vervolgens iets harder, 'dat betekent, *mon vieux*, dat ze je lópend naar Marseille laten gaan.' Enkele soldaten stonden op en drongen om ons heen in een poging het papier te zien.

'Lopend, *à pied, mais c'est extraordinaire!'*

De officier vooraan probeerde uit te leggen dat volgens de voorschriften soldaten alleen de trein mochten gebruiken als ze naar hun woonplaats reisden.

'Hij heeft zijn bloed vergoten voor Frankrijk,' riep een jonge soldaat, 'en nu moet hij lopend naar Marseille!'

Hans stootte me even aan, en ik zei verontwaardigd: 'We gaan een klacht indienen.' In een mum van tijd stonden we buiten. We liepen snel de straat uit, Hans veegde het zweet van zijn gezicht. 'Dat ontbrak er nog maar aan – als ik mijn mond had opengedaan, met mijn accent boche...'

Thuis, op onze strozak, lieten we de anderen het historische document zien. Wat nu? Dat zinnetje uitwissen kon niet, uitgesloten.

'Laat me eens zien,' zei Paulette, en ze greep naar het papier. 'O god, o god,' zei ze terwijl ze de blikken beker met rode wijn die ze in haar andere hand had een beetje scheef hield, precies boven de plek waar VOIE DE TERRE stond. Ze bekeek haar werk en gaf het papier terug aan Hans – de woorden waren onleesbaar geworden. 'Zo, nu heb je een document met een wijnvlek; dat gebeurt vaak, maar je hoeft niet meer lopend te gaan.'

Algauw kwam het nieuws dat de controles op het station van Marseille weer minder streng waren.

Vlak daarna werd de demobilisatieorder uitgevaardigd. De mannen moesten naar Toulouse en kregen een demobilisatiepas, duizend frank en een regencape. Het was waarschijnlijk ook geen toeval dat de deur naar het pakhuis naast het demobilisatiepunt ver openstond en onbewaakt was; je hoefde maar binnen te lopen om een zak ongebrande groene koffiebonen mee te kunnen nemen. Moest je soms maar gaan zitten wachten tot de Duitsers alles in beslag namen? Weldra rook de hele 'villa' naar koffie die op zelfgemaakte pannen geroosterd en daarna tegen andere levensmiddelen geruild werd.

Dat is mijn laatste herinnering aan Montauban. Vervolgens zaten we weer in een trein; we kwamen 's avonds in Marseille aan en gingen een voor een door de uitgangscontrole, om minder op te vallen. Ik zag Hans erdoorheen gaan, toen Paulette; haar vader ging aan de andere kant in de rij staan, Alfred achter hem. Ik liet mijn ontslagbewijs zien met het stempel die de stationscommandant in Lourdes er voor ons op had gezet, en kwam er zonder problemen door. Toen ik in de grote grijze hal kwam, pakte iemand me bij mijn schouder en draaide me met een ruk om. Ik keek in de wijd opengesperde ogen van Paulette: 'Ze hebben de ouwe gearresteerd!'

'Ga ergens aan de kant staan, anders pakken ze ons allemaal,' zei Hans.

De ouwe keek niet onze kant op, hij deed of hij in zijn eentje was. Twee agenten, de een in uniform, de ander in burger, hielden hem vast en stelden vragen. De ouwe was niet snel van de kaart; bovendien hoefde hij ook niet echt te doen alsof, hij verstond werkelijk nauwelijks een woord. Hij haalde hulpeloos zijn schouders op, keek de agenten trouwhartig aan, en we hoorden: '*Nix comprend – nix parle.*'

'Alfred, jij bent de enige die geen gevaar loopt. Kun jij met die agenten gaan praten?' Alfred was al op weg.

Deze man is stateloos, zeiden ze tegen hem, en alle apatrides moeten weer het kamp in. Maar iemand van zijn leeftijd toch niet, protesteerde Alfred. Oud of jong, zei de agent in burger, hij is apatride. Waar wordt hij naartoe gebracht? Naar Les Milles, alle mannen komen daar terecht. Nee, er is niets aan te doen. En ze voerden hem af.

Plotseling zei Paulette: 'Ik ga met hem mee.'

Hans pakte haar vast bij haar arm. 'Zodat we niet alleen hem maar jou ook uit het kamp moeten zien te krijgen?'

Les Milles was niet het ergste kamp, dat was bekend. Je kon de mannen daar bezoeken en af en toe konden ze overdag naar Marseille komen. We zouden hem er vast snel uit krijgen.

Het volgende probleem was: waar brachten we de nacht door? We liepen de brede stationstrap af en kwamen Robert tegen, die we uit Parijs kenden.

'Goed dat in elk geval jullie erdoorheen zijn gekomen, haar vader kunnen we vast wel helpen...'

Robert zou voor deze nacht wel een slaapplaats voor ons vinden. We gingen samen naar de oude haven, naar een uurhotel, *une maison de passe*, zei hij. De *patronne* begroette hem als een oude vriend; er werd niet naar papieren gevraagd. Maar er was slechts één kamer vrij, met een tweepersoonsbed. Al goed, dacht ik, we bedenken wel iets om te kunnen slapen.

's Nachts hoorden we het getoeter van een scheepshoorn. Op datzelfde moment klopte de patronne op onze deur. 'Er is een schip binnengelopen, vite, vite, ik heb uw kamer nodig; gooi uw bagage in de hoek!'

Wat wil ze nu van ons? vroeg ik me slaperig af. 'Is dit soms een gekkenhuis?' zei Paulette verontwaardigd. 'Nee,' zei Hans, 'geen gekkenhuis, alleen maar een liefdeshotel, hadden jullie dat niet in de gaten?'

'Het is maar voor een uurtje,' zei de vrouw. 'U kunt beneden wachten. Het is tegenwoordig toch *une vraie aubaine*,' ging ze verder, 'als er een keer een schip komt – niet zoals in de goede oude tijd.'

De volgende ochtend vertelden ze ons over de vluchtelingenherberg in de school van de wijk Belle de Mai. Die was door de autoriteiten van Marseille ingericht voor de vluchtelingen uit het noorden en er was geen politiecontrole. Omdat we in Marseille geen sauf-conduits meer nodig hadden, verstopten Paulette en ik onze papieren met valse namen om vervolgens weer onze eigen passen in gebruik te nemen, ook al waren die ongeldig geworden. Mijn Parijse document, dat ik in de school liet zien, de verblijfsontzegging, was bij de politie in Parijs een bekende pas – en zelfs een van de gunstigste – maar in het zuiden leverde het verbaasde reacties op. Ik had nog een ander document dat ik altijd bij me droeg en maar zelden gebruikte. Nu haalde ik het tevoorschijn: een beëdigde Franse vertaling van de *Deutscher Reichsanzeiger* met mijn uitburgering: '... *pour avoir nui par sa conduite manquant au devoir de fidélité envers le Reich et le peuple, au patriotisme allemand.*' Twee ambtenaren lazen het artikel zorgvuldig door. Verder lazen ze: '*La fortune de la personne sus-nommée est confisquée par les présentes. Signé: Pfundtner.*'

'*Ah, ça alors!*' riep de een. Het had altijd effect. 'Hebben ze u uw bezittingen afgenomen? *Ces salauds-là!*' Dat ze me mijn *fortune* hadden afgenomen bewees dat de Duitsers barbaren waren.

In de grote zaal van de school hadden ze stro op de vloer gelegd en er waren nog plekken vrij. Alfred had enkele kameraden uit zijn regiment gevonden en was met hen in een kazerne getrokken.

Het was niet bepaald gezellig in die massaopvang, maar het werd nooit saai in die warboel van vreemdelingen uit alle windstreken en met zulke verschillende levens, onder al die haveloze emigranten die hier hun weg moesten zoeken en het (soms op het randje) met elkaar moesten zien te rooien. We kregen twee maaltijden per dag in de eetzaal; levensmiddelen waren al schaars in Marseille en de soep werd steeds dunner (maar hoe goed was die in vergelijking met de kiezelsteen-pois chiches in Gurs).

Toen brak er een dysenterie-epidemie uit, waar we in het kamp ook al last van hadden gehad. Op het schoolplein waren drie toiletten; daar stonden we in de rij, gebukt onder de kwellingen. Er kwam om de twee dagen een dokter, die flesjes uitdeelde met voor iedereen hetzelfde medicijn en die na een paar minuten afscheid nam met altijd dezelfde woorden: '... *et surtout, pas de tomates!*' Terwijl ze ons voornamelijk tomatensoep, tomatensalade en gebakken tomaat te eten gaven.

We hadden een gezin uit Bretagne bij ons op de slaapzaal, een buitengewoon dikke vrouw met vijf kinderen. Dagenlang nam ze het ene na het andere kind onder handen en maakte het zo goed als mogelijk schoon met krantenpapier en oude lappen. Daarbij zong ze met een krachtige, lage stem:

Célina, ma chérie,
Si je t'aime, c'est pour la vie...

Soms vielen de anderen in en zong de hele zaal over de eeuwige liefde voor Célina.

Zodra we weer op onze benen konden staan ging de zoektocht verder: de zoektocht naar familie en vrienden (Karl, Paulettes man, dook op met een clubje mannen uit zijn regiment en trok bij ons in, in de school), de zoektocht naar identiteitspapieren (echte of valse) en naar broodkaarten (echte of valse). Iedereen probeerde in contact te komen met vrienden die er inmiddels in waren geslaagd naar de vs te komen, of naar Santo Domingo, of naar China. We zochten Paulettes vader op en deden ons best om hem vrij te krijgen uit Les Milles.

Nu Pétain en Laval met onbeperkte macht heersten in de 'vrije' zone, was het duidelijk dat dit nog maar het begin was. Veel Franse vluchtelingen – waren het er zes miljoen of meer? – lieten zich geleidelijk repatriëren naar hun eigen streek. Een aantal van ons Duitse emigranten werd verscheurd tussen blindheid en paniek. Wij hadden niet zoveel begrip voor hen en daarom niet veel geduld: word nu toch eindelijk eens wakker, dóé iets – jullie zitten in de penarie maar komen niet in actie – waar wachten jullie op?

Het was op een middag begin augustus – de zon brandde terwijl de mistral dwars door je botten trok – en we waren al een hele tijd in touw. Op straat kwamen we zo nu en dan een kennis tegen. We praatten een tijdje met Leo Lania en zijn vrouw Lucy, die op een terrasje zaten; hij en mijn broer waren met een geheimzinnige, ingewikkelde *combine* bezig, die ons allemaal uit Frankrijk zou moeten helpen. Lucy nam me van top tot teen op, schudde haar hoofd en zei: 'Ik heb nog een andere jurk bij me, ik breng hem morgen bij je langs, dat vod moet je maar eens weggooien.' Ze gaf me een witte gebreide jurk met zwarte banen, heel chic; maar dat was pas de volgende dag.

We liepen verder, ik heb geen idee meer waar we op dat moment naar zochten. 'Nu ga ik eerst even zitten,' zei ik; we stonden voor een brede trap die naar een openbaar gebouw leidde. Erboven stond: ORPHELINAT, weeshuis. Ik ging op een tree zitten en sloot mijn ogen. Toen hoorde ik een iel stemmetje: 'Madame?' Voor me stonden twee kleine meisjes. 'Madame, *vous êtes une orpheline?*' Ze hielden een paar madeliefjes voor me op.

'*Pour vous, madame l'orpheline. Ça porte bonheur...*'

6

'Die schoenen passen niet...'

Iedereen verdrong zich naar Marseille. De stad zat stampvol vluchtelingen, waaronder hele scharen Duitse emigranten. De grote haven – misschien was daar een uitweg uit de val.

Hans, mijn man, had niet veel vertrouwen in al die plannen met geheimzinnige schepen en zeereizen; het ene na het andere was tot dan toe in het water gevallen. Hij voelde zich veiliger op vaste grond. En die zotte ideeën met consulaten en transitvisa, deviezenvergunningen en Noord- of Zuid-Amerika, het klonk als een fantasiewereld waaraan de mensen zich vastklampten omdat ze niet meer wisten hoe het hier, in deze onwaarschijnlijke werkelijkheid, verder moest. Mensen zoals wij, zonder connecties, papieren en geld, waar konden wij naartoe als alle neutrale landen ons weerden als de pest?

Onderduiken zou niets nieuws zijn voor ons; we waren er sinds 1933 aan gewend. Het moest, dacht Hans, toch nog steeds mogelijk zijn om bij fatsoenlijke mensen onderdak te krijgen, waarschijnlijk het beste bij mensen op het platteland; toen hij tijdens de opmars van de Duitsers op de vlucht was naar het zuiden, was hij meermaals door Franse boeren in huis genomen. Hans, de Berlijner in Frans uniform, voelde zich veiliger bij Fransen die hem verborgen voor de Duitsers. In het Centraal Massief bijvoorbeeld, zei hij, moesten er toch tal van mogelijkheden zijn, je was daar onvindbaar. Daar kon je overwinteren, hoelang deze naziwinter ook mocht duren.

Ik vond dat plausibel. Maar moesten we niet toch ook naar emigratiemogelijkheden kijken? Zeker, vond Hans, we moesten er wel naar kijken, maar we konden er niet op vertrouwen.

Onder de emigranten werd veel gediscussieerd over Portugal. Portugal was een neutraal land en zou dat waarschijnlijk ook blijven. Enkele

Hans en Lisa Fittko op de Cannebière,
Marseille 1941

emigranten met een Amerikaans visum kregen een Portugees transitvisum. Meteen werden er allerlei ideeën ontwikkeld over hoe je ook aan
zo'n transitvisum kon komen zonder een Amerikaans visum.

Voor een transitvisum moest je natuurlijk een inreisvisum voor een
of ander land hebben. Daarvoor had je allereerst een paspoort nodig.
Bovendien vroegen de Portugezen naar een betaalde overzeese passage,
om er zeker van te zijn dat ze ook weer van je af kwamen. Die passage
moest in dollars worden betaald, wat voor de meeste emigranten absurd
was, omdat ze geen geld hadden en al helemaal geen deviezenvergunning om dollars te kopen.

Voor de doorreis van Frankrijk naar Spanje had je ook een Spaans
transitvisum nodig, dat je echter pas kon aanvragen als je het Portugese
had; alle landen waren bang dat de emigranten zich als wantsen bij hen
gingen nestelen. En dan had je nog het geld nodig om al die formaliteiten te bekostigen.

Financiële bijstand kwam uit een onverwachte bron: het demobilisatiebesluit. De mannen moesten zich melden, ieder kreeg een demobilisatiepas met een route de marche naar zijn woonplaats, een gratis treinkaartje daarnaartoe en duizend frank. Daarbovenop de *imperméable*, de regencape – blijkbaar het enige voorwerp dat het Franse leger voldoende in voorraad had genomen, pour la durée de la guerre.

De demobilisatie in Toulouse begon op maandag voor de namen die begonnen met A tot en met E. F tot en met J waren op dinsdag aan de beurt. Mijn broer Hans moest op maandag verschijnen. Hans Fittko, die anders nooit haast had om zich ergens te melden, ging mee; het was immers mogelijk dat op dinsdag het geld op was, of misschien werd dat hele besluit wel weer teruggedraaid. Hij ging in de rij staan en werd weggestuurd; dus ging hij naar het volgende loket, waar hij zonder verder gedoe werd geholpen. Nu was hij officieel een gedemobiliseerde Franse soldaat en had hij bovendien duizend frank en een regenjas, die helaas veel te groot was.

Het was niet helemaal duidelijk hoe je gedemobiliseerd kon en zelfs moest worden terwijl je nog nooit gemobiliseerd was, maar een gevangene was geweest in een concentratiekamp; in deze situatie stelde je echter geen domme vragen.

Pasfoto's van Lisa en Hans Fittko, Marseille 1940

Franz Pfemfert kwam uit Perpignan, waar hij zich voorlopig met Anja had gevestigd. 'De Tsjechische consul in Marseille, een oude vriend, heeft me een pas beloofd,' zei Franz, 'misschien kan hij ook iets voor jullie doen.' Toen we de volgende ochtend met hem naar het consulaat gingen, troffen we daar nog ruim tien andere emigranten aan; het was dus al rondverteld.

De passen die de consul uitreikte aan de hem aanbevolen Duitse antifascisten hadden wel een roze kaft in plaats van de grijsgroene van de officiële Tsjechische paspoorten; maar de enigen in Marseille die wisten dat dat 'interim'-passen waren die aan stateloze emigranten als identiteitsbewijs werden uitgereikt, waren de consul zelf en mensen die als emigrant in Tsjecho-Slowakije hadden gewoond, zoals wij. Nadat het consulaat was gesloten bleef de consul van die passen verstrekken, maar dan onder bemiddeling van het Centre Américain de Secours.

De Pfemferts, wij, Paulette en haar vader, mijn broer en zijn gezin – allemaal hadden we mooie, nieuwe passen met mooie, nieuwe namen.

Er waren geruchten over honorair consuls die 'eindvisa' verkochten. Het deed er op dat moment niet toe of die visa ook daadwerkelijk geldig waren; je kon er in elk geval eerst maar eens Portugal mee binnenkomen. In de Rue St. Feréol zat een Chinees bureau dat voor honderd frank Chinese visa uitgaf; dat konden de meeste emigranten zich veroorloven, dus sloten ze aan in de lange rij voor het bureau. Ook wij kregen een Chinees stempel in onze Tsjechische pas. Een hele tijd later vertaalde een Chinese vriend het 'visum' voor ons. Het luidde ongeveer zo: 'Het is voor de bezitter van dit document ten strengste verboden onder welke omstandigheden en op welk moment dan ook de Chinese bodem te betreden.' Omdat de Portugezen in Marseille het Chinees niet machtig waren, speelde ook dat geen rol. Of wilden ze misschien geen Chinees begrijpen?

Een betaald bootticket was makkelijk te krijgen, omdat er altijd wel iemand was die van menselijke wanhoop wist te profiteren. Verbazingwekkend was alleen wel dat het het oude, eerbiedwaardige Engelse reisbureau Cook was dat kaarten voor fictieve passages verkocht. Elke emigrant in Marseille wist er algauw van, dus gingen we naar het grote, elegante agentschap in het centrum van de stad. We betaalden tweehonderd frank, en de gedistingeerde, beetje hautaine functionaris met het

Engelse accent gaf ons zonder blikken of blozen de valse passages.

'Het lijken nu geen luchtkastelen meer,' zei zelfs Hans, 'misschien is het echt mogelijk om uit Frankrijk weg te komen.' We dachten er toen niet al te veel over na wat er in Portugal met ons zou gebeuren; daarvoor was de situatie in Frankrijk te netelig.

Voor de transitvisa die je bij het Portugese consulaat kon krijgen moest je al de avond van tevoren in de rij gaan staan. We hadden geluk; ik weet weliswaar nog hoe koud het 's nachts op straat was en hoeveel honger we hadden, maar we kwamen de volgende ochtend in elk geval wel aan de beurt. We kregen daadwerkelijk Portugese transitvisa. Onge-looflijk!

Voor het Spaanse consulaat waren de rijen zo lang dat we drie avon-den achtereen in de rij moesten staan voor we aan de beurt waren. Eerst probeerden we elkaar af te lossen; Hans stond in de rij terwijl ik naar huis ging – 'huis' was nog steeds de schoolhal in Belle de Mai, die ze voor de vluchtelingen hadden ingericht – om een paar uur te slapen op mijn strozak. Maar toen ik tegen vier uur in de vroegte terugkwam, kre-gen we ruzie. De mensen om ons heen wonden zich op: Nou ja, dan kon toch iedereen wel... U hebt zeker een reservering? Schaamteloos! Dus stonden we allebei drie nachten lang in de rij. Hans had een jas geleend van een vriend en ik droeg de gedemobiliseerde imperméable. Dat ding flodderde om me heen en er hing een lange sleep achter me, maar het hield me wel een beetje warm. We hadden in een kraampje in de *vieux port* een zakje gedroogde bananen gekocht, omdat het brood overal schaars was geworden; ze hadden een weerzinwekkende, zoetig-ranzige smaak en ik zei: 'Die kan ik niet eten, dan blijf ik liever hongerig.' Maar Hans drong erop aan dat ik ze naar binnen zou werken. 'Anders val je hier voor mijn neus nog van je stokje,' zei hij.

Toen hadden we alle papieren bij elkaar, wij en een aantal van onze vrienden, en nog een paar anderen zouden vlak daarna ook zover zijn. Het *visa de sortie*, het Franse uitreisvisum dat je nodig had om Frankrijk te kunnen verlaten, heb ik nog niet genoemd, omdat we er niet over peinsden dat aan te vragen. Het werd in Vichy verstrekt, duidelijk on-der controle van de Duitsers; de grens moest je dus illegaal oversteken. Steeds meer emigranten kozen die weg, en de meesten lukte het wel om de andere kant te halen; doorgaans vroegen de Spaanse grenswachten niet naar een Frans uitreisstempel. Er waren echter ook gevallen waarbij het niet meteen goed ging. De Spanjaarden bedachten af en toe iets om te pesten: een of ander document werd niet erkend, er was een nieuwe verplichte verklaring nodig of er was een stempel dat hun niet aanstond; en dan waren er nog zogenaamde verordeningen waardoor bijvoorbeeld stateloze personen niet door Spanje mochten reizen. Menig emigrant werd gearresteerd of teruggestuurd, of moest zelfs naar het concentratiekamp in Figueras. Maar voor zover wij wisten was het tot dan toe iedereen gelukt zich er weer uit te redden; we hadden de indruk dat de Spaanse autoriteiten met alle partijen vriendjes wilden blijven. Het was verontrustend dat degenen die problemen hadden aan de grens doorgaans bekende mensen waren die onder hun echte naam reisden; blijkbaar had de Gestapo ook daar een vinger in de pap.

Wij, degenen die 'zwart' de Franse grens over wilden, hadden het erover dat die grenspassage georganiseerd moest worden. Iemand moest naar de grens gaan en zo mogelijk zelfs een tijdlang daar blijven. We hadden een veilige route nodig, die ook kon worden gebruikt door mensen die nog zouden volgen. Het moest ook mogelijk zijn contact te leggen met ons goedgezinde grensbewoners, zodat we altijd op de hoogte zouden zijn van wat zich aan de grens afspeelde.

Het moest iemand met grenservaring zijn. Vrouwen kwamen er altijd gemakkelijker door. Paulette misschien? Nee, Paulette was nog niet zover met haar papieren. Lisa, zei iemand. (Ik weet niet meer zeker wie het eerst op het idee kwam, maar ik denk dat het mijn man was.)

'Het geld voor de reis ernaartoe krijgen we wel bij elkaar. Dus, Lisa, ben je het ermee eens?'

'Ik wil het wel proberen,' zei ik, 'een paar vrienden van me zijn tijdens de pagaille daar in de buurt terechtgekomen, misschien kan ik daar een paar dagen logeren.' Dat was belangrijk, omdat overal naar papieren werd gevraagd.

Toen kwam er een brief van Franz Pfemfert uit Perpignan, dat niet ver van de grens ligt.

'Franz is helemaal doorgedraaid,' zei Hans, 'moet je eens lezen wat hij schrijft, daar kun je niet wijs uit worden!'

'... en jij, Hans, moet beslist die schoenen die je hebt gekocht gaan rui-len,' schreef Franz, 'ze passen vast niet, je kunt ze niet gebruiken voor het bergbeklimmen. Je schoenen moeten in elk geval gróter zijn dan maat 42. Dat moet je ook tegen al onze vrienden zeggen; ik bedoel de mánnen met een kleine schoenmaat. De Spanjaarden hebben er veel verstand van. Lisa kan gerust haar kleine schoenen houden, bij haar speelt het geen rol.'

We werkten een halve nacht om de brief te ontcijferen: de 'schoenen' waren de Tsjechische passen of andere reisdocumenten die moesten worden 'geruild', oftewel aangepast. 'Maat 42' was de leeftijd – de meesten van ons waren jonger dan tweeënveertig. Franz liet ons weten dat mannen jonger dan tweeënveertig, mannen die geschikt waren voor oorlogsdienst dus, door de Spaanse autoriteiten bij de grensovergang werden gearresteerd om te voorkomen dat ze zouden vluchten naar Engeland teneinde daar in het leger te gaan. Dat hadden de Duitsers dus voor elkaar gekregen.

Fraaie boel. Een aanpassing van de papieren was zinloos, want je kon aan de mannen zien dat ze nog geen tweeënveertig waren, en met een valse geboortedatum zouden ze pas echt in de penarie zitten. We moesten een andere manier zien te vinden.

Precies in die dagen deed zich een nieuwe mogelijkheid voor om aan nieuwe papieren te komen. Een sergeant van Fort St. Charles had op zijn bureau een leuk schnabbeltje bedacht: voor tweehonderd frank deelde hij documenten uit. Die heetten *Certificat de Démobilisation et Route de Marche*; je gaf hem een naam door – het liefst met een Franse klank –, noemde de overige personalia, die je vrij kon kiezen, en zei waar je in deze oorlog voor Frankrijk had gevochten. Het certificaat bevestigde dat je een Frans staatsburger was – woonachtig in Noord-Afrika; je werd daarom kosteloos gerepatrieerd naar je woonplaats en om te beginnen naar Casablanca gebracht. Voor vijf frank extra bevestigde de sergeant zelfs een pasfoto met een officieel stempel op het certificaat. Daarmee meldde je je om de paar dagen bij de havenbeheerder om te vragen wanneer het volgende schip naar Casablanca vertrok en of er een plaats vrij was. Er was al een hele reeks emigranten in Casablanca terechtgekomen.

De beslissing was niet eenvoudig, maar het leek de enige oplossing te zijn: de vrouwen, en met hen de kinderen, zouden over de Pyreneeën naar Spanje en vanuit daar naar Portugal gaan. De mannen moesten zich laten inschepen naar Casablanca. Dan zouden we ons in elk geval allemaal op neutrale bodem bevinden. En dan tot ziens – maar waar?

Het moeten ongeveer vijfentwintig tot dertig kennissen van ons zijn geweest die wachtten op een plekje op een schip; onder hen mijn man en mijn broer. Ongeveer hetzelfde aantal vrouwen dat wij kenden wilde de grens naar Spanje over en dan verder naar Portugal.

De mannen gingen naar het havenkantoor; er werd aangekondigd dat er 'in de komende dagen' een plekje op een schip zou zijn voor hen. Het was helemaal gepland, en de volgende ochtend zou ik de vroege trein naar de grens nemen. Eva, de vrouw van mijn broer, had met haar tweejarige Titi in Montpellier onderdak gevonden; die twee zouden daar in dezelfde trein stappen en samen zouden we verder reizen naar Port-Vendres, een havenplaatsje vlak voor de grens. Indien er gecontroleerd werd, konden we de Tsjechische passen laten zien. Zodra we een veilige grensovergang hadden gevonden en alles geregeld was, zouden we de anderen daarover inlichten voor we zelf naar Spanje en Portugal gingen.

's Middags zaten we te wachten in de hotelkamer van een kennis, die ook naar de haven was gegaan. Hij werd 'kleine Leiner' genoemd omdat hij een oudere broer had, dus ik weet zijn voornaam niet. De mannen moesten weldra terugkomen, want het havenkantoor sloot om vijf uur. Het was vol in het kamertje, overal zaten mensen op het bed en op de vloer, maar het enige gezicht dat ik nog voor me zie is dat van Paulette.

Mijn man en mijn broer waren de eersten die kwamen. Ik keek hen aan: 'Wat is er met jullie aan de hand, wat is er gebeurd?'

Mijn man zei niets – als hij zo fronste, was hij erg boos.

'We zijn te laat gekomen,' zei mijn broer.

'Hoezo? Jullie zijn er toch al uren geleden naartoe gegaan?'

'Onderweg werden we opgehouden. Het was een paar minuten over vijf toen we bij het havenkantoor aankwamen, ze waren toen waarschijnlijk net dicht. We gaan er morgenvroeg gewoon weer naartoe; dat maakt toch niet uit.'

Dat zat me helemaal niet lekker; ik had erop gerekend dat ik voor mijn vertrek zou weten wanneer de mannen zouden inschepen voor Casablanca. Misschien moest ik mijn vertrek uitstellen?

We wachtten op de anderen. Merkwaardig dat het zo lang duurde, want het havenkantoor was immers al gesloten. Zelfs de kleine Leiner, in wiens kamer we zaten, kwam niet. Na een uur was het wel duidelijk dat er iets was misgegaan. Maar hoe kwamen we erachter wat er was gebeurd?

Toen kwam er iemand de kamer binnen. Nee, dat was niet een van de Casablancagangers, maar hij was een jonge vriend van wie ik alleen nog weet dat hij Erwin heette en lichtblond was. Hij was naar ons toe gestuurd – ik weet niet meer door wie – om ons het volgende te vertellen.

De sergeant in Fort St. Charles was verraden en ze hadden hem in alle vroegte met al zijn stempels en papieren gearresteerd, waarna de politie naar het havenkantoor was gegaan om iedereen op te pakken die zich daar met een vals Casablancadocument meldde (onder wie ook de kleine Leiner). Niemand wist hoeveel het er in totaal waren. De rest van de mannen moest worden gewaarschuwd – ook al verspreidde zulk nieuws zich snel. Mijn broer moest verdwijnen, hij was een van de weinigen met geldige papieren en was dus legaal aangemeld; maar nu het havenkantoor een lijst had waar alle 'gedemobiliseerden' op stonden, liep hij ook het gevaar te worden gearresteerd. Hij zou dus de volgende dag verhuizen naar de strohoop in de schoolhal die ik tot dan toe bezet had.

Maar moest ik daadwerkelijk vertrekken? Alles was weer onzeker. Zouden de mannen een andere manier vinden? Zouden de vrouwen naar Portugal gaan zonder dat te weten of de mannen wegkwamen uit Frankrijk? Zou ík willen gaan? Aan de andere kant kon Eva er nu niet meer van op de hoogte worden gebracht dat ze niet in de trein moest stappen...

Nadat de anderen nadrukkelijk hun mening hadden geuit (mijn broer: 'Je móét morgen gaan' – Paulette: 'Je móét nu wachten'), overlegde ik met mijn man. Het oversteken van de grens moest in elk geval worden georganiseerd, zo niet voor de jongere mannen, dan toch in elk geval voor de vrouwen, kinderen en ouderen. Die situatie met Eva en haar kind was echt een probleem en zou ernstige gevolgen kunnen hebben. Het was dus het verstandigste om mijn plan niet te wijzigen. Zo nodig kon ik altijd nog weer terugkomen.

Het moet ongeveer half september 1940 zijn geweest. Ik zat in de trein, maar ik zag niets van het mooie herfstige Zuid-Frankrijk. Ik kon de twijfels maar niet van me afschudden: was dit nu de juiste beslissing? Ik dommelde in; ik had maar een paar uur geslapen. Toen de trein Montpellier binnenreed, zag ik Eva met Titi op het perron. Ik riep haar en zwaaide; ze stapten in en toen Titi me zag, rende ze door het gangpad naar me toe. Ze herkende me, na zo'n lange tijd! Toen schoot me te binnen dat het eigenlijk maar een paar maanden waren geweest, maar wel heel lange maanden. Met Titi en haar opgewonden gebabbel kwam een stuk van het leven terug dat ons zo plotseling afgepakt leek te zijn.

'*Tu as des gâteaux? Tu as du chocolat?*' vroeg ze onvermoeibaar, alsof dat er nog gewoon was. Ze sprak nu alleen nog maar Frans; we waren blij dat ze haar Duits vergeten was. Onze coupé was inmiddels volgestroomd, vooral met geüniformeerde soldaten; er waren toen nog veel gedemobiliseerden in uniform, omdat ze geen andere kleren hadden. Titi zag er weldoorvoed uit, maar ze leek de hele tijd honger te hebben. Eva gaf haar iets uit het pakketje eten dat ze meegenomen had. '*Du pain,*' zei Titi stralend. Ze zwaaide ermee door de lucht en toen, onverwachts, zei ze midden in de stilte: '*Ça, en allemand, c'est Brot.*' Ik kreeg het heel warm en ik zag dat Eva grote ogen kreeg van de schrik. Maar niemand in de coupé scheen iets gehoord te hebben.

Ook Eva had haar twijfels toen ik haar vertelde wat er de vorige dag was gebeurd. 'Ik zou nooit in de trein zijn gestapt als ik jou niet had gezien,' zei ze. 'Het is toch logisch dat je nu moet oppassen.'

'Je man heeft besloten dat jij en het kind zo snel mogelijk Frankrijk uit moeten.'

'Híj heeft dat besloten,' zei ze, 'ik begrijp hem wel, maar ík moet er nu nog even over nadenken.'

's Avonds kwamen we aan in Port-Vendres, het havenstadje aan de uitlopers van de oostelijke Pyreneeën. Daar was een groep emigranten neergestreken en kennissen van ons verschaften ons onderdak: Eva met haar kind in een kelderruimte met een bed erin en ik op een zolderkamertje.

We hadden informatie gekregen van mensen die inmiddels al de grens over waren. In Banyuls, de laatste stad voor de grens, zat burge-

Banyuls. De stad is de afgelopen veertig jaar maar nauwelijks veranderd

meester monsieur Azéma. Hij was een socialist, en bovendien was hij bereid de emigranten te helpen.

Eerst moest ik dus voorzichtig proberen contact te leggen met hem en, zo mogelijk, met andere inwoners die de emigranten welgezind waren. Dat lukte verrassend snel. Maar de omstandigheden waren sinds kort lastiger geworden: de paden via het grensplaatsje Cerbères, die tot dan toe werden gebruikt, werden nu streng bewaakt en moesten gemeden worden. Monsieur Azéma verried me een veilig, geheim smokkelaarspad. Hij noemde het *la route Lister*; generaal Lister van het Spaanse republikeinse leger had het tijdens de Spaanse Burgeroorlog voor zijn troepen gebruikt.

Maire Azéma drong erop aan dat de emigranten zelf regelden dat daar de grens werd overgestoken en dat ze ervoor zorgden dat het nieuwe pad ook werd gebruikt door latere vluchtelingen. 'Het kan immers zo zijn dat ik op een dag niet meer hier ben,' zei hij, en bovendien was het onvoorzichtig als zoveel vluchtelingen zich bij hem op de mairie zouden melden. Pas later begreep ik echt waarom hij erop rekende dat hij op een gegeven moment zou verdwijnen: hij was bekend bij de autoriteiten vanwege zijn activiteiten tijdens de Spaanse Burgeroorlog. Het zou het beste zijn, meende hij, als iemand enige tijd hier in Banyuls kon blijven om de vluchtelingen de Pyreneeën over te helpen.

'Ik zou jullie voorlopig kunnen voorzien van onderdak en distributiebonnen,' zei hij terwijl hij uit een krat onder zijn bureau een paar blikken melk en groente tevoorschijn haalde. *'Pour le bébé,'* voegde hij eraan toe.

De blikken waren zwaar en de weg tussen de rotswanden van Banyuls terug naar Port-Vendres was lang, maar wat maakte dat uit als je zo'n schat had! Melk en groente, en vooral een nieuwe, veilige weg over de grens. Ik kan me herinneren dat ik toen op de terugweg voor het eerst met open ogen naar mijn omgeving keek, de onwaarschijnlijk blauwe zee en de bergketens met de groene wijnbergen, daartussen al een beetje goud, en een hemel zo blauw als de zee. Je kunt het niet beschrijven, je moet er geweest zijn.

7

'De oude Benjamin'

Het is nu al meer dan veertig jaar geleden, maar ik kan het me nog precies herinneren, met alle details. Of kan het zijn dat ik me alles alleen maar inbeeld?

Ik weet dat het 25 september 1940 was, op een smal zolderkamertje in Port-Vendres. Ik was gaan liggen om een paar uurtjes te rusten, toen ik wakker werd doordat er op de deur werd geklopt. Ik zag het grijze ochtendlicht door het hoge dakraam en dacht dat het alleen het jonge meisje van beneden kon zijn. Er werd nogmaals geklopt en ik stond met een slaperig hoofd op om open te doen. Maar het was niet het kind van beneden. Ik wreef in mijn ogen – voor me stond een van onze vrienden, Walter Benjamin, die net als vele anderen naar Marseille was gevlucht toen de Duitsers Frankrijk binnenvielen. 'De oude Benjamin', zoals ik hem noemde, ik weet niet precies waarom, hij was ongeveer achtenveertig.

'Mevrouw,' zei hij, 'neemt u mij niet kwalijk dat ik u stoor, hopelijk kom ik niet ongelegen.'

De wereld kan instorten, dacht ik, maar Benjamin blijft altijd beleefd.

'Uw echtgenoot,' sprak hij verder, 'heeft me uitgelegd hoe ik u kon vinden. Hij zei dat u me over de grens naar Spanje zou brengen.'

Wát had hij gezegd, mijn echtgenoot? Maar zo was hij, hij nam altijd gewoon aan dat ik het wel voor elkaar zou krijgen, wat het ook was.

Benjamin stond nog steeds op de drempel, want tussen het bed en de muur was niet genoeg plaats voor een tweede persoon. Ik zei tegen hem dat hij in de bistro op het marktplein op me moest wachten.

Vanuit de bistro maakten we een wandeling om met elkaar te kunnen praten zonder dat anderen ons konden horen. Mijn man kon dat nog helemaal niet weten, vertelde ik Benjamin, maar nadat ik een paar dagen geleden hier was aangekomen, had ik inderdaad een veilige weg over de grens verkend.

Om te beginnen was ik beneden naar de haven gegaan, waar ik in gesprek raakte met een paar havenarbeiders. Een van hen bracht me naar de vertrouwensman van de vakbond. Zonder veel vragen te stellen leek hij te begrijpen waar het om ging. Hij adviseerde me monsieur Azéma in Banyuls-sur-Mer op te zoeken, de burgemeester. Zoals me in Marseille al was verteld, was hij degene die me zou helpen een veilige weg te vinden voor mijn familie en vrienden die de grens over wilden.

'Dat is een geweldige man, die burgemeester Azéma,' vertelde ik Benjamin. 'Urenlang heeft hij elk detail met me doorgenomen.'

De weg langs de kerkhofmuren van Cerbère was nu helaas te gevaarlijk geworden. Het was een tamelijk eenvoudig te vinden pad geweest, en een hele reeks vluchtelingen had die een paar maanden gebruikt, maar nu werd die zwaar bewaakt door de *gardes mobiles*, naar het scheen op bevel van de Duitse Kundt-commissie (de vertegenwoordiging van de Gestapo in het nog onbezette deel van Frankrijk). De enige echt veilige weg die nog over was, had de burgemeester verteld, was la route Lister. Dat betekende dat we de Pyreneeën iets meer naar het westen moesten oversteken, waar de bergkam hoger was en de klim dus zwaarder.

'Dat maakt niet uit,' zei Benjamin, 'zolang de route veilig is. Maar ik heb wel hartklachten en zal langzaam moeten lopen. Overigens willen nog twee mensen met mij de grens over, die zich in Marseille bij me hebben aangesloten, ene mevrouw Gurland en haar jonge zoon. Zou u die twee ook mee willen nemen?'

'Ja, natuurlijk. Maar is het u duidelijk dat ik niet ervaren ben als gids in deze streek? Ik weet de weg eigenlijk helemaal niet, ik ben zelf nog nooit daarboven geweest. Wat ik heb is een stuk papier met een schets van de weg, die de burgemeester uit het hoofd voor me heeft getekend. En toen heeft hij me op een aantal details gewezen, zijpaden die we moeten nemen, ook een hut aan de linkerkant. Er is ook een hoog plateau met zeven pijnbomen erop dat we beslist aan de linkerkant moeten passeren, anders komen we te ver naar het noorden uit; en dan de wijnberg, die op de juiste plek naar de kam leidt. Wilt u dit risico nemen?'

'Ja, zeker wel,' zei hij zonder aarzeling. 'Niet gaan zou pas een echt risico zijn.'

Ik keek hem aan en herinnerde me dat dit niet de eerste poging van Benjamin was om uit de val te ontsnappen. Hoe kon je zijn vorige vluchtpoging ook ooit vergeten?

In de apocalyptische sfeer die in 1940 in Marseille heerste waren er dagelijks nieuwe verhalen over absurde vluchtpogingen; er waren plannen met fantasieboten en verzonnen kapiteins, visa voor landen die op geen enkele kaart te vinden waren en paspoorten uit landen die niet meer bestonden. Je raakte eraan gewend via de fluisterkanalen te horen welk gegarandeerd veilig plan die dag weer als een kaartenhuis in elkaar was gestort.

Ondanks alles moesten we wel telkens weer lachen om de grappige kant van zulke tragedies. Moet je je eens voorstellen: dr. Fritz Fränkel met zijn elegante voorkomen en grijze manen en zijn ietwat slome vriend Walter Benjamin met zijn vergeestelijkt geleerdenhoofd en onderzoekende blik achter dikke brillenglazen – dit stelletje wordt, verkleed als Franse matrozen, door omkoping een vrachtschip op gesmokkeld. Ver zijn ze niet gekomen. Gelukkig lukte het hun in de algehele chaos wel weer te ontkomen.

We besloten burgemeester Azéma nog een keer te bezoeken, deze keer samen, zodat we ons allebei de details goed konden inprenten. Ik stelde mijn schoonzus Eva, die in het huis ernaast zat en met wie ik een week later de grens wilde oversteken om naar Portugal te gaan, op de hoogte en vertrok met Benjamin naar Banyuls.

Op dit punt laat mijn geheugen me in de steek. Waagden we het erop om ondanks de strenge controles in het grensgebied de trein te nemen? Moeilijk voor te stellen. We hebben vast die zes tot acht kilometer van Port-Vendres naar Banyuls lopend afgelegd via het pad met al die losse stenen, dat me inmiddels vertrouwd was. Ik weet nog dat we de burgemeester in zijn ambtswoning aantroffen, dat hij de deur op slot deed en toen zijn aanwijzingen herhaalde en onze vragen beantwoordde.

Toen hij me twee dagen eerder de route had geschetst, waren we allebei voor het raam gaan staan, waar hij me de richtingen had aangeduid: het verafgelegen plateau met de zeven pijnbomen, en ergens hoog boven ons de bergkam waar we overheen moesten.

'Op papier lijkt het een lichte wandeltocht,' had ik tegen hem gezegd, 'maar het schijnt dat we over die hoge toppen van de Pyreneeën moeten klimmen...'

Hij had gelachen: 'Daar ligt Spanje, aan de andere kant van de bergen.'

Azéma adviseerde ons 's middags een wandeling te maken om het eerste stuk van de route uit te proberen en te kijken of we de weg zouden vinden.

'Loop omhoog tot aan die open plek,' zei hij, wijzend op zijn routeschets. 'Wanneer u terugkomt, loopt u alles nog een keer met mij na. Breng de nacht door in het pension, en morgenvroeg, vlak na vieren, wanneer het buiten nog donker is, loopt u tussen de andere mensen, de boeren die op weg zijn naar de wijnbergen, waarna u doorloopt en de hele weg naar de Spaanse grens aflegt.'

Benjamin vroeg hoe ver het was tot aan die open plek.

'Een klein uur, zeker niet meer dan twee uur. Een mooie wandeling.'

We gaven elkaar een hand.

'*Je vous remercie infiniment, monsieur le maire,*' hoorde ik Benjamin zeggen. Zijn stem zit nog steeds in mijn hoofd.

In het pension ontmoetten we Benjamins kennissen, die hij daar op ons had laten wachten, en deden hun ons plan uit de doeken. Ze waren het er meteen mee eens, en ik dacht: gelukkig zijn het geen mensen die altijd iets te zeuren hebben – en niet van die lastige mensen, om wie ik me in zulke hachelijke situaties altijd zorgen maak. Dus we vertrokken met zijn vieren voor een wandeling, langzaam, als toeristen die van het landschap genieten. Het viel me op dat Benjamin een aktetas bij zich had, die hij gepakt moest hebben toen we een tussenstop maakten bij het pension. De tas leek zwaar, en ik vroeg hem of ik hem kon helpen.

'Daar zit mijn nieuwe manuscript in,' legde hij me uit.

'Maar waarom neemt u het mee op deze verkenningstocht?'

'Weet u, deze aktetas is het allerbelangrijkste voor me,' zei hij. 'Die mag ik niet kwijtraken. Het manuscript moet gered worden. Het is belangrijker dan mijn eigen persoon.'

Dit wordt geen eenvoudige overtocht, dacht ik. Walter Benjamin met zijn vreemde karakter. Het was van hem te verwachten. Had hij die aktetas ook bij zich toen hij in de haven van Marseille probeerde weg te komen in matrozenkleren? Maar nu moest ik echt op de weg letten, zei ik tegen mezelf, en ik probeerde Azéma's getekende kaart te lezen.

Daar was de leegstaande stal waar de burgemeester het over had gehad; we waren dus niet verkeerd gelopen – tot nu toe. Toen kwamen we bij het pad dat licht afboog naar links. En vervolgens het reusachtige rotsblok dat hij had beschreven. Een open plek! We hadden het gered, na bijna drie uur.

Dat was volgens Azéma ongeveer een derde van de route. In mijn herinnering was de tocht niet zwaar. We gingen zitten en rustten even uit. Benjamin strekte zich uit in het gras en deed zijn ogen dicht. Ik dacht dat hij uitgeput was van de wandeling.

We maakten ons klaar voor de afdaling, maar hij stond niet op. 'Bent u nog moe?' vroeg ik.

'Ik voel me niet goed,' antwoordde hij, 'gaat u maar met z'n drieën verder.'

'En u?'

'Ik blijf hier. Ik ga de nacht hier doorbrengen en morgenvroeg voegt u zich weer bij me.'

Dit was nog erger dan ik me had voorgesteld. Wat moest ik doen? Ik moest proberen hem met redelijke argumenten te overtuigen. We waren in een wilde bergomgeving, misschien zaten er gevaarlijke dieren. Ze hadden me daadwerkelijk gewaarschuwd voor de wilde stieren die er waren. Het was eind september en Benjamin had niets om zich mee te bedekken. Er zwierven hier smokkelaars rond, wie weet zouden die hem iets aandoen. En hij had helemaal geen proviand bij zich. Nee, het was echt een onmogelijk plan.

Hij zei dat zijn besluit om de nacht op deze open plek door te brengen vaststond, want het berustte op een eenvoudige logische gedachtegang. Het was zijn doel de grens over te gaan, zodat hij en zijn manuscript niet in handen van de Gestapo zouden vallen. Een derde van dat doel had hij nu bereikt. Als hij nu terugkeerde naar het dorp en die weg de volgende dag nogmaals moest afleggen, zou zijn hart waarschijnlijk niet meewerken. Dus zou hij hier blijven.

Ik ging weer zitten en zei: 'Dan blijf ik ook hier.'

Hij glimlachte. 'Gaat u mij beschermen tegen de wilde stieren, mevrouw?'

Het zou onverstandig zijn als ik bleef, zei hij kalm tegen me. Bovendien moest ik alles nog een keer doornemen met Azéma. Ik moest ook voldoende slaap zien te krijgen; alleen dan was ik in staat de Gurlands veilig en zonder vertraging voor zonsopgang weer naar dit punt te begeleiden en verder te trekken naar de grens.

Dat wist ik zelf natuurlijk ook wel. Ik moest vooral zonder voedselbonnen aan een beetje brood zien te komen, misschien ook wat tomaten of surrogaatjam op de zwarte markt, zodat we onderweg iets te eten hadden. Ik denk dat ik alleen maar probeerde hem te choqueren zodat hij zou afzien van zijn plan, maar het had natuurlijk geen zin.

Terwijl ik bergafwaarts terugliep, probeerde ik me op de weg te concentreren, opdat ik die de volgende ochtend in het donker zou terugvinden. Toch bleef de gedachte aan me knagen dat hij niet in zijn eentje daarboven had moeten blijven, dat was toch gestoord. Of had de tocht hem al zo erg vermoeid dat hij pas besloot te blijven toen we boven waren? Aan de andere kant had hij wel die zware aktetas al meegenomen... Misschien had hij niet meer zo'n zin in het leven. Welke kant zou zijn eigenaardige denkwijze hem op sturen als hij in gevaar was?

Er schiet me nu een verhaal te binnen dat mijn man me een keer vertelde. In de winter van de capitulatie van Frankrijk zaten Benjamin en hij samen in kamp Vernuche, in de buurt van Nevers. Benjamin, een zware roker, deelde hem op een dag mee dat hij gestopt was met roken, en hij beschreef hoe zwaar hem dat viel.

'Verkeerd moment,' zei Hans. Hem was opgevallen hoe slecht Benjamin in staat was om met de 'akeligheden van het uiterlijke leven, die soms als wolven komen' te kunnen omgaan – en in Vernuche was het leven één grote akeligheid. Hans was eraan gewend geraakt om hem bij praktische zaken te helpen.

Om crises te doorstaan en je verstand niet te verliezen, zo probeerde hij Benjamin uit te leggen, was de volgende basisregel belangrijk: zoek altijd naar iets heuglijks en niet naar extra moeilijkheden.

Benjamin antwoordde: 'Ik kan de toestanden in het kamp alleen verdragen als ik gedwongen ben mijn geestelijke krachten geheel en al te richten op een enorme inspanning. Stoppen met roken kost me zoveel inspanning, en daarom zal het me redden.'

De volgende ochtend leek alles goed te gaan. De kans te worden ontdekt door de politie of grenswachten was het grootst bij het verlaten van het plaatsje en aan het begin van de beklimming. Azéma had ons op het hart gedrukt: 'Vertrek voor zonsopgang, meng u onder de wijnboeren, neem niets mee behalve een *musette*, een zakje met brood, en praat niet! Dan kunnen de wachten u in het donker niet onderscheiden van de plaatselijke bevolking.' Mevrouw Gurland en haar zoon hielden zich precies aan de regels zoals ik die had uitgelegd en het was nu makkelijk voor me om de weg te vinden.

Hoe dichter we bij de open plek kwamen, hoe ongeruster ik werd. Was hij er nog? Wat was er die nacht gebeurd? Leefde hij nog wel? Mijn fantasie ging met me aan de haal.

Eindelijk, de open plek! En de oude Benjamin. Levend. Hij kwam overeind en keek ons vriendelijk aan. Maar... Maar wat was er met hem gebeurd? Die grote donkerrode vlekken rond zijn ogen – waren dat misschien symptomen van een hartaanval? Waarschijnlijk had hij door waarom ik hem aanstaarde. Hij deed zijn bril af en veegde met zijn zakdoek over zijn gezicht. 'Ach, dat,' zei hij. 'De dauw, snapt u. De randen van mijn brilmontuur, ziet u? Die geven af als ze vochtig worden.'

Mijn hart bonsde niet langer in mijn keel en gleed weer terug naar zijn plaats.

Het ging nu steiler omhoog. Ook wisten we niet zeker of we de goede kant op gingen, want we hadden nu alleen nog maar hellingen en rotswanden voor ons. Tot mijn verbazing kon Benjamin goed uit de voeten met onze routeschets en hielp hij me de weg te vinden. Eén keer werd ons pas na een minuut of twintig duidelijk dat we een verkeerde afslag hadden genomen, want het pad ging toen opeens naar rechts en bergaf, maar de kam lag links en boven ons. Dus liepen we terug en we ontdekten bij welke kruising we ons hadden vergist.

Het pad was vanaf daar zijn naam eigenlijk niet waardig. Er was af en toe iets te zien wat erop leek, maar het was vaak meer een nauwelijks zichtbaar spoor tussen losse rotsstenen. Tot we bij de steile wijnberg kwamen, die ik niet vergeten kan.

Maar eerst moet ik uitleggen waarom juist deze route zo veilig was.

Na de klim door de heuvels, die geleidelijk uitliepen in de zee, verliep ons pad parallel aan de welbekende 'officiële' weg, die langs de bergkam liep en makkelijk begaanbaar was. Ons pad – la route Lister, een oeroud smokkelaarspad – liep onder die weg en werd afgeschermd door de berghelling, zodat die door de Franse grenswachters die boven patrouilleerden niet kon worden gezien. Op sommige stukken kwamen beide paden heel dicht bij elkaar en daar moesten we ons heel stil houden.

Benjamin liep langzaam en gelijkmatig. Op geregelde momenten – ik denk dat het om de tien minuten was – stopte hij om ongeveer een minuut uit te rusten. Daarna ging hij in dezelfde gelijkmatige tred weer verder. Dat had hij, zo vertelde hij me, gedurende de nacht bedacht en uitgerekend: 'Met deze methode zal ik het tot het einde volhouden. Ik stop regelmatig – die pauze moet ik houden vóór ik uitgeput ben. Je moet nooit helemaal tot het uiterste gaan.'

Wat een vreemde man, dacht ik. Glashelder denken, een onbreekbare innerlijke kracht, maar tegelijkertijd een hopeloze kluns.

Walter Benjamin schreef ooit (in *Agesilaus Santander*) over het wezen van zijn kracht: '... met niets is mijn geduld te overwinnen.' Toen ik dat jaren later las, zag ik hem weer voor me, hoe hij langzaam en met gelijkmatige tred over dat bergpad liep. En het tegenstrijdige in zijn wezen kwam toen minder absurd op me over.

De zoon van mevrouw Gurland, José, die een jaar of zestien was, en ik droegen om de beurt de zwarte leren tas; hij leek me steeds zwaarder. Maar ik herinner me dat we allemaal in een goed humeur waren en regelmatig een beetje met elkaar kletsten. We hadden het vooral over de problemen waar we op dat moment tegenaan liepen: de gladde rotspaden, de warmer wordende zon en hoe ver het nog zou zijn tot aan de grens.

Tegenwoordig, nu Benjamin tot een van de belangrijkste geleerden en critici van de twintigste eeuw wordt gerekend, wordt me weleens gevraagd: Wat heeft hij gezegd over dat manuscript? Heeft hij iets losgelaten over de inhoud? Heeft hij daarin een nieuw filosofisch systeem ontwikkeld?

Mijn lieve hemel, ik had mijn handen vol, ik moest mijn groepje over de berg zien te leiden; de filosofie moest wachten tot we de andere kant hadden bereikt. Het was zaak om die mensen te redden van de nazi's, en daar zat ik dan met die vreemde vogel, de oude Benjamin, die zich onder geen enkele voorwaarde wilde ontdoen van zijn ballast, die zwarte leren koffer. Dus moesten we dat gevaarte wel zo goed en zo kwaad als het ging de bergen over slepen.

Maar nu kom ik terug op die steile wijnberg. Er was geen pad. We klommen omhoog tussen de wijnstokken, die vol hingen met bijna rijpe, donkere, zoete banyulsdruiven. Ik denk dat het een bijna verticale helling was, maar in je herinnering raakt het beeld weleens vertekend. De eerste en enige keer dat Benjamin het opgaf was op deze wijnberg. Om preciezer te zijn, hij probeerde de berg op te komen, wat hem niet lukte, en verklaarde toen kortweg dat dit zijn krachten te boven ging. José en ik namen hem tussen ons in, hij legde zijn armen over onze schouders, en we sleepten hem met zijn tas de wijnberg op. Hij ademde zwaar, maar hij klaagde niet – zelfs geen zucht –, wel gluurde hij voortdurend naar zijn aktetas.

Boven op de wijnberg lasten we op de smalle bergrug een rustpauze in. De zon stond inmiddels hoog en we hadden het warm; we moesten dus al een uur of vier, vijf onderweg zijn. We knabbelden van de proviand die ik had meegenomen in mijn musette, maar veel eten kon geen van ons. Onze magen waren de voorgaande maanden gekrompen – eerst het concentratiekamp, dan die hectische tijd van de terugtrekking, la pagaille, de totale chaos.

Terwijl we uitrustten, bedacht ik dat deze tocht over de bergen toch veel langer en zwaarder was dan we na de beschrijving van de burgemeester hadden kunnen aannemen. Als je de weg goed kende, niets hoefde te dragen en jong en gezond was, was het vast ook veel sneller te doen. Bovendien was monsieur Azéma's informatie over afstand en tijd nogal betrekkelijk. Hoelang is 'een paar uur'?

In de daaropvolgende wintermaanden, toen we de route over de grens soms wel twee of drie keer per week aflegden, dacht ik vaak aan Benjamins zelfdiscipline. Die herinnering kwam bij me op toen mevrouw R. midden in de bergen begon te jammeren 'Hebt u dan zelfs niet eens een appel voor me meegenomen – een appel wil ik...', toen regeringscommissaris dr. H. zijn bontjas belangrijker achtte dan zijn (en onze) veiligheid, of toen een jonge vrouw opeens een aanval van hoogtekolder kreeg en beslist dood wilde. Maar dat zijn andere verhalen.

Nu zat ik hoog boven in de Pyreneeën een stuk brood te eten dat ik met valse bonnen had gekocht, en ik schoof Benjamin de tomaten toe toen hij vroeg: 'Waarde mevrouw, staat u me toe dat ik me bedien?' Ja, zo was hij, de oude Benjamin met zijn Spaanse hofceremonieel.

Plotseling viel me op dat het wit waar ik al doezelend naar had zitten kijken een door de zon verbleekt skelet was. Een geit misschien? Aan de schedel te zien wel. Boven ons, aan de zuidelijk blauwe hemel, cirkelden twee grote zwarte vogels. Het waren waarschijnlijk aasgieren. Wat verwachtten ze van ons? Wat merkwaardig, dacht ik toen, normaal gesproken zou ik zenuwachtig worden van skeletten en aasgieren.

We maakten ons gereed om weer verder te trekken. Het pad steeg nu nog maar licht, maar het kostte Benjamin duidelijk moeite. Hij was tenslotte al sinds zeven uur in touw. Hij liep nu nog iets langzamer en nam langere pauzes, maar nog steeds volgens de klok. Dat hij een vast ritme moest aanhouden leek hem helemaal in beslag te nemen.

Uiteindelijk bereikten we de top. Ik was vooruitgelopen en boven bleef ik om me heen staan kijken. Het panorama verscheen zo onverwachts voor me dat ik even dacht dat het een fata morgana was. Ver beneden ons, waar we vandaan waren gekomen, was de diepblauwe Middellandse Zee weer te zien. Aan de andere kant, voor ons, liepen steile klippen af naar een glasplaat van doorzichtig turquoise – een tweede zee? Ja, natuurlijk, dat was de Spaanse kust. Achter ons, in het noorden, in een halve cirkel, het Roussillon van Catalonië met de Côte Vermeille, de vermiljoenkleurige kust, een herfstachtige aarde met ontelbare geel-rode tinten. Ik hapte naar adem. Zoiets moois had ik nog nooit gezien.

Ik wist nu dat we ons inmiddels in Spanje bevonden, en ik wist ook dat onze weg vanaf hier tot aan de afdaling naar het plaatsje alsmaar rechtdoor liep. Ik moest nu omkeren. De anderen hadden de benodigde papieren en visa, maar ik mocht niet het risico nemen op Spaanse bodem te worden betrapt. Ik keek naar mijn kleine groepje en dacht: Nee, ik kan ze nu toch niet helemaal aan hun lot overlaten. Ik loop nog een klein stukje met ze mee...

We kwamen langs een poel. Het water was groenig, slijmerig en stonk. Benjamin knielde om ervan te drinken.

'Dat kunt u niet drinken,' zei ik, 'dat water is vuil en vast besmet.'

De veldfles die ik meegenomen had was inmiddels leeg, maar Benjamin had tot dan toe niets gezegd over dorst.

'Neemt u me niet kwalijk,' zei hij, 'maar ik heb geen andere keuze. Als ik hier niet drink, houd ik het waarschijnlijk niet vol tot het einde.' Hij boog zijn hoofd voorover naar de poel.

'Luister alstublieft even,' zei ik, 'wilt u even wachten en naar me luisteren? We hebben het bijna gehaald, het is nog maar een klein stukje. Ik weet dat u het gaat halen. Maar het is onmogelijk om van die gifsoep te drinken. Denk toch na, wees verstandig. U loopt nog tyfus op...'

'Ja, misschien. Maar u moet begrijpen dat het ergste wat er kan gebeuren is dat ik doodga aan tyfus – nádat ik de grens over ben gegaan. De Gestapo kan me niet meer arresteren en het manuscript zal in veiligheid zijn. Neem me niet kwalijk, mevrouw.'

Hij dronk.

Het pad liep nu licht bergafwaarts. Het moet ongeveer twee uur 's middags zijn geweest toen we bij het einde van de rotswand aankwamen en ik de stad in het dal, heel dichtbij, kon zien liggen.

'Dat daar beneden is Port-Bou! De stad met het Spaanse grensstation waar u zich meldt. Deze straat leidt er direct naartoe. Een echte straat!'

Het was ongeveer twee uur. We waren om vier uur 's morgens vertrokken, Benjamin om zeven uur. In totaal dus bijna tien uur.

'Ik moet nu omkeren,' zei ik. 'We zijn in Spanje, al bijna een uur. De tocht naar beneden kan niet lang meer duren, je kunt de huizen vanaf hier al zien. Ga direct naar de grenspost en laat uw papieren zien: de reisdocumenten, de Spaanse en de Portugese transitvisa. Zodra u uw inreisstempel hebt, neemt u de eerstvolgende trein naar Lissabon. Maar dat weet u zelf allemaal. Nu moet ik gaan. Tot ziens.'

Ik keek hen nog een moment na terwijl ze de hobbelige straat afliepen. Ik moet maken dat ik hier wegkom, dacht ik, en ik begon aan de terugtocht. Ik bleef doorlopen en was verbaasd dat het voelde alsof ik geen vreemdeling meer was, zoals ik 's ochtends nog was geweest. Merkwaardig ook dat ik niet moe was. Alles was licht, ik was zorgeloos, en met mij de rest van de wereld. Benjamin en de anderen moesten het er inmiddels wel op hebben zitten. Hoe mooi het was hierboven!

Binnen twee uur was ik weer beneden in Banyuls. Negen uur bergop, twee uur voor de afdaling.

In de daaropvolgende maanden, toen we de weg zelfs in onze slaap nog hadden kunnen vinden, haalden we de grens een keer binnen twee uur, en een paar keer in drie tot vier uur. Het was te doen, als onze 'vracht' maar jong, sterk en vooral gedisciplineerd was. Ik heb die mensen nooit meer gezien, maar af en toe duikt er weer ergens een naam op die plotseling een lampje doet branden. Henry Pachter, de historicus: dat is toch Heinz met zijn vriendin, een recordtijd van twee uur. Of professor Albert Hirschmann van Princeton – dat was toen de jonge Hermant: ongeveer drie uur.

Maar dat kwam later allemaal. Toen, op het moment dat ik na de eerste tocht via de route Lister weer in Banyuls was, dacht ik: de oude Benjamin en zijn manuscript zijn nu in veiligheid, aan de andere kant van de bergen.

Na een paar dagen kwam het bericht: Walter Benjamin is dood. Hij had in de nacht na zijn aankomst in Port-Bou zichzelf van het leven beroofd.

De Spaanse grenspost had de groep meegedeeld dat ze werden teruggebracht naar Frankrijk. Er was net een nieuwe beschikking uit Madrid binnengekomen: zonder een Frans uitreisvisum mocht niemand Spanje in. (Er bestaan verschillende versies van de reden waarom Spanje deze keer de grens sloot: apatrides mochten niet door Spanje reizen, of: in Marseille verstrekte Spaanse transitvisa waren ongeldig). Wat de nieuwe verordening ook inhield, net als vele andere werd die al snel weer opgeheven. Als het bericht over de sluiting van de grens ons aan de Franse kant op tijd had bereikt, was voorlopig niemand illegaal de grens overgegaan, en had iedereen afgewacht hoe het zich verder zou ontwikkelen. In dat 'tijdperk van nieuwe verordeningen' leken de regeringen van alle landen druk bezig bevelen en voorschriften te geven, ze te herroepen, in werking te stellen en dan weer op te heffen.

Om het land uit te komen moest je leren door de gaatjes te kruipen en met allerlei listen en kunstjes zien te ontsnappen uit het doolhof, dat steeds maar weer een nieuwe vorm aannam.

... *faut se débrouiller*: je moest je zien te redden, je een weg banen uit het instortende land – zo leefde en overleefde je toen in Frankrijk... 'faut se débrouiller' betekende valse broodbonnen kopen, melk voor de kinderen regelen, of een vergunning krijgen, wat voor een dan ook – kortom, iets in handen zien te krijgen wat officieel helemaal niet bestond. Voor sommigen betekende het ook om zulke dingen door *collaboration* te bemachtigen. Voor ons, de apatrides, ging het er vooral om de concentratiekampen te omzeilen en niet in handen van de Gestapo te vallen.

Maar Benjamin was geen *débrouillard*.

Zo wereldvreemd als hij was, telde voor hem alleen dat zijn manuscript en hijzelf buiten bereik van de Gestapo waren. Zijn vlucht over de grens had hem uitgeput, en hij dacht niet dat hij in staat was die nog eens over te doen, zo had hij tegen me gezegd tijdens onze tocht omhoog. Ook voor dat geval had hij alles van tevoren berekend: hij had voldoende morfine bij zich om zichzelf met een dodelijke dosis van het leven te beroven.

Onthutst en geschokt over zijn dood mochten de Gurlands van de Spaanse autoriteiten verder reizen.

Veertig jaar later was ik een keer met professor Abramsky uit Londen in gesprek, en toen kwamen Walter Benjamin en zijn werk ter sprake. Ik vertelde over zijn laatste tocht en het manuscript.

Korte tijd later belde professor Gershom Scholem me op, Benjamins beste vriend en een van de beheerders van zijn literaire nalatenschap. Hij had van Abramsky gehoord over ons gesprek en wilde meer weten, en ik schetste hem de gebeurtenissen op die dag eind september 1940.

'In elk geval is het manuscript waar hij zo aan gehecht was gered,' zei ik.

'Dat manuscript bestaat niet,' zei Scholem. 'Tot nu toe wist niemand ervan. U moet me alle details vertellen, er moet naar worden gezocht...'

De stem gaat maar door, maar ik hoor alleen: het manuscript is verdwenen. En al die jaren was ik er gewoon van uitgegaan dat het gered was.

Geen manuscript. Niemand weet iets over die zware zwarte tas met het werk dat voor Benjamin belangrijker was dan al het andere.

Hannah Arendt schreef over het 'bochelmannetje', door wie Benjamin zich zijn hele leven bedreigd moet hebben gevoeld; naar eigen zeggen trof hij alle mogelijke voorzorgsmaatregelen om diens blik te mijden en geen stommiteit te begaan, zoals in het kinderliedje over dat mannetje. Benjamins 'systeem van voorzorgsmaatregelen... ging altijd op een merkwaardige en geheimzinnige manier voorbij aan het werkelijke gevaar', zegt ze.

Maar ik denk nu dat Walter Benjamin in die nacht in Port-Bou het 'werkelijke gevaar' niet uit het oog heeft verloren. Alleen verschilden zíjn werkelijke gevaar en zíjn realiteit van die van ons. In Port-Bou had hij vast weer eens het bochelmannetje ontmoet, zijn eigen, benjaminse bochelmannetje – en hij moest er op zijn manier mee afrekenen.

Het manuscript kon niet gevonden worden, niet in Port-Bou, niet in Figueras en niet in Barcelona. Alleen de zwarte leren tas werd destijds in het sterfregister vermeld met de opmerking UNOS PAPELES MAS DE CONTENIDO DESCONOCIDO – met papieren van onbekende inhoud.

8

'La route Lister' krijgt een nieuwe naam

We wisten nog niet van Benjamins overlijden.

Mijn schoonzus Eva met haar kind en ik wachtten in Port-Vendres op nieuws van onze mannen. Hadden ze een andere uitweg gevonden? Toen we na een paar dagen nog steeds niets hadden gehoord, besloten we dat we Frankrijk niet zouden verlaten zolang de mannen geen manier hadden gevonden om weg te komen. Het zou bovendien zwaar zijn om met Titi de grens over te gaan, want we zouden het kind grotendeels moeten dragen. Eva schreef een brief aan haar man, een korte brief: 'Ik neem morgen de trein en ga met Titi terug naar Montpellier. Geen sprake van dat wij op vakantie gaan terwijl jij nog dingen te doen hebt in Marseille. *Je t'embrasse tendrement...*'

Tegelijkertijd kwam er een telegram van mijn man uit Marseille: RENTREZ. Spanje had verordend dat alle geldige transitvisa direct moesten worden vernieuwd, anders zouden ze definitief vervallen.

'Overigens, die twee Amerikanen willen met ons praten,' zei Hans na zijn terugkeer. 'Ze schijnen veel haast te hebben.'

'Wat voor Amerikanen?'

'Dat weet je toch, Bohn en Fry. Bohn die door de Amerikaanse vakbonden is gestuurd en Fry van het Emergency Rescue Committee (Emerescue). Zij moeten hun mensen hier helpen.'

'Ik dacht dat dat een groot geheim was?'

'De mensen van Neu Beginnen zijn allemaal al wel het land uit, dan hoeft het niet meer geheimgehouden te worden,' zei Hans. 'Fry heeft nu zelfs een comité opgericht, het Centre Américain de Secours.'

Elke politieke groepering probeerde natuurlijk eerst haar eigen mensen te redden. Vooral niets laten uitlekken, anders verdrong iedereen zich in de reddingsboot en zonk die.

'Wat willen die dan van ons?'

'Ik neem aan dat ze hebben gehoord dat jij Benjamin naar de andere kant hebt geloodst. Misschien willen ze een beschrijving van die nieuwe route, om ook anderen te helpen. Ze willen vanavond met ons afspreken.'

Het was geen heel briljant plan om in een kleine, een beetje viezige bistro in een zijstraatje van de vieux port af te spreken. De twee Amerikanen pasten totaal niet hier. Ze zien er zo opvallend schoon uit, schoot me door het hoofd. Samen met hen kwam Hermant (Albert Hirschmann), die ons had verteld dat hij met Fry werkte.

Fry kwam direct ter zake (we merkten later pas dat Bohn geen Frans verstond): ja, het ging om de route over de grens. Ze wisten dat het nu moeilijk was en dat ik Walter Benjamin over een nieuwe route had geleid. Er wachtten nog veel emigranten die het Centre aan papieren had geholpen. Of ik die mensen wilde helpen, of, nog beter, of wij beiden hen wilden helpen.

'Ja, natuurlijk,' antwoordde ik. 'Ik kan de weg voor u uittekenen en beschrijven.'

Dat was immers precies onze bedoeling, dat die informatie zou worden doorgegeven aan de volgende emigranten.

Fry zei dat zijn vriend Bohn en hij eigenlijk aan iets anders hadden zitten denken. Om honderden mensen die gevaar liepen te kunnen redden was een georganiseerde grensoversteek nodig, met een contactpunt en gidsen die de bergen kenden; het zou iemand van daar moeten zijn, iemand die ervaring had met het grenswerk.

Dat was bijna te mooi om waar te zijn. Het nieuwe comité zou dus helpen bij ons grensplan? Hadden ze een geschikte medewerker? In ieder geval wilden ze het geld opbrengen om daar enige tijd iemand te kunnen stationeren.

Fry en Bohn fluisterden een paar woorden in het Engels. Toen schraapte Fry zijn keel als iemand die op het punt staat een speech te houden. 'Dat is precies waar we het met u over wilden hebben. Het geld zou niet het probleem zijn; het gaat erom de juiste persoon met ervaring aan de grens te vinden; iemand die ertoe bereid is en op wie we kunnen vertrouwen.' Hij schraapte nogmaals zijn keel. 'Ons is verteld dat u beiden antinazistische geschriften en mensen over de Duitse grens hebt gebracht. Zou u een paar maanden...'

'Wij?' vroeg Hans. 'Nee, dat gaat niet.'

'Nee,' zei ik, 'dat kunnen we ons niet veroorloven; nu we eindelijk onze papieren bij elkaar hebben, moeten we maken dat we hier wegkomen.'

'En als dat niet lukt,' zei Hans, 'gaan we ons ergens illegaal verschansen voordat de rest van het land ook wordt bezet. We zouden wel op korte termijn iemand daar kunnen inwerken.' Hans keek me aan. 'Wat denk jij?'

Ik knikte. 'Het zou het beste zijn als we een Fransman konden vinden...'

'Ik beloof u,' zei Fry, 'als u hier vast komt te zitten vanwege het grenswerk, zullen wij u helpen weg te komen.'

Misschien meent hij het wel echt, dacht ik, maar hoe kun je in de huidige tijd zoiets beloven, dus ik zei: 'Misschien schat u de situatie niet goed in.'

Voor de eerste keer greep Hermant in het gesprek in. De bistro was inmiddels leeggelopen en wij waren nog de enige gasten; de *garçon* was naar achteren verdwenen en Hermant praatte in het Duits met ons. Hij zei dat je vertrouwen kon hebben in de twee mannen, ze waren weliswaar nog niet heel ervaren, maar ze wilden leren en helpen, en ze beschikten over de connecties en de middelen.

Fry verstond een beetje Duits, maar hij had wellicht moeite ons te volgen. Misschien had hij Hermant ook verkeerd begrepen.

'*Combien?*' vroeg hij. '*How much?*'

'Wat bedoelt hij?' vroeg Hans. '*Combien* wat?'

'*Combien voulez-vous?*'

Hans keek Hermant aan. 'Denkt hij dat we die mensen voor geld de grens over brengen?'

'Luister,' zei Hermant, 'hij kent jullie toch niet, hij weet nauwelijks wie jullie zijn. Je kunt niet verwachten dat hij de mensen van het Duitse verzet begrijpt. Hij heeft gehoord dat er gangsters zijn die aan de grens goede zaken doen met mensensmokkel; met hen wil hij zich niet inlaten. Maar hij vindt het blijkbaar helemaal in orde als jullie ervoor betaald willen worden.'

Hans nam Fry op. 'Weet u,' zei hij, 'dat medeplichtigheid aan het illegaal passeren van de grens door mannen van dienstplichtige leeftijd nu met de dood wordt bestraft? En u biedt ons geld aan. We zouden wel gek zijn. Weet u eigenlijk wat een antifascist is? Begrijpt u het woord "overtuiging"?'

Fry begreep dat hij iets verkeerds had gezegd. 'Ik dacht aan de vele mensen die de grens over moeten worden gebracht – en u kunt hen helpen.' Dat met dat geld moest een misverstand zijn.

'Wie er ook bij de grens gaat zitten,' zei Hans, 'diegene heeft wel genoeg geld nodig om daar te leven. Het hoeft niet veel te zijn, maar het moet genoeg zijn om het allemaal soepel te laten verlopen. Ook moet er een reserve zijn voor een noodgeval, mocht er een keer iets niet goed gaan met de vluchtelingen.'

Fry dacht dat het het beste zou zijn als het comité het nieuwe contact aan de grens de vrije hand liet om de vluchtelingen naar behoefte van geld voor de reis te voorzien. 'Als u de oversteek via de nieuwe route organiseert,' zei hij, 'hoe noemt u die dan? La route – laten we die vanaf nu *the F-route* noemen. Wij kunnen de financiële middelen verschaffen.'

Dat klinkt allemaal heel redelijk, dacht ik, maar wat heeft dat 'F-route' te betekenen? Hij doet net alsof we al hebben toegezegd.

'Mijn vrouw en ik moeten er nog even heel goed over nadenken,' zei Hans, waarna hij opstond.

'Ik geef u mijn woord,' zei Fry nog een keer, 'dat we u zullen helpen aan visa te komen.'

Het zou onverantwoordelijk en lichtzinnig zijn om nu onze emigratieplannen maar gewoon te laten vallen. Dat met die beloofde visa was allemaal onzin. Waar niets is... Misschien waren ze netjes en zouden ze echt hun best doen, maar om daarop te vertrouwen...

Deze kans om een contactpunt aan de grens te organiseren konden we ons echter niet laten ontgaan. Misschien konden we er iemand voor vinden. Maar kwam dat er in principe niet op neer dat wij het risico niet wilden nemen, dat anderen het maar moesten opknappen?

Op ons wachtte de Gestapo al te lang.

Van de andere kant: mijn broer en onze vrienden zouden ons inseinen als er nieuwe mogelijkheden ontstonden; we waren niet helemaal geïsoleerd.

Moesten we het erop laten aankomen?

Nog één laatste keer dan.

9
Banyuls-sur-Mer
(dagboekaantekeningen uit 1940/1941)

12 oktober 1940

Een goed voorteken: in de trein van Marseille naar Perpignan werd niet gecontroleerd.

We bleven een hele dag in Perpignan. De Pfemferts waren al onderweg naar Mexico, maar we hadden nog wat kennissen in de stad. We wilden daar vooral kijken hoe het zat met de mensensmokkel en of we nuttige contacten konden leggen.

De emigranten zaten overal, ook in alle cafés, net als in Marseille, maar ze vielen meer op, omdat de stad zo klein was. Op de Cannebière werd van alles rondgefluisterd, maar hier werden dezelfde soort nieuwtjes open en bloot doorverteld. Op de caféterrassen werd van tafel naar tafel geroepen hoe hoog de zwarte dollar stond, wie er wilde kopen en waar verkocht werd.

'... voor honderddollarbiljetten wordt drie keer zoveel betaald...'

'Wie heeft er nou honderddollarbiljetten,' zei ik tegen Hans.

'Zwartgeldhandelaren,' zei hij, 'heb je overal, dus waarom niet ook onder de emigranten? En zelfs als het alleen maar luchthandel en luchtverkopers zijn, dan geeft het hun in elk geval de illusie dat alles doorgaat zoals altijd.'

Ook de mensensmokkelaars deden onbekommerd zaken. *Vijftienduizend frank – honderdvijftig dollar – privégids – diplomatenauto, gegarandeerd tot Portugal – zeewaardig schip naar Gibraltar, je kan overboord springen en ernaartoe zwemmen – Navycert, helemaal echt – zo zoemde het door* de zuidelijke herfstlucht.

Trude, die onlangs was getrouwd, zat er met haar man, hij heette Laufer, en breide een babyvestje. Dat zij ooit zou breien had waarschijnlijk nooit iemand verwacht. Ik vond haar ook in andere opzichten veranderd, ze giechelde niet meer, praatte weinig en leek helemaal gefocust op het lichtgele vestje. Haar man vertelde ons dat ze alles voorbereid hadden voor de emigratie, maar juist nu liepen de zaken uitstekend; daarom wilden ze hier blijven, tot het tijd was om weg te wezen.

'Dat zou kunnen betekenen: tot het te laat is,' zei Hans. 'De situatie kan bliksemsnel veranderen, niemand kan plotseling nieuwe verordeningen voorspellen, of de bezetting van het zuiden, of god mag weten wat... Wie zijn papieren en zijn verstand op orde heeft, maakt dat hij hier wegkomt.'

'Jullie kennen me niet,' zei de jonge man, 'alles is voorbereid, ons krijgen ze niet te pakken.'

Hij praatte het zichzelf echt aan, hij wilde het geloven; ze waren niet te redden. Laufer werkte met mensen die vluchtelingen voor hoge bedragen over de grens lieten brengen door lokale bewoners. Hij had ons verteld over emigranten wier geld en laatste bezittingen waren afgepakt, en die vervolgens in de bergen in de steek waren gelaten. (Trude Laufer werd een jaar of twee later samen met haar kind opgepakt, ze werden naar Auschwitz gedeporteerd en omgebracht.)

Deze dag in Perpignan was leerzaam. Opgepast! Geen enkel contact met dat gespuis!

Hier in Banyuls-sur-Mer zijn we in een geweldig huis ondergebracht, direct aan de Middellandse Zee. Burgemeester Azéma, monsieur le maire, heeft er in naam van de gemeente resoluut beslag op laten leggen en er het Centre d'Hébergement de Banyuls pour les Réfugiés van gemaakt. Die 'refugiés' zijn wij. We kunnen ons toekomstige 'bezoek' daar gemakkelijk onderbrengen.

Het huis is van een dokter die hier al een hele tijd niet meer is geweest en die tijdens de oorlog verdwenen is. Het heeft drie verdiepingen met oneindig veel kamers met prachtige lambrisering, ingebouwde kasten en fantastische haarden, maar... geen water binnenshuis en geen wc! De vrouw die ons vanaf de mairie hierheen begeleidde, zei: 'Dat vindt u vast niet erg, voor het huis, aan de overkant, zijn de openbare cabinets.'

We hebben de mooiste kamer op de tweede verdieping gekozen. De zee is zo dicht bij het raam dat je je hand er praktisch in kunt steken. In onze kamer is veel zon en verder was er helemaal niets. Nu hebben we er een groot bed, een tafel en twee stoelen uit andere kamers in gezet. In de wandkasten liggen dekens en zelfs wat beddengoed.

Ik vond het er echter nog steeds te kaal uitzien en heb mijn hoofddoek, die kleurige, afgedaan en over de tafel gelegd, gladgestreken en er een schaal op gezet, en nu ziet het er bijna huiselijk uit. Hans lacht me uit om mijn tafelkleed.

13 oktober

We hebben lang met monsieur Azéma zitten praten. Hij is blij dat we zijn gekomen en een tijdje zullen blijven. Hij heeft ons voornamelijk verteld over de leefgewoonten van de mensen hier, hoe je je aanpast en wat je níét mag doen. Als we 's morgens voor zonsopgang, tussen vier en vijf, tegelijk met de wijnboeren vanuit het dorp de heuvels in trekken, als we in niets van hen verschillen, geen bagage dragen – *et surtout pas de rucksack!* (de rugzak is een spreekwoordelijk kenmerk van de Duitsers) –, kan geen gendarme en geen grenswacht ons onderscheiden van de plaatselijke bewoners. We moeten espadrilles dragen omdat je op de paden met losse stenen en bij het beklimmen van de wijnbergen met gewone schoenen niet genoeg grip hebt.

14 oktober

Vandaag zijn we 'gelegaliseerd', onder onze eigen naam. De valse Franse cartes d'identité van het Centre in Marseille (die ons tot inwoners maken van de *zone interdite*, de 'verboden zone' in het noordoosten van Frankrijk, voor wie het verboden is daarheen terug te keren) zouden we alleen tegenover de Duitsers en alleen in geval van nood gebruiken. Monsieur Azéma heeft op briefpapier van de mairie in een handgeschreven verklaring bevestigd dat we inwoners van Banyuls zijn; dat is nu ons identiteitsbewijs. Vervolgens heeft hij ons door de secretaris in het bewonersregister van Banyuls laten zetten, waardoor we onze levensmiddelenkaarten kregen. Voor de vluchtelingen zal Azéma extra bonnen kunnen regelen, voor het geval ze een paar dagen hier moeten wachten.

Ik heb de burgemeester nu pas echt goed bekeken; een paar weken geleden werd ik immers te veel in beslag genomen door andere dingen, vooral door Walter Benjamin. Zoals de meeste mensen uit deze streek is de burgemeester tamelijk klein en heeft hij brede schouders, donker haar en scherpe gelaatstrekken. Het opvallende aan hem zijn zijn intelligente, donkere ogen. Zonder aan zijn vanzelfsprekende waardigheid afbreuk te doen knipoogt hij af en toe schalks naar ons.

15 oktober

Ik liet Hans la route Lister, de F-route, zien, de weg die ik met Walter Benjamin heb afgelegd en die we nu voor de vluchtelingen gaan gebruiken. Hans heeft alles nauwkeurig bestudeerd. Ons pad wordt daadwerkelijk aan het oog onttrokken door de overhangende berg en is vanaf de kam, waar de grenswachten patrouilleren, niet te zien.

De laatste huizen van Banyuls voor de steile helling de Pyreneeën in

In het begin, om vier uur 's morgens, had ik het koud, maar tijdens het lopen krijg je het warm. Bij het verlaten van Banyuls, nadat je het zilverkleurige riviertje bent overgestoken, loopt de weg door Puig del Mas, een groep huizen tussen hoge bomen. Dat was het oorspronkelijke dorp waaruit het huidige Banyuls is ontstaan. Op die plek letten de grenswachters het beste op, heeft Azéma ons gewaarschuwd. We zijn in het donker tussen de mensen gaan lopen die naar de hoger gelegen wijnbergen gingen. De wijnboeren hebben een spade waaraan een korf hangt voor de aarde; Hans gaat ter vermomming zo'n *cabec* kopen, zoals die hier wordt genoemd. (Het is me nu pas opgevallen dat de mensen Catalaans met elkaar praten, en we verstaan alleen af en toe een woord. Met ons praten ze in het Frans, zoals met alle étrangers. Wat goed dat iedereen die hier niet vandaan komt een étranger is, of je nu een Fransman uit een andere streek bent of een apatride.)

Dicht bij de eerste huizen van Puig del Mas staat een oude muur, rond en laag, de stenen zijn half overwoekerd. We zagen ze bijna tegelijkertijd, *les douaniers*, we hebben allebei goede ogen: tussen de bomen en bosjes achter de muur, tegen de donkergrijze lucht, twee zwarte cape-silhouetten. Zouden ze altijd op die plek op de loer liggen?

Later, hoger op de berg, vergiste ik me op dezelfde plek als een paar weken eerder met Walter Benjamin in de weg. Daar is de heuvel die me het zicht op de zeven pijnbomen op het plateau ontneemt, die anders altijd de richting aangeven, en het pad is nauwelijks te zien. Hans heeft met zijn speurzin snel de weg teruggevonden. Ik besef nu hoe ver ik met de Benjamingroep al in Spanje was; ik heb de kleine grijze steen die de grens aangeeft toen helemaal niet gezien.

Ik heb Hans niet van tevoren verteld over de bergtop vanwaaruit je aan beide kanten van de rotswand de twee kusten overziet, omdat ik hem wilde verrassen. Toen we er aankwamen, stak hij zijn hand naar me uit om me naar boven te helpen. Toen keek hij naar voren en het uitzicht moet hem wel echt gegrepen hebben; in elk geval liet hij mijn hand los en ik gleed terug. Gelukkig was er een stuk rots waaraan ik me kon vastgrijpen. We hebben een tijdje alleen maar zitten kijken. Dat beeld zal me altijd bijblijven.

Die keer zijn we vlak na de grens omgekeerd. We kunnen de vluchtelingen nu de rest van de weg nauwkeurig beschrijven; we mogen niet het risico nemen om op Spaanse bodem te worden gepakt.

Op de terugweg gingen we op het plateau zitten waar ik ook met het Benjamingroepje had uitgerust. De zon stond hoog, het was heel stil. Plotseling had ik het idee dat ik iets hoorde ritselen. Hans dacht dat ik

De baai van Banyuls (foto uit 1973).
Op de achtergrond de uitlopers van de Pyreneeën

me vergiste. Toen hoorde ik het geluid nog een keer en nu hoorde hij het ook, het kwam vanaf de kant waar de berg steil afliep. We staarden allebei naar die plek – een dier misschien? Dan zie ik iets ronds en donkers heel langzaam boven de rand verschijnen en snel weer wegduiken. We blijven zitten staren en nu komt het langzaam weer omhoog, iets hoger: het is een muts, daaronder twee donkere ogen, en bliksemsnel duikt de gedaante weer naar beneden. *'Bonjour monsieur,'* zeg ik in de stilte. Meteen duikt hij weer op: muts, ogen, een heel lange neus, een gezicht met scherpe trekken. Dan de rest: een magere, gespierde man, helemaal beladen met pakketten die hij om zijn lichaam heeft gebonden. We grijnzen elkaar aan. Eerst peilt hij ons even voorzichtig, waarna hij gaat zitten en we met elkaar aan de praat raken. Hij moet een smokkelaar zijn, dat is ons wel duidelijk, nu moet hij er nog achter zien te komen wie wij zijn en wat wij hier doen. Dat we vreemdelingen zijn en geen professionele smokkelaars weet hij natuurlijk. Maar wat hij zich afvraagt: willen wij zelf de grens over of gidsen we vluchtelingen? In elk geval laat hij ons weten: 'Niemand kent het hier zo goed als ik', en hij kijkt of we toehappen. Natuurlijk spitsten we onze oren. Hij was een Griek, vertelde hij ons, die voor zijn 'hoofdinkomen' bij de spoorwegen werkte. 'Misschien zouden we samen veel geld kunnen verdienen.'

Hans antwoordt ontwijkend: 'Voor ons gaat het niet zozeer om het geld.'

'*Voyons,*' roept de Griek verbaasd, '*il faut manger, quand même, toi et moi!*' – Jij en ik, we moeten tenslotte toch allebei eten!'

18 oktober

Maurice, onze contactpersoon bij het Centre Américain de Secours in Marseille, kwam gisteren om met ons te bespreken wanneer we de eerste vluchtelingen over de grens kunnen leiden. Maurice is een Roemeen en en règle met zijn papieren, waardoor hij kan rondreizen. We weten de weg nu heel precies (we hebben de route nogmaals gelopen) en alles is voorbereid: het Centre kan ons volgende week twee keer iemand sturen. We hebben afgesproken dat er niet meer dan drie personen tegelijkertijd worden gestuurd, omdat het risico anders te groot wordt. Voor de zekerheid zullen ze ons vooraf laten weten wie ze sturen; de mensen die volgende week komen kennen we. In alle andere gevallen zullen ze ons een helft van een doormidden gescheurd vel papier sturen en nemen de vluchtelingen de andere helft mee; deze oude, eenvoudige methode is nog altijd tamelijk betrouwbaar. Een van ons zal vluchtelingen die we kennen afhalen van het station; de anderen geven ze in Marseille een goede beschrijving van de weg naar ons huis, en de namen Jean en Lise. Maurice heeft genoeg geld gebracht, zodat we degenen die het nodig hebben reisgeld kunnen geven.

De mensen in het dorp beginnen ons te groeten. Zeker, enkelen van hen zijn nieuwsgierig, maar ze zijn vriendelijk, praten graag en hebben blijkbaar niets tegen ons. Met onze Griek kunnen we misschien paden vinden om ouderen en gehandicapten naar de andere kant te brengen; we moeten alleen wel eerst zeker weten in hoeverre hij te vertrouwen is, en bovendien wil hij geld, geld, geld: il faut manger...

Azéma wil ons helpen de bagage van de vluchtelingen legaal over de grens te krijgen. Dat zou veel dingen gemakkelijker maken.

Deze week hebben we drie keer mensen over de grens gebracht en vorige week twee keer. Hans heeft Fry in Marseille geschreven: '... het gaat goed met ons, onze vrienden hebben geen problemen... We hebben veel plezier in het bergbeklimmen, maar we willen niet overdrijven en het liefst niet vaker dan twee keer per week een uitstapje maken... de mensen hier zouden ons voor gek verklaren als we voortdurend in de bergen gingen klimmen...'

De avond van tevoren gaan we met de vluchtelingen om de tafel zitten om alle details te bespreken: niet praten tot we in veilig gebied zijn; niets meesjouwen, niet opvallen; hoe praat je je er het gemakkelijkst uit als er iets misgaat. We beschrijven hun de overtocht om de angst voor het onbekende weg te nemen. We nemen nog een keer met hen door wat ze aan de Spaanse kant moeten doen: afdalen, douane, inreisstempel (onthoud: dat heet een *entrada*), trein naar Portugal. Een paar kledingstukken moesten worden vervangen, je gaat niet in een nette jas naar je werk in de wijnbergen.

Hans wacht 's morgens voor zonsopgang op een hoek van de Avenue Puig del Mas; als onze vrienden verschijnen en een arm opsteken ten teken dat ze hem zien, loopt hij langzaam voor hen uit. Hier mag nog geen contact zijn, maar hij houdt ze in het oog. (Geen gefluister, alsjeblieft!) Ik loop achter hen, zodat ik kan ingrijpen als dat nodig mocht zijn. We zijn vertrouwd met de route en telkens weer verheug ik me op het uitzicht over de zee vanaf de bergen. Als er iemand zenuwachtig is (waar we altijd rekening mee moeten houden), komt diegene doorgaans in de bergen tot rust. Voor de jongere mensen die we tot nu toe hebben begeleid is de weg geen probleem; je zou bijna kunnen spreken van een leuk uitstapje.

Het laatste stel had een koffer bij zich, ondanks de waarschuwing van het Centre. De vrouw, Lotte, wilde er geen afstand van doen. We kunnen toch niet gewoon maar hier weggaan zonder een paar dingen mee te nemen, klaagde ze. Max, haar man, beweerde dat hij de koffer gemakkelijk met zich mee kon dragen over de bergen.

'Laten we het niet over het dragen hebben,' zei Hans, 'het is een kwestie van veiligheid. Wat is jullie meer waard, jullie leven of die lompen daar?'

Ik kan de angst begrijpen om met niets naar het onbekende te gaan, maar zulk medelijden zou ons duur kunnen komen te staan. Uiteindelijk hebben we voorgesteld de koffer bij wijze van proef mee te laten gaan op het transport waar Azéma het over had gehad. Nu wachten we op nieuws over hoe dat is afgelopen.

Het begint al kouder te worden. Soms waait de *tramontana*, een wind die dwars door je heen gaat, vanuit het noordwesten over de bergen. We hebben niets warms om aan te trekken en er is vrijwel niets meer te koop. Hans maakt het niet zoveel uit, maar ik heb het altijd snel koud. We hebben het Centre laten weten dat de mensen warme truien of jassen aan moeten doen. Op de terugweg sprokkelen we meestal hout, dat Hans op zijn rug naar huis draagt. We hebben het echt nodig om vuur te maken in de haard (niet alleen om te verwarmen, we koken er ook boven, net als de plaatselijke bevolking, de pan hangt aan een haak boven het vuur). Maar het is vooral een goed alibi. Hans is weer eens een kameleon: met zijn alpino en espadrilles kan zelfs ik hem van een afstandje niet onderscheiden van de lokale mannen.

Op de dagen dat we niet de bergen in gaan, zit hij urenlang op een rots die uitsteekt in de zee. De golven, zegt hij, verdrijven de innerlijke spanning, het zachte geruis geeft hem rust.

Inderdaad voert hij geen lange gesprekken meer in zijn slaap, zoals hij dat aan de grenzen vaak deed.

4 november

Het lukt met het bagagetransport! We hebben het door Max ondertekende ontvangstbewijs voor de koffer gekregen. De eenvoudigste manieren zijn toch altijd de betrouwbaarste; je moet alleen de juiste lijntjes uitzetten.

De burgemeester van Cerbère (de Franse grensplaats), monsieur Cruzet, is een socialist en hij is bereid om te helpen; bovendien heeft hij een transportbedrijf. Zijn zakenpartner is de burgemeester van Port-Bou (de Spaanse grensplaats). We geven de bagage (niet te veel!) hier mee de trein mee op transport naar expeditiefirma Cruzet in Cerbère. Vanaf daar gaat die direct verder naar het filiaal in Port-Bou, waarna de bagage door de douane wordt geloodst en op het station van Port-Bou wordt opgehaald door onze mensen. Natuurlijk hoort daar een 'samenwerking' met de douane aan beide kanten bij – ze hebben momenteel liever sigaretten dan geld.

Hans is naar Cerbère gereisd om alles met Cruzet uit te werken. Eigenlijk mocht dat niet zonder de juiste papieren, want de grenscontrole in de trein is tussen Banyuls en Cerbère, en soms snuffelt de Wapenstilstandcommissie er rond. Maar er moest gewoon iemand van ons naartoe, en dus is hij erheen gegaan, samen met zijn nieuwe hulpje, de jonge Meyerhof, de achttienjarige zoon van de natuurkundige, die wij inmiddels hebben opgevangen; hij zit hier een beetje eenzaam en alleen te niksen. Zijn ouders zijn al een tijdje geleden de grens overgegaan, maar hij heeft nog niet de juiste papieren, en dus zit hij hier maar te wachten. Monsieur Azéma vertelt met groot genoegen het verhaal over hoe hij, monsieur le maire de Banyuls, de vrouw van Nobelprijswinnaar Meyerhof op zijn rug naar Spanje heeft gedragen, omdat het pad langs de begraafplaats te lastig was voor haar.

De jongen staat te popelen om iets te doen en wil met ons meewerken, en wij kunnen alle hulp gebruiken. Hij heeft een carte d'identité en is 'en règle', en alleen dat is al veel waard. Toen de douaniers en grenswachten vlak voor Corbières in de trein stapten, liet eerst Meyerhof zijn papieren zien. De gendarme was iemand met wie we regelmatig lunchten in het restaurantje aan de kade. Hans wilde de brief laten zien die moest bewijzen dat hij een inwoner was van Banyuls, maar zover kwam het niet – de gendarme stak afwerend zijn hand op: '*Mais non, monsieur, pas vous!*' Geluk moet je hebben. Is het echt alleen maar geluk?

7 november

Het echtpaar dat ze ons nu hebben gestuurd kan het bergpad onmogelijk afleggen, ze zijn te oud en bovendien ziek, en ze zien ook slecht.

Drie mogelijkheden: met de trein, met de boot om de kaap of met een muildier over de bergen. Het plan met het muildier hebben we als eerste verworpen; ten eerste komt het idee van een man die altijd met ons probeert aan te pappen op het strand en blijkbaar met de mensensmokkelgangsters in Perpignan werkt; ten tweede zouden die mensen van het muildier vallen en ten derde is er in geen velden of wegen een muildier te bekennen.

Het transport met het bootje blijkt te gecompliceerd; bovendien zouden er te veel mensen bij betrokken zijn. Die connectie hebben we via havenarbeiders in Port-Vendres. Er is zelfs een havenloods bij betrokken. Het schijnen wel goede mensen te zijn en misschien kunnen we voor later iets eenvoudigers, veiligers op touw zetten.

Dus rest ons voor nu de trein.

10 november

'Onze Griek' (hij heet Gratacos of zoiets) is machinist. We hebben weliswaar iets kunnen afdingen op zijn prijs, maar hij vraagt nog steeds onbehoorlijk veel ('il faut manger'). Hij is echter betrouwbaar gebleken en is buitengewoon slim – en hij riskeert veel.

We hebben ons probleemechtpaar ondergebracht in de herberg aan het dorpsplein, schuin tegenover de mairie; met de waard zijn we bevriend geraakt en hij knijpt een oogje dicht als we iemand bij hem komen brengen, dat wil zeggen dat hij niet naar papieren vraagt. Ons huis is voor sommige mensen toch te primitief.

De trein naar Spanje rijdt door een internationale tunnel. De Spaans-Franse grens loopt een paar honderd meter voor het einde van de tunnel. Gratacos kan tot daar met zijn locomotief rijden, maar daar heeft hij wel een voorwendsel voor nodig.

Vanmorgen vroeg heeft hij zijn hulpje naar ons gestuurd: vanavond om tien over acht. We hebben ons vluchtelingenpaar al eerder verteld hoe het zal gaan. Ze waren het ermee eens. Als ze uit de locomotief stappen, zien ze het licht aan het eind van de tunnel. Ze moeten op dat korte stukje te voet aan de rechterwand blijven voor het geval er een trein van de andere kant doorheen komt, wat volgens de dienstregeling echter niet waarschijnlijk is. Dan zijn ze op Spaans grondgebied en melden ze zich bij de grenspost.

Natuurlijk was het stel zenuwachtig (wij ook), maar ze waren niet lastig. 's Middags hebben we met hen op een bankje onder de palmen op het strand gezeten en over allerlei dingen gekletst, alleen maar om ze af te leiden. De vrouw hield de hele tijd de hand van haar man vast en ik vroeg me af: wie leunt hier op wie?

's Avonds. We hebben nog gezien hoe onze Griek de twee de locomotief in hielp. Daarna zijn we naar huis gegaan; we hadden hem beloofd niet op het station te blijven hangen. En nu wachten we.

Tweede van rechts Hans Fittko, derde van rechts Lisa Fittko

Gratacos zal ons laten weten hoe het gegaan is zodra hij terugkomt. We hebben de vluchtelingen ook een aan ons geadresseerde brief meegegeven die ze aan het einde aan hem zullen meegeven ten teken voor ons dat het goed gegaan is, maar daar weet hij natuurlijk niets van.

Hans heeft zijn horloge voor zich liggen en kijkt er voortdurend op. We moeten ervan uitgaan dat het al met al minstens een uur zal duren voor we iets horen.

'Ze moeten minstens vijf minuten geleden bij de grens zijn aangekomen,' zegt Hans, eigenlijk vooral tegen zichzelf. 'Hij heeft beloofd te zullen wachten tot ze de tunnelwand hebben gevonden. Nu kunnen ze daar op de tast langslopen, ook al zien ze niet veel. Hoelang, denk jij, hebben ze nodig om vandaar bij de uitgang te komen?'

Dat doet Hans altijd, hij 'loopt mee' als hij iemand op een gevaarlijke tocht heeft gezet.

'Nu zijn ze vast wel bij het eind van de tunnel. De grenspost is maar een paar minuten verderop.'

Later. Na een lange veertig minuten hoorden we voetstappen op de trap. Het was het hulpje van de Griek. Hij heeft onze brief teruggebracht.

Daar kan geen muildier tegenop.

Het echtpaar Grötzsch van de Sopade hebben we goed naar de andere kant gebracht, het ging alleen een beetje langzaam. Ze zijn nu eenmaal niet meer zo jong. Ze deden ons de groeten van Fritz Heine; er komt nu een hele reeks vrienden van hem met een visum voor de vs.

Gisteren hebben we nog met elkaar zitten praten – dat het er nu op aankomt vol te houden tot het einde van het Duizendjarige Rijk, om dan bij ons thuis op te ruimen, 'maar deze keer grondig, voor de hele toekomst, en niet zoals in 1918', heeft Hans nog gezegd. 'We zijn vluchtelingen, geen emigranten, vergeet dat niet daarginds...'

Morgen zijn de Biebers aan de beurt. Hans vindt dat hij nu ook wel af en toe zonder mij kan gaan. Het klopt dat ik het altijd koud heb als de tramontanawind waait, en ik denk dat het komt doordat er zo weinig te eten is. Bovendien: hoe minder mensen in gevaar worden gebracht, hoe beter. Hans kent de weg nu net zo goed als een lokale smokkelaar. De *vignerons* in de wijnbergen onderweg kennen ons al, en soms vertelt er eentje ons, heel terloops, wat de beste route naar de grens is en waar je beter niet kunt komen.

Er is steeds minder etenswaar te koop. Omdat we nu half als lokale bewoners gelden worden we hier en daar geholpen. Net als de anderen ga ik 's morgens naar de paar winkels om te kopen wat er ook maar mag zijn. Als ik helemaal niets weet op te snorren, proberen we het in het restaurantje aan de kade, waar ook de gendarmes en soms de douaniers eten; de patron neemt geen bonnen aan van ons. Soms blijven we dan nog een tijdje hangen en drinken zoete banyulswijn met de gendarmes.

Om zes uur ga ik naar mijn avondvoorstelling in de melkwinkel om de hoek. Ik daal met mijn kannetje maar zonder bonnen de paar treden af en nog voor ik goed en wel in de winkel ben, roept het ronde vrouwtje met het witte schort in het mooiste *méridional*: '... pas une goutte, pas une goutte!' – niet één enkele druppel heb ik! 'Tant pis,' zeg ik terwijl ik me langzaam omdraai. 'Attendez,' roept ze, 'waar rent u nu naartoe?' Ik draai me half weer terug, ze pakt het kannetje uit mijn hand en bromt: 'U rent altijd meteen weg, comme une folle!' Dan loopt ze naar de achterkamer om vervolgens weer terug te komen, met mijn kannetje gevuld met melk. Ik kan mijn verbazing nauwelijks onderdrukken, ik bedank haar, betaal, en dan zeggen we allebei: 'Bonsoir, madame, à demain' – tot morgen.

Vorige week is alles zo goed verlopen. Eerst zijn Heinz Pächter en zijn vriendin gekomen. Hans is alleen met hen gegaan en was erg snel terug. Fantastisch, zei hij, stel je eens voor, we waren binnen twee uur boven! Dat krijg je toch alleen met jonge, sterke mensen voor elkaar, maar zelfs dan alleen als ze zich gedisciplineerd gedragen.

Daarna volgde een tamelijk jong stel met een twaalfjarige dochter, dat vol goede moed en blij was dat ze uit de val konden ontsnappen. Deze keer ben ik weer meegegaan. Ik denk dat Hans zich zekerder voelt als hij rugdekking heeft. Ook het meisje had geen moeite met de wandeling, ze was heel trots op de rode espadrilles met geborduurde gouden bloemen die ze voor de klimtocht door de Pyreneeën had gekregen. Weer een paar mensen in veiligheid.

Maar gisteren! Twee jongere vrouwen, zo op het oog gezond en monter. Juffrouw Schulz en juffrouw Lehmann, beiden waren vroeger secretaresse bij het SPD-bestuur. (De vrouw van Otto Wels is met hen meegekomen, maar zij moet eerst herstellen van een zware geelzucht en op een gemakkelijkere manier worden vervoerd. We hebben haar voorlopig ondergebracht bij kennissen.)

Hans zei dat hij me echt niet nodig had en hij vertrok met die twee zoals gewoonlijk voor zonsopgang, hij een paar meter vooruit en de twee vrouwen vlak achter hem. Ze waren al behoorlijk hoog in de bergen, alles leek in orde, de zon stond aan de hemel, en ze kletsten met elkaar. Op de plek waar ons pad dicht bij het patrouillepad komt, zei Hans net als altijd dat ze vanaf daar stil moesten zijn. En toen begon juffrouw Lehmann opeens te snikken, ze liet zich gillend op de grond vallen.

'We hebben geprobeerd haar tot bedaren te brengen,' vertelde Hans me later, 'maar ze hield niet op met huilen: "Ik ga niet verder, ik wil hier doodgaan!" Ik zei tegen de andere: "Maak haar beha los en haar riem en wat ze verder nog mag dragen, zodat ze lucht krijgt; het komt vast door de hoogte." Maar dat hielp ook niet. Ik probeerde op haar in te praten, ze begon steeds harder te gillen. Stel je voor, als de douaniers daarboven haar hoorden en een man met twee jongedames midden in de bergen zouden vinden, van wie er één haar blouse open had, huilde en op de grond lag te kronkelen... "Wees toch alsjeblieft stil, sta alsjeblieft weer op," zei ik tegen haar. "Ik ga niet meer verder, ik ga hier dood," jammerde ze. Het zweet brak me uit. Toen dacht ik: ze is toch een echte Duitse, die juffrouw Lehmann van de SPD – dus ik trok haar aan haar kraag overeind, schudde haar door elkaar en brulde als een sergeant tegen haar: "HIER WORDT NIET GESTORVEN! VOORWAARTS! MARS!"'

Ik moest lachen. 'Ja, en toen?'

'Toen ging ze dus maar niet dood en hield ze op met jammeren, waarna we gewoon verder zijn gelopen. Bevel is bevel.'

27 november

Er is vanaf nu iets nieuws in ons huis, het *centre d'hébergement*: af en toe komen er mensen, jongemannen, alleen of in tweetallen, van wie sommigen alleen Spaans spreken; na een paar dagen verdwijnen ze weer. We willen graag meer over hen weten, maar ze lijken elk contact te schuwen. Ze hebben vast geen papieren.

Veel gevoel voor schoonheid hebben ze ook niet: als ze het koud hebben, slopen ze gewoon de prachtige eikenhouten deuren en wandkasten eruit en stoken die op in een van de open haarden. Daarnet zagen we dat de twee die vandaag verdwenen zijn een gat hebben gebrand in het plafond boven de haard in een van de kamers. En vorige week vroeg iemand me een schaal te leen, en toen hij die teruggaf rook die heel eigenaardig, de geur hing in het hele huis.

'Borax,' zegt Hans, 'om te ontluizen. Schaamluis.' Mijn enige schaal. Hulpvaardigheid heeft haar grenzen.

28 november

We zijn net de kade af gelopen om te kijken of er in ons restaurant iets te eten is, want in de winkels hebben we niets kunnen krijgen. De zon schijnt. Zoals altijd zijn op het dorpsplein de *boulomanes*, de manische jeu-de-boulesspelers, druk bezig met de loop van de kleine metalen ballen. Ze winden zich op, ze lachen en schelden in het Catalaans. Plotseling is er een auto te horen; dat is tegenwoordig een zeldzaamheid, er is immers nog maar nauwelijks benzine. Er verschijnt een zwarte limousine, die stopt. Zwarte uniformen, zwarte laarzen stappen uit. De Wapenstilstandcommissie, *la gestapo* van de 'vrije' zone. Die houdt zich nu veel op in de buurt van de grens, de mensen kennen hen. Misschien willen ze hier lunchen. Ze glimlachen naar de spelers, die met de epauletten groet amicaal; ze komen eromheen staan om naar het spel te kijken. De ogen van de spelers volgen gespannen de ballen; niet één van hen kijkt op. Het geroep en gelach zijn verstomd. Dan draait de een na de ander zich om, zwijgend, niemand werpt een blik op de boches – ze bestaan niet. Het is heel stil. De mannen kijken recht vooruit en gaan langzaam huns weegs. Op het plein, tussen de zwarte laarzen, ligt één enkele kleine bal. Die glimt in de zon en de stralen schieten alle kanten op.

'Instappen en doorrijden!'

30 november

Monsieur Azéma, onze gekozen burgemeester, is in alle stilte uit zijn ambt gezet en vervangen door een man van de regering-Pétain. De nieuwe maire is een of andere *collabo*-ambtenaar die niet eens hier uit de streek komt. Overal worden nu mensen vervangen, vooral de socialistische burgemeesters, om maar te zwijgen van de communisten.

Azéma is sindsdien niet meer gezien. Hij is niet meer zoals vroeger aan het strand of in de haven, waar hij mensen groette en af en toe met iemand een babbeltje maakte, net als ieder ander mens.

Nu herinner ik me wat hij in het begin heeft gezegd: 'Op een dag ben ik hier misschien niet meer.'

2 december

Maurice komt om de paar weken. Door hem weten we dat tot nu toe al onze vluchtelingen goed overgekomen zijn. De Spaanse grensautoriteiten hebben geen problemen meer gemaakt, niemand is op de doorreis gearresteerd. Een deel van de vluchtelingen zit nog in Portugal; die met een *emergency*-visum voor de vs zijn bijna allemaal al in New York.

Maurice en wij proberen de wekelijkse emigrantenquota te plannen – niet te veel in één keer, maar degenen die het meeste gevaar lopen zo snel mogelijk. Het is bekend dat er soms politieke en persoonlijke redenen meespelen bij het selecteren. 'Als iemand maar bij de juiste groep of fractie hoort, moet zelfs de laatste oudtante met voorrang worden gered,' zei Hans tegen Maurice. We hebben hem te verstaan gegeven dat we ons niet voor politieke gewetenloosheid zullen laten misbruiken. Hij lijkt in dat opzicht echt naïef; hij is geen Duitser en kent de intriges en spanningen onder de politieke emigranten niet.

We hebben het er ook over gehad hoelang we nog hier zullen blijven. Het Centre begeleidt nog enkele honderden mensen die heel veel gevaar lopen (onder wie personen die op de uitleveringslijst staan), voor wie visa moeten worden geregeld. Dat zal maanden duren – als er nog zoveel tijd is.

Maurice heeft een brief van mijn broer Hans bij zich. Onze vriend Edmund was in Parijs en heeft mijn vader en moeder bezocht. Moeder is begonnen voor mensen te naaien, en vader geeft lessen Duits. Veel mensen willen nu Duits leren. Onze ouders blijven weigeren naar de onbezette zone te komen. De rest van Frankrijk zal binnenkort ook wel bezet worden, zegt vader, en waar moeten we dan van leven, als we allemaal geen inkomen hebben?

Ik kan er maar niet bij met mijn verstand. Destijds in Berlijn, voorjaar 1933, hebben ze zo snel besloten alles achter zich te laten, maar dat was zeven jaar geleden. Zeven zware jaren. Je wordt waarschijnlijk traag, later in je leven.

4 december

De secretaris van de mairie is langsgekomen om me te vertellen dat de maire me wil spreken, ik moet over een uurtje langskomen en mijn papieren meenemen. Over Hans heeft hij niets gezegd. Hans is vanmorgen vroeg met twee vluchtelingen de bergen in gegaan. Hebben ze hem misschien gepakt? Ach nee, vast niet; die burgemeester wil me waarschijnlijk alleen maar een beetje treiteren. Hij heeft me op straat al een paar keer zo vreemd aangestaard.

Middag. Dit moet ik meteen opschrijven, om maar vooral niets te vergeten. Aanvankelijk zat hij me weer aan te gapen, vervolgens glimlachte hij ook nog charmant. Een tijdje heeft hij alleen maar een beetje met me zitten kletsen en me van alles gevraagd: waar ik hiervoor woonde (Parijs), waarom ik uitgerekend naar Banyuls ben gekomen (mooie omgeving), wat ik hier zoal doe (wandelen langs de kust, bergbeklimmen).

Toen zei hij opeens: 'Ik weet meer over u, madame, dan u denkt.'

Opgepast, schiet me door het hoofd; als het moet kan ik ook charmant zijn. '*Vous êtes flatteur, monsieur le maire* – u vleit me. Wat valt er nou te weten over iemand als ik?'

Hij staart me verleidelijk aan, maar dan bedenkt hij zich en zegt met ambtelijke waardigheid: 'Mag ik uw papieren zien?'

Ik geef hem het formulier van Azéma, waaruit blijkt dat we inwoners zijn van Banyuls.

'Ik bedoel uw pas van vóór u hiernaartoe bent gekomen.'

Ik geef hem het formulier van de Parijse préfecture, dat ik meegenomen had voor het geval dat, en mompel dat ik het vanwege de oorlog niet kon vernieuwen.

'Precies wat ik dacht,' zegt hij. 'Madame, ik heb u hierheen laten komen omdat ik graag wil dat we elkaar begrijpen: ik weet wie u in werkelijkheid bent.'

Ik denk: hij kan niets weten, hij kan ons alleen maar verdenken, hij probeert me uit de tent te lokken. Nu niet toehappen. Ik zeg plagerig: 'Dat klinkt wel heel geheimzinnig – *vous avez l'air mystérieux.*'

'U bent een Engelse spion.'

'Pardon?'

'U bent een Engelse en bedrijft hier spionage voor uw regering.'

Ik begin te lachen.

'*Excusez-moi, monsieur le maire.* Maar hoezo dan uitgerekend een Engelse?'

'Denk maar niet dat ik dom ben. Het is duidelijk: u laat zich hier madame Lise noemen, maar dat is helemaal niet uw echte naam. Het is zelfs geen Elise, maar Elisabeth, hier staat het, een typisch Engelse naam, zoals iedereen wel weet. En uw papier van de préfecture in Parijs is een refus de séjour, u bent natuurlijk als spionne uitgewezen.'

Hij heeft dus geen idee wat we hier werkelijk doen. Ik doe mijn best serieus te blijven; ik leg hem uit dat een refus de séjour iets heel anders is dan een *expulsion* en dat de préfecture in Parijs massa's van die refus heeft uitgegeven, maar hij laat me niet uitpraten.

'Bespaart u zich de moeite, ik weet genoeg, ik heb u doorzien. Maar', en nu begint hij weer stompzinnig te glimlachen, 'ik kan ook mijn mond houden. U hoeft dus niet bang te zijn voor mij, als u me niet tot last wordt – *il faut être sage.*'

Ik heb hem niet gevraagd wat hij daarmee bedoelt. Ik ben opgestaan en heb beleefd afscheid genomen.

Hoe bestaat het. Wat wil hij echt – me chanteren? Of misschien wil hij later een keer kunnen bewijzen dat hij in het geheim geen collabo was.

'Drie personen' hebben ze bij ons aangekondigd, heel terloops. Het waren twee mannen die we niet kenden en de derde persoon – ja, die is ons bekend, het is werkelijk mevrouw R. uit de Butte Rouge; ik geloof dat ze in hetzelfde pand woonde als de Stampfers.

Mevrouw R. vergeet je nooit meer. Jaren geleden heeft ze de slaapziekte gehad en daar heeft ze een neurotische afwijking aan overgehouden. Wanneer ik haar in Parijs op straat zag, dacht ik altijd: het moet toch verschrikkelijk zijn als je tijdens het lopen opeens achteruithupt. Maar nu was de vraag: hoe breng je iemand de bergen over die een paar stappen naar voren doet en vervolgens weer achteruitgaat?

Met de locomotief wilde ze niet, omdat ze nog banger was om in de donkere tunnel te moeten lopen dan in de bergen; ik kan dat goed begrijpen. Ze wist zeker dat ze het zou redden om de Pyreneeën over te komen, en de twee mannen hebben beloofd te helpen.

Ik ben met Hans meegegaan voor het geval het te moeilijk wordt voor hem alleen. Vanaf de laatste huizen van het dorp was ze behoorlijk aan het huppen en voor het eerst was ik echt bang, maar tegelijkertijd dacht ik: die vrouw is pas moedig. Wonder boven wonder hebben we haar toen daadwerkelijk samen via de steile wijnberg en de paden met al die losse stenen naar boven gekregen. Wanneer we haar aan haar arm vasthielden of haar van achteren duwden, ging het beter. Ze klaagde voortdurend ('Hoe hoog moet ik nu nog klimmen? Kunnen jullie geen betere weg vinden?'), maar dat zit gewoon in haar Berlijnse aard. Het ergste hadden we al achter de rug, toen ze begon: 'Nu wil ik een appel.'

Hans reikte haar de fles aan: 'Drinkt u maar water als u dorst hebt, er groeien geen appels hier in de bergen.' Zij ging door met zeuren: 'Waarom hebt u dan geen appel voor me meegenomen? Een appel wil ik!' Iedereen was moe en geïrriteerd. 'Als u nu niet eindelijk ophoudt met dat gemekker, gaan we verder zonder u,' zei een van de mannen.

Het was een lange dag, maar ook die drie zijn veilig overgekomen.

Ik dacht aan Walter Benjamin, aan zijn kalmte en zelfdiscipline op deze voor hem zo zware route.

11 december

Wat een pech dat ik hier ziek moet worden. Misschien had ik niet mijn haren moeten wassen in die kou, want echte zeep is er toch al niet meer. Hans heeft de jonge Meyerhof de dokter laten halen.

12 december

Vandaag zag ik het in de spiegel aan mijn ogen: geelzucht. De dokter wil niet komen, omdat de jongen hem verteld heeft dat we *réfugiés provenant d'Allemagne* zijn. Nu boven de veertig graden koorts. Hans heeft het over het ziekenhuis in Perpignan, maar zonder papieren?

Het huis van de Ventajous met het balkon van de Fittko's recht boven de
ingang naar het douanekantoor (foto uit 1973)

15 januari 1941

Gisteren kwam ik eindelijk thuis uit het ziekenhuis.

Thuis is nu niet meer in ons huis aan het strand. Toen ik ziek was, heeft Hans een andere, minder primitieve woning voor ons gevonden, de bovenverdieping van het huis van de familie Ventajou. Het is een kamer met een bedstee en een kleine keuken (met stromend water!). Op de begane grond is een wc – geen heel moderne weliswaar, zonder water, maar in elk geval binnenshuis. Ons kleine balkon zit recht boven het douanekantoor. Toen we in de herfst hier in dit dorp aankwamen, dachten we dat het niet eenvoudig zou zijn om hier op een of andere manier onze draai te vinden. Maar nu horen we hier, we leven tussen de wijnboeren, deur aan deur met de douaniers.

16 januari

Eens even kijken wat ik me kan herinneren sinds de laatste aantekeningen in mijn dagboek in december. Mijn temperatuur bleef maar stijgen. Daarna begon ik te bloeden. De dokter bleef weigeren te komen. Iemand heeft de dokter uit Port-Vendres erbij gehaald; die gaf me kamferinjecties en zei dat ik meteen naar het ziekenhuis in Perpignan moest worden gebracht. Maar hij kon me ook niet verder helpen. Hans heeft vervolgens ergens een huurauto met benzine weten te regelen en geprobeerd iemand te vinden die me ernaartoe kon rijden – hij kon het zelf niet riskeren op de weg gepakt te worden, en wat zou er dan met mij gebeuren?

Precies op dat moment kwam Hermant uit Marseille om zich door ons de grens over te laten brengen. Ik weet niet meer wat er toen gebeurde, maar de rit naar Perpignan met Hermant kan ik me nog vaag herinneren. Ik weet ook nog dat ik oneindig lang in mijn eentje in de auto heb gelegen, vlak voor de ingang van het ziekenhuis, en alles plakte van het bloed. Eén keer kwam Hermant om te vertellen dat ze moeilijk deden omdat er niemand bij me was die borg stond voor de betaling, maar dat ging hij in orde maken. Later lag ik in een grote zaal in bed en de *soeur supérieure* bracht een paarse tinctuur aan op mijn huid. 'De dokter komt uiterlijk over drie dagen,' zei ze geruststellend tegen me. Het was namelijk zondag en de dokter kwam doordeweeks om de dag. Ik was heel ziek, en door de koorts maalde het de hele tijd in mijn hoofd dat ik alles moest onthouden om het later in mijn dagboek te kunnen zetten, en tegelijkertijd dacht ik: hoe kan ik de pijn beschrijven? Ik probeerde de juiste woorden te vinden, het was belangrijk voor me om elk detail vast te houden. Toen de dokter een paar dagen later verscheen (ondertussen werd ik steeds maar met het paarse spul bestreken) zei hij: *'Cela a tout à fait l'air de scorbut.'* – 'Is het geen geelzucht?' vroeg ik. 'Moet u mijn ogen eens zien, en de kleur van mijn huid.' Maar hij meende dat het meer op scheurbuik leek. Ik vroeg of ik dan geen vitaminen moest krijgen. 'Dat klopt,' zei de dokter, 'maar die zijn er niet meer.' Ik dacht, ik mag niet klagen, hij heeft meer tijd aan mij besteed dan aan alle overige patiënten op de zaal bij elkaar.

Die zaal. Langzaamaan werd me duidelijk dat ze me op de sterfzaal hadden gelegd, waarschijnlijk omdat ik eruitzag alsof mijn einde naderde. Dertig bedden in twee rijen; in veel daarvan lagen zieken die door hun familie in het laatste stadium naar het ziekenhuis waren gebracht om daar te sterven. Tussen hen in lagen een paar ongeneeslijk zieke vrouwen. Enkele van die vrouwen leefden al een hele tijd zo, bed aan bed met voortdurend wisselende stervenden. Het moeilijkst was het om Madeleine aan te zien. Ze lag al in dat bed sinds ze drie jaar eerder verlamd was geraakt, ze was nu veertien, maar ze groeide niet meer en werd niet ouder, alleen heel doorzichtig.

Ik bleef me maar verbazen over de ziekenzorg. 's Morgens keek ik toe hoe de zusters bij verschillende zieken kleine glazen bolletjes met daarin dansende blauwe vlammetjes op hun lichaam legden; bij sommigen op de armen, bij anderen op de borst. Ik wilde weten waar dat goed voor was, met die bolletjes. Dat zijn *ventouses*, werd me verteld, die hebben ze nu in plaats van bloedzuigers. 'Waar hebt u dat voor nodig?' vroeg ik de vrouw in het bed naast me; ze legde me uit dat ze zo het gif uit haar bloed trokken en daarmee de ziekte uit haar lichaam. Ik leerde iets meer Catalaans, omdat ik benieuwd was waar de vrouwen met elkaar over praatten.

Drie keer per dag gingen de zusters met bedpannen door de zaal en riepen in het Frans, zodat ook wij *étrangères* het konden verstaan: *'Faites pipi, mesdames, faites pipi, s'il vous plaît!* – plassen, dames!'

Behalve ikzelf was er alleen nog een grote blonde dame uit Lotharingen étrangère: de twee Spaanse vluchtelingen, Rosita en Esperanza, verstonden Catalaans. Later werd er nog een mevrouw Goldwasser gebracht uit het nabijgelegen kamp Rivesaltes (dat in 1942 het grootste verzamelkamp voor de transporten naar het oosten werd). Ze kwam uit Polen en sprak alleen Jiddisch; de Lotharingse en ik waren de enigen die een beetje met haar konden communiceren. Op de cementvloer van het kamp had ze een bekkenontsteking opgelopen. Ze had het voortdurend over haar man en kinderen, die in Rivesaltes zaten. Ze vroeg zich af of ze haar terug zouden brengen naar het kamp als ze weer gezond werd.

Van Hans kreeg ik elke twee, drie dagen een brief; bij me op bezoek komen kon natuurlijk niet. Twee keer kwam Maurice langs op de terugweg naar Marseille en hij vertelde me over Hans en Banyuls, en over mijn broer, die nu ook geelzucht had.

Ik denk dat het in de derde week langzaam beter met me ging, dat ik merkte: het sterven om me heen schrikt me niet meer af. Kan het zijn dat je eraan went? Ik wilde het eerst niet toegeven aan mezelf, maar het was duidelijk dat wij in de zaal allemaal opgelucht ademhaalden wanneer het langdurige doodsgerochel in een van de bedden eindelijk ophield. Een keer riep ik de zuster: 'Die in het bed tegenover me...' De zuster pakte de hand van vrouw, voelde haar pols en liet haar hand weer vallen: 'Pas encore,' zei ze, en ze haastte zich terug naar de keuken.

Een van de twee patiënten die ik het leukst vond, heette Rosita en ze had grote, donkere ogen. Rosita was eigenlijk geen patiënt – ze vertelde me haar verhaal. Twee jaar eerder, toen Franco met hulp van Hitler en Mussolini Catalonië innam, vluchtte de vijftienjarige met haar familie en honderdduizenden anderen voor de fascisten over de Pyreneeën naar Frankrijk. Haar vader was gesneuveld in de burgeroorlog, haar moeder kwam tijdens de vlucht om het leven. Rosita bereikte Frankrijk; ze werd ziek ('J'avais la sangre mal,' legde ze me uit) en werd naar het ziekenhuis in Perpignan gebracht. Toen ze weer beter was, wist ze niet waar ze naartoe moest. Ze mocht haar bed in de sterfzaal houden, in ruil daarvoor hielp ze in de keuken en bij de zieken.

Toen ik weer rechtop in bed kon zitten, kwam Rosita op een ochtend bij me en ze probeerde mijn haren te kammen. Het was de eerste keer sinds ik ziek was geworden. Mijn krullerige haar was inmiddels lang, het zat door zweet en bloed vol klitten en was zo erg vervilt dat er geen kam doorheen kwam. Rosita zat dagenlang elke vrije minuut bij mij om met oneindig geduld mijn haar plukje voor plukje door te kammen. 'Knip het toch gewoon af,' zei ik telkens weer om een einde te maken aan die kwelling, maar dan schudde ze alleen maar met haar hoofd: 'Dat zou zonde zijn.'

Op een dag was er buiten veel geschreeuw te horen, waarna een heel klein mensje naar binnen werd gebracht, dat van top tot teen in een witte doek was gewikkeld. Het bleek om een zeventigjarige clochard te gaan; ze hadden haar in bad gezet en ontluisd. *L'ignominie!* De schande!' riep ze toen drie zusters probeerden haar in het opgemaakte witte bed te stoppen. 'Ik waarschuw u, u schendt mijn principes!' Ze had de fout gemaakt, vertelde ze me later, naar het ziekenhuis te gaan om medicijnen tegen maagpijn te halen, waarna ze haar gewoonweg hadden opgepakt en 'opgesloten'. Ze kwam geleidelijk tot bedaren en begon te lezen in een boek dat ze bij zich had. Ik ben altijd nieuwsgierig naar wat mensen lezen; het was een boek van Baudelaire.

Ze berustte er echter nooit in dat ze in dat witte bed werd vastgehouden. Om de dag, wanneer de dokter kwam, begon ze de derde strofe van de Marseillaise te zingen, en wanneer hij dan aan haar bed kwam, schetterde ze: *'Liberté, li-ber-té chérie...'*

Ik was aan de beterende hand en ging vaak aan haar bed naar haar zitten luisteren. Ze vertelde me over dingen die ze had meegemaakt. Ik wist nooit zeker wat echt gebeurd en wat fantasie was, maar dat maakte me eigenlijk niets uit. Hoe ze clochard was geworden vertelde ze nooit, en ik vroeg het niet omdat ik bang was haar te beledigen. Het ging maar niet beter met haar en ze wilde naar buiten, 'om weer gezond te worden', maar ze lieten haar niet gaan. Op een dag vroeg ze me iets voor haar te doen, maar eerst moest ik zweren het niemand te vertellen. Of ik, zodra ik werd ontslagen, een brief aan haar broer naar buiten kon smokkelen en op de post doen. *'Mon frère,'* zei ze, 'is een clochard in Narbonne...' Het klonk als 'Mijn broer, de graaf van Narbonne'. In de brief wilde ze hem opdragen haar met een paar *copains* te komen bevrijden; ze zou een gedetailleerd plan uitwerken en bijvoegen.

(Die brief heb ik op de post gedaan. – Steeds maar weer verhalen waarvan het vervolg ontbreekt. Zal haar broer komen?)

Iedereen was ontroerd toen ik eindelijk weer stevig genoeg op mijn benen stond om ontslagen te worden, en ze wensten me veel geluk. Ze waren blij dat ik zo'n uitstekende medische behandeling had gekregen. 'Behandeling?' vroeg ik verbaasd. Nou ja, anders was ik toch nooit meer gezond geworden. Ik had de indruk dat ik de eerste in lange tijd was die de sterfzaal levend verliet.

Bij mijn afscheid gaven ze me een paar veiligheidsspelden, zodat ik mijn rok om mijn middel kon wikkelen en vastmaken, zo dun was ik geworden. Het moet een grappig gezicht zijn geweest en we moesten allemaal lachen. Toen reed ik met de vrouw die Hans had gestuurd terug naar Banyuls.

20 januari
Vandaag kwamen er twee jonge Oostenrijkers die we kennen uit Marseille. Ik ging voor het eerst weer naar het station om ze af te halen. Dat zijn de vluchtelingen om wie we ons geen zorgen maken. De mensen die de school van het verzet hebben doorlopen en zich moeiteloos aanpassen.
'Het is geen gemakkelijke weg.'
'Dat maakt niet uit, gemakkelijk hebben we het al lang niet meer gehad.'
Toen ik ziek was, heeft Hans een heleboel mensen zonder dat er iets bijzonders gebeurde over de Pyreneeën geleid, één keer maar moest een man op leeftijd door onze Griek door de tunnel worden gebracht.
Daags nadat Hermant me naar Perpignan had gebracht, ging Hans met hem de bergen over. Als het zo gemakkelijk gaat, zei Hans later, zo zonder problemen, wil je weleens de reden en het doel vergeten; je vindt alles geweldig, alsof het om een uitstapje gaat, een gewoon, normaal uitstapje.
(Ik weet nu trouwens waarom ze me zo lang buiten in de auto hebben laten liggen: het ziekenhuis weigerde me op te nemen tot Hermant voor vier weken vooruit had betaald – gelukkig had hij genoeg geld bij zich.)
Sinds we in het huis van de Ventajous wonen, is het contactadres van de vluchtelingen veranderd; ze kunnen nu niet meer bij ons thuis komen – dat zou met die douaniers onder ons toch iets te gek worden. De mensen die we niet kennen en die we daarom niet afhalen van het station, gaan nu direct naar de herberg op het dorpsplein; de patron werkt nu met ons samen. Wanneer we iemand bij hem melden, vraagt hij niet naar papieren of voedselbonnen. Meestal ontmoeten we elkaar dan in het café van het grand hôtel aan de andere kant van de haven. De mensen uit het dorp komen daar niet vaak en we zijn vrienden geworden met de garçon (hij wil telkens maar weer horen dat *notre Aristide,* de

beeldhouwer Maillol, ook buiten Banyul echt beroemd is). Het is een ideale plek; nu het winter is, zijn we vaak de enige gasten en kunnen we ongestoord met elkaar praten. We zitten bij elkaar, omgeven door de zee en de goudgroene bergen, en bespreken hoe we de volgende dag over die bergen zullen klimmen, 'en dan zijn jullie in Spanje, en dan zijn jullie spoedig in veiligheid'.

Er kwam een keer een auto voorbijsuizen in de richting van de grens en in de gauwigheid zagen we Valeriu Marcu achterin zitten. Hoe zou hij de grens oversteken? Maurice was bij ons en zei: '... en hij heeft beloofd hier een pak voor me achter te laten – nou ja, wij Roemenen...'

Fry liet de boodschap overbrengen dat veel Engelse piloten zich schuilhielden in Frankrijk. Wat wij ervan zouden vinden om hen ook het land uit te helpen. Ik dacht aan onze burgemeester: 'U bent een Engelse spion!'

23 januari

Ik zie er waarschijnlijk nog steeds niet al te florissant uit, misschien zelfs zielig; toch is het verbazingwekkend hoe de mensen hier ons helpen. De slager had vandaag varkensvlees; ik wilde hem mijn bonnen geven, hij keek ernaar en vroeg: 'Hoeveel wilt u?' Dat is een vreemde vraag in deze tijden.

'Dat zijn alle bonnen die ik heb.'

De slager: 'Ik vraag hoeveel vlees u wilt, niet hoeveel bonnen u hebt.' Toen gaf hij me een heel pond; het rantsoen ligt nu op honderd gram per week, als er al iets is. In de winkel ernaast hadden ze breiwol en de vrouw zei, neem zoveel als u nodig hebt, maar u moet er alleen niet over praten, u ziet er helemaal verkleumd uit, ma pauvre dame. Dus ik heb meteen een heleboel gekocht. Mademoiselle Rosa, de dochter van de Ventajous, denkt dat het weleens genoeg kan zijn voor een compleet mantelpak. Een mantelpak van echte wol (en geen nepwol), dat zou geweldig zijn. Een rok kan ik waarschijnlijk nog wel breien, maar hoe maak je een jasje?

'Geef maar hier,' zei mademoiselle Rosa en ze pakte me alles uit handen, 'ik zal u helpen.' Ze begon er meteen aan. Rosa is een beetje vergroeid, haar armen zijn ook te kort, eerder stompjes met handen eraan, maar ze kan er zo mee breien dat het je duizelt. Wanneer we alleen zijn, vertelt ze me over een geheime geliefde: ze zien elkaar 's nachts onder de cipressen in de achtertuin, hij aanbidt haar, hij noemt haar zijn koningin. Mademoiselle Rosa's gitzwarte ogen glinsteren. Ik weet dat ze dit allemaal uit romans heeft, maar wanneer ze vertelt luister ik gefascineerd. In het begin geloofde ik haar zelfs.

27 januari

De familie Hirschfeld, die een paar dagen geleden hier aankwam, behoort tot de beschermelingen van Fritz Heine; de man was vroeger een hoge pief in de Pruisische regering. Ze hebben twee kinderen, een meisje en een jongen van ongeveer tien en twaalf. We hebben hun de gebruikelijke voorzorgsmaatregelen ingeprent en hun bagage door onze 'speciale expeditiefirma' naar Spanje laten vervoeren. Dr. Hirschfeld heeft een pelsjas die hij absoluut niet wilde afgeven maar zelf wilde meenemen over de bergen. 'Het is een dure jas, ik heb hem nog uit Duitsland,' lichtte hij toe. We legden hem uit dat het zou opvallen als hij zo'n groot geval bij zich had, en hij moest hem al helemaal niet aantrekken, dat was geen enkele jas waard, en verder zou hij hem in Spanje in al zijn pracht terugkrijgen. Uiteindelijk beloofde hij met een zwaar gemoed binnenkort afstand te doen van zijn pelsjas.

Hans wilde dat ik eerst nog een tijdje rust nam, dus ging hij alleen met het gezin. Hij zou zich wel redden met dat stel (hoewel het met kinderen soms een beetje lastig is). Hij stond 's morgens om kwart voor vijf op de hoek; de Hirschfelds waren precies op tijd, en op het afgesproken sein begon Hans te lopen, de anderen achter hem aan. Over de brug, dan naar boven tussen de huizen van Puig del Mas door. Waar het steile deel begint bleef Hans zoals altijd staan om naar het groepje achter hem te kijken. Toen zag hij voor het eerst dat meneer Hirschfeld iets met zich meesleepte, een grote bundel. Tegelijkertijd zag hij in het eerste donkergrijs van de dag ook de schaduwen van twee douaniers in capes; op hun gemak liepen ze achter het gezin aan. Hans hadden ze blijkbaar niet opgemerkt, in elk geval keken ze niet in zijn richting. Hij bleef even staan kijken wat er gebeurde, en toen de twee silhouetten de groep naderden, liep hij langzaam terug over het pad, het gezin tegemoet. 'Blijf nu heel rustig,' zei hij. 'De douaniers achtervolgen jullie. Zeg zo weinig mogelijk, ik praat jullie er wel uit. Nee, blijf staan, de kinderen ook. Onthoud:

we maken een uitstapje, we hebben niets te verbergen – laat het voor de rest aan mij over.'

Een van de beide douaniers was monsieur Henri, met wie we vaak eten in de herberg. Hij vroeg aan Hans: 'Kent u die mensen? Zijn het vrienden van u? Wat doen ze hier, waar willen ze naartoe? Aha, natuurlijk, ze gaan hierboven in het donker wandelen, met de kinderen.'

'Ja,' zei Hans, 'onze kennissen willen de omgeving bekijken, ze willen de zonsopgang in de bergen zien. Omdat ze hier de weg niet kennen, ben ik met ze meegegaan; een gezinsuitstapje. Mijn vrouw wilde ook mee, maar u weet dat ze nog te zwak is, monsieur Henri.'

'Eh oui,' zei de douanier, 'la pauvre dame. Maar we hebben nog een paar vragen: hebben die mensen nog iets aan te geven?'

'Aangeven? Nee, dat kan ik me niet voorstellen,' antwoordde Hans, 'wij houden ons toch zeker niet bezig met contrebande. Wat mijn vriend daar bij zich heeft?'

Hij draaide zich om naar meneer Hirschfeld en keek naar het pakket, het was de dure pelsjas.

'Ach, dat is zijn jas,' zei Hans, 'hij dacht zeker dat het koud zou zijn hierboven. Hoezo, Spanje? Mais non, pas du tout... Nee, ik weet niet precies waar de grens loopt.'

Meneer en mevrouw Hirschfeld hadden zichzelf weer onder controle. De kinderen, die eerst bang waren geworden, vonden dit avontuur nu erg grappig. Ze ginnegapten en renden in het rond.

'Die mensen hebben zeker geen uitreisvisa,' begon monsieur Henri weer.

'Uitreisvisa voor een uitstapje?' vroeg Hans verbaasd. 'Dat had ik nou nooit verwacht, dat we hier problemen mee zouden krijgen.' Hij was nu kwaad. (Omdat hij vanbinnen kookte van woede was dat niet moeilijk voor hem.) 'Dan wil je je vrienden ons mooie Roussillon laten zien en dan word je verdacht gemaakt!'

'Ça va, ça va, monsieur Jean, als dat uw vrienden zijn...'

'Ziet u die zeven pijnbomen daar boven op die heuvel?' kwam de ander tussenbeide. 'Dat is een mooie route. Daarachter ligt Spanje, maar loop rechtdoor, want het pad naar links gaat naar de pas waar de Spaanse grenswachten patrouilleren – en daar wilt u vast niet naartoe.' IJverig beschreven de twee nu gedetailleerd de weg naar de plek vanwaaruit je uitkijkt over beide kusten. Het was onze weg, la route F. 'Nog één ding,' zei monsieur Henri, 'uw vrienden waren ons nooit opgevallen zonder die grote bundel' – hij wees naar de pels – 'in het donker hadden we ze nooit van de andere mensen kunnen onderscheiden. Ze kunnen geen ervaren smokkelaars zijn, maar het is onze plicht om te kijken wat ze daar met zich meeslepen.'

Hans draaide zich weer om naar meneer Hirschfeld en staarde hem aan. Hij onderdrukte zijn woede en zei zachtjes: 'Geef de douaniers de twee repen chocolade die u bij zich hebt.' (Chocolade is nu een onge-evenaarde kostbaarheid.) Hirschfeld pakte een van de repen uit zijn musette en gaf die aan de douaniers.

'Is eentje niet genoeg?' fluisterde hij naar Hans.

Maar monsieur Henri had zijn hand al weggeduwd. 'Dat kunt u voor uw eigen kinderen bewaren – *pour vos gosses*.'

16 februari

Aan de twee die vandaag aankwamen was meteen te merken dat er iets was gebeurd, iets had hun veel schrik aangejaagd, ze keken voortdurend met angstige, opgejaagde ogen om zich heen.

We zaten met hen op het terras van het grand hôtel. 'Jullie weten dus nog niet,' vroegen ze, 'dat Breitscheid en Hilferding uitgeleverd zijn?'

Een uitlevering vinden wij niet zo verrassend, dat is immers waar we voor vluchten. Maar...

Maar hoezo die twee? Hoe zijn ze gepakt? Heeft Duitsland om hun uitlevering gevraagd of wilde de regering-Pétain uit eigen beweging laten zien hoe gedienstig ze is? We waren op de hoogte van de problemen in het geval van Breitscheid en Hilferding – niet alleen problematisch omdat zij bijzonder veel gevaar liepen, maar ook omdat die twee zelf lastig deden. We wisten dat het Centre had geprobeerd hen op een bijzondere manier uit Frankrijk te krijgen omdat ze niet door Spanje durfden te reizen, noch onder hun eigen naam noch onder een valse. Dat was maanden geleden. Ze hadden dus tot nu toe in Frankrijk gezeten, en dat ook nog onder hun echte naam. Wie weet hoeveel meer van dergelijke gevallen er zijn, hoewel het voor die mensen nog mogelijk zou zijn om te vluchten of onder te duiken. De gevaren van het vluchten schrikken sommigen waarschijnlijk veel meer af dan gepakt worden door de Gestapo.

DE ZAAK BREITSCHEID EN HILFERDING
(volgens verslagen van Varian Fry en Fritz Heine)

Zomer 1940

Rudolf Breitscheid, lid van de Rijksdag en fractievoorzitter van de SPD tot aan de machtsovername door Hitler, en Rudolf Hilferding, lid van de Rijksdag en Rijksminister van Financiën, houden zich op in Marseille. Ze hebben allebei een *visitor*-visum voor de VS. Er worden Tsjechische passen voor hen geregeld op een valse naam, evenals transitvisa voor Spanje en Portugal. Omdat ze geen uitreisvisum voor Frankrijk hebben, zouden ze de Frans-Spaanse grens illegaal moeten oversteken. Dat weigeren ze.

Redenen: 1. Ze zien zichzelf als personen van internationale faam die in Spanje zouden worden herkend. (Zelfs als dat waar zou zijn – een bril, een snor en een beetje haarverf hebben al heel wat van ons gered.) 2. Ze vinden het onverenigbaar met hun positie als staatsman om illegale methoden te gebruiken. (Hebben ze nog niet begrepen dat wij niet hebben gekozen voor die 'illegale methoden', maar dat we ertoe worden gedwongen door de wetteloosheid van de nationaalsocialisten?) Fry citeert Breitscheid: 'Hitler zou niet durven om onze uitlevering te eisen!' (Kan hij dat serieus denken na acht jaar naziterreur?)

Breitscheid blijft bij zijn weigering; Hilferding richt zich naar de mening van zijn kameraad, op wiens praktische verstand hij lijkt te vertrouwen. Dus zitten de twee nog steeds dagelijks in hetzelfde café in Marseille, waar iedereen weldra weet wie zij zijn.

Begin september 1940

Frank Bohn, de vertegenwoordiger van de American Federation of Labor, koopt een boot waarmee hij Breitscheid, Hilferding en anderen illegaal uit Frankrijk wil krijgen. Daar gaan de twee mannen mee akkoord. Binnen de kortste keren is het plan een publiek geheim; de boot wordt in beslag genomen.

Daarop regelen ze Poolse passen met een valse naam voor hen, met alle visa; zelfs het Franse uitreisvisum, zodat ze niet illegaal de grens over hoeven. Ze weigeren op het laatste moment.

Breitscheid, Hilferding, advocaat Arthur Wolff en schrijver Walter Mehring worden door de Franse politie naar Arles in *résidence forcée* gestuurd.

Fry en Heine vinden een mogelijkheid om Breitscheid en Hilferding op een vrachtschip naar Noord-Afrika te laten smokkelen. De twee stemmen ermee in. Zodra de auto die hen naar Marseille moet brengen aankomt in Arles, weigeren ze te gaan.

Reden: ze hopen – door contacten met de Amerikaanse regering (met hulp van Brüning) en de Franse regering (ze doen zelf een beroep op Laval en Flandin) – op een uitreisvisum.

Naar aanleiding van een telegram uit Amerika vragen en krijgen Breitscheid en Hilferding bij de politieprefect van Arles de verzekering dat hun aanvraag voor een uitreisvisum hen op geen enkele manier in gevaar zal brengen. Vichy stemt binnen een paar dagen in met de uitreisvisa, en ze krijgen die met de aantekening dat ze de reisroute via Martinique moeten nemen.

Breitscheid, zijn vrouw en Hilferding willen met de SS Wyoming varen, die op 4 februari vanuit Marseille vertrekt naar Fort-de-France. De hutten zijn al vergeven. Meneer en mevrouw Breitscheid weigeren de overtocht in de slaapzaal op het tussendek te maken, omdat ze denken dat dat met het oog op hun gezondheid te belastend zou zijn. Ze willen een schip later nemen (18 februari), indien het scheepsverkeer naar Martinique niet in de tussentijd wordt stilgelegd. Hilferding reserveert wel een plek voor zichzelf in de slaapzaal op de SS Wyoming voor 4 februari.

Vichy trekt de visa de sortie weer in.

Breitscheid en Hilferding worden in Arles opgehaald door de politie, zogenaamd om ze te beschermen tegen uitlevering aan de Duitsers.

Op transport naar Parijs voor uitlevering aan Duitsland.

(Martinique was een Frans departement, waardoor voor de reis daarheen geen uitreisvisum benodigd was. Omdat Duitsland geen controle over het eiland had, kon je daarvandaan zonder meer naar Amerika komen. – En toch was het deze laatste absurde stap, de aanvraag van het uitreisvisum, die tot uitlevering leidde. Hilferding, die een plekje had op de SS Wyoming, nam die boot niet omdat het uitreisvisum, dat hij niet nodig had, werd ingetrokken. In zijn plaats ging Walter Mehring.)

Eind februari

We zaten 's avonds in onze woonkamer. Eigenlijk zou je *onze kamer* moeten zeggen, want onze woning op de bovenste verdieping van monsieur Ventajous huis was nu eenmaal alleen die ene kamer.

Mademoiselle Rosa riep vanaf beneden en ik deed de deur open. *'Madame, madame, venez vite!'* Ze klonk heel opgewonden. 'Er is bezoek voor u!'

Hans en ik keken elkaar aan. Er kwam nooit iemand onaangekondigd. Een val? Ik begon langzaam de trap af te dalen. *'Un ami à votre Papa!'* riep ze.

In de schemerige gang stond een iets gezette man van middelbare leeftijd. Waar ken ik die toch van, dacht ik. Hij kwam op me af en omhelsde me, een beetje te innig, en zei zonder adempauze, in het Frans met een onvervalst accent boche: 'Je vader stuurt me, hij is gezond, met je familie gaat het goed, we hebben lang niets van je gehoord...'

Mademoiselle Rosa stond discreet in een donkere hoek, maar ik zag hoe ze de roerende scène aandachtig volgde. Die glinstering in haar donkere ogen, was dat gevoel of nieuwsgierigheid? Of allebei?

Ik maakte me voorzichtig los uit zijn omhelzing, nam mijn gast mee naar boven en deed de deur dicht.

De bezoeker en Hans keken elkaar aan.

'Er werd me aangeraden me tot Jean te wenden,' zei de man in het Duits, en hij leek op antwoord te wachten. Toen nam hij zijn donkere bril die de helft van zijn gezicht bedekte tussen zijn vingers – hij lijkt wel een karikatuur van Sherlock Holmes, dacht ik – en zette die af.

'Weet u wie ik ben?'

'Ja,' zei Hans.

'Aha, dan bent ú dus Jean!' Het klonk opgelucht. 'Vroeger, in Berlijn, was u toch Hans – ik begrijp het, ik begrijp het.'

'Nu bén ik Jean. Het verleden bestaat op het moment niet.'

'Jean, kunt u me helpen?' viel de man hem in de rede. 'Ze hebben me belóófd dat u zou helpen als alles misgaat. Nou, het is misgegaan, dus hier ben ik, en ik moet de grens over. Wilt u me helpen?'

'Gaat u nu toch eerst eens even zitten,' zei Hans. En tegen mij: 'Dat is Georg Bernhard.' (Georg Bernhard was redactiechef bij de *Vossische Zeitung* in Berlijn en later uitgever van de *Pariser Tageszeitung*, de antifascistische Duitstalige krant in Parijs.)

Georg Bernhard? Ik dacht dat die weken geleden al de grens over was gebracht. Hij stond op de derde plaats van de uitleveringslijst die de Gestapo had overhandigd aan de Franse regering.

'Eerst moet u uw situatie uitleggen,' zei Hans, 'daarna vinden we wel een manier om u het land uit te krijgen. Wat is er gebeurd? Hoe bent u hiernaartoe gekomen? Welke papieren hebt u om de grens te passeren?'

Zijn vrouw was ook hier, vertelde Bernhard eerst; hij had haar ondergebracht in het hotel. Toen deed hij verslag over zijn vlucht zoals die oorspronkelijk was gepland: een auto – een limousine met kenteken van de diplomatieke dienst! – zou het stel over de grens en vervolgens door Spanje naar Portugal brengen.

Wat was er dan gebeurd, wilden wij weten.

Wel, het echtpaar had op de afgesproken plaats zitten wachten, maar van een auto van de diplomatieke dienst was geen spoor te bekennen (ook niet van een andere auto). In plaats daarvan meldde zich een gids, die hen te voet de bergen in bracht maar in de nacht verdween. Vervolgens vonden ze ook zo hun weg naar Spanje, maar bij de grensovergang waren er allerlei problemen, waarop ze terugvluchtten naar Frankrijk. Toen ze waren vertrokken vanuit Marseille, hadden de mensen van het Centre Américain de Secours hun ons adres en de naam

Jean gegeven, als noodadres, voor het geval het niet lukte.

Wat een gemakzucht, dacht ik, en een blik op Hans zei me dat hij hetzelfde dacht. Voor de mensen op het kantoor in Marseille was de speciale route blijkbaar zo vanzelfsprekend dat ze Bernhard wel ons adres gaven, maar het niet nodig vonden ons daarvan in kennis te stellen. En wat nu als Bernhard en Hans elkaar niet hadden gekend?

'We zijn vanmorgen hier in Banyuls aangekomen,' vertelde Bernhard verder. 'Maar ik heb gewacht tot het donker werd. Ik heb de trucjes geleerd die je in de illegaliteit nodig hebt. Zelfs u hebt me niet meteen herkend, Jean, met mijn donkere bril, nietwaar? Het gaat er vooral om dat je niet opvalt. Weet u dat ik eerst vijf keer heel onopvallend hier langsgelopen ben om er zeker van te zijn dat ik in het donker bij de juiste deur zou aankloppen? Je moet wel handigheid hebben in dat soort dingen.'

'U... U bent víjf keer hier langsgelopen?' stotterde ik.

In ons steegje, dat uitkwam op het dorpsplein, moest die vreemdeling, cet étranger, wel opgevallen zijn, in zijn grootsteedse kleding op en neer lopend terwijl hij van achter die onmogelijke bril telkens naar datzelfde huis staarde, Avenue Puig del Mas nummer 16. Ongetwijfeld had mademoiselle Rosa hem al opgemerkt; ze gluurde immers altijd met één oog uit het raam. (Ze vertelde ons later dat de vriend van mijn vader vijf keer langs het huis was gelopen, le pauvre monsieur.) En onze vrienden beneden, de douaniers – mijn lieve hemel!

Maar we zeiden niets. Wat voor zin zou het hebben om hem nu nog ongerust te maken? Hij deed tenslotte zijn best. Een echte Berlijnse intellectueel, natuurlijk kon hij niet in de ziel van een Pyrenese wijnboer kruipen, zomaar. Het was al verbazingwekkend genoeg dat hij na die vermoeiende en gevaarlijke avonturen nog zoveel energie had om het meteen weer te proberen, dat hij bereid was om het op te nemen tegen de Franse gendarmerie, de douaniers en de garde mobiles, vervolgens tegen de Spaanse autoriteiten en ten slotte tegen de Gestapo.

Nu hoopte hij, zo vertelde Bernhard verder, dat wij hem en zijn vrouw morgenochtend nog een keer door de Pyreneeën naar Spanje zouden brengen, want ze hadden natuurlijk geen Frans uitreisvisum. Na alles wat er met Breitscheid en Hilferding was gebeurd was het uitgesloten om visa de sortie aan te vragen. Maar verder, zo verzekerde hij ons, hadden ze alle benodigde papieren: 'Kijk maar, we hebben visa voor de Verenigde Staten; hier is het transitvisum voor Spanje en hier het Portugese. Allemaal echte documenten, alles in orde. Alleen de toestemming om Frankrijk te verlaten ontbreekt dus.'

Hans bestudeerde alle documenten. Toen schoof hij mij de papieren toe. 'Bekijk jij ze ook eens.'

Ik bekeek alles meermaals en keek vervolgens Bernhard aan. 'Dat zijn valse papieren,' zei ik tegen hem, 'de transitvisa, de stempels, allemaal slordige namaak.'

Even was het stil. Bernhard staarde me verbluft aan. 'U vergist zich,' zei hij uiteindelijk, 'dat zijn echte documenten. De transitvisa zijn door het consulaat in Marseille zelf afgegeven. Ik wéét het, ze verzekerden me...'

'Verzekerden?' onderbrak Hans hem. 'Ze verzekerden het u? Wie? De mensen van het Centre? Luister: het zijn geen echte papieren. Goed, ze zijn nagemaakt – maar hoe! Eersteklas prutswerk. Onbruikbaar. U kunt met deze vodden niet naar Spanje, u zou meteen gepakt worden. En de Gestapo zit daarginds in Spanje al een hele tijd op u te wachten.'

Bernhard leek helemaal versteend. 'U schijnt ons nog steeds niet te geloven,' zei Hans vervolgens. 'Kijkt u zelf eens, hier, de onderste helft van dat rubberstempel, die is toch getekend. Met een gewoon blauw potlood; maar de kleur is iets anders. Idioten. Onverantwoordelijke amateurs. Kijk eens naar dat rondje hier. Moet dat een rondje voorstellen? En die s – die staat op zijn kop.'

Hans keek op. Georg Bernhard stond er nog steeds net zo bij, roerloos, zonder één geluid te maken; toen begon hij op en neer te lopen. Nu ziet hij er veel ouder uit, dacht ik, meer als mijn vader.

'Wij gaan u hier uit deze val weg krijgen,' zei Hans, en hij klonk weer rustig, 'we hebben diverse mogelijkheden voor moeilijke gevallen. Maar deze papieren kunnen we niet gebruiken. We moeten gewoon een paar dagen wachten en een andere manier regelen.'

'Wachten? Dus niet morgen?' mompelde Bernhard terwijl hij bleef lopen, steeds maar weer om de tafel in het midden van de kamer. Eindelijk bleef hij stilstaan. 'Jean,' zei hij, 'we kennen elkaar al jaren; we hebben destijds regelmatig met vrienden en collega's bij elkaar gezeten. U kent dus Georg Bernhard en zijn werk; maar u had er vast geen benul van dat Georg Bernhard een gokker is – dat was ik trouwens mijn hele leven al.

Niet iemand die af en toe gokt – ik bén een speler, snapt u? Hoe hoger de inzet – dat verbaast u, nietwaar?'

'Nee, ik ben niet verbaasd. Ik wist ervan – maar hoezo komt u daar juist nu mee?'

'De hoge inzet! Mijn leven, dat is nu mijn inzet. Ik doe mee. Wat? Speelt u niet mee? Laten we er eens rustig over nadenken. Hoe groot zijn mijn kansen met deze papieren?'

Hans zei niets, hij keek Bernhard alleen maar aan, met zijn wenkbrauwen hoog opgetrokken, wat hij altijd deed als hij iets scherp in de gaten hield.

Bernhard vervolgde: 'De grenscontroles zijn niet altijd heel grondig, toch? Laten we er eens van uitgaan dat de Spaanse grenswachters morgen slaperige, ongedisciplineerde knapen zijn. Ze kijken dus helemaal niet zo goed naar die papieren, niet zoals u en uw vrouw. Onze kans is daarom minstens vijftig procent.'

Hans zweeg. Ik bracht ertegen in: 'Zelfs als dat zo mocht zijn – denkt u eens aan de rest van de reis! De treincontroles in Spanje, de Portugese grens...'

'Laat maar,' zei Hans, 'het heeft toch niets met logica te maken. Kijk maar, hij hoort ons niet eens.'

Inderdaad, Bernhard leek werkelijk niets te horen. Nu veegde hij het zweet van zijn voorhoofd, in deze koude kamer. 'Misschien is mijn kans ook geen vijftig procent. Maar vijfentwintig procent toch zeker wel. Afgesproken. Morgenochtend vroeg dus, hoe laat?' Hij keek van de een naar de ander en begon weer om de tafel te benen. 'Jean, u zit daar maar met uw hoofd te schudden. U moet toch toegeven', en nu leek hij het tegen mij te hebben, 'het ís mogelijk dat we het halen. Een mogelijkheid van minstens vijf procent. Een lafaard ben ik nooit geweest; ik ga, al maak ik nog maar zo'n kleine kans. U moet me helpen!'

Ik was helemaal perplex; het verliep allemaal als in een gekke droom. We waren gewend dat de zenuwen van sommige mensen die bij ons kwamen het begaven, dat sprak vanzelf. Maar deze Georg Bernhard, die zijn leven vergokken wilde, of moest – bestond zoiets werkelijk?

Hans stond langzaam op. Hij legde een hand op Bernhards schouder, maar wel voorzichtig, zoals bij een slaapwandelaar die je niet te plotseling wilt wekken. 'We gaan u helpen over de grens te komen, we brengen u op een veilige manier naar de andere kant. Het klopt inderdaad, je moet bereid zijn iets te riskeren; maar wij zitten hier toch om dat risico te verkleinen.'

Bernhard keek hem nu aan, maar zijn blik was glazig.

Hans schudde aan zijn schouder. 'Als u denkt dat dit hier een casino is, bent u aan het verkeerde adres. U bent nu op de vlucht, wij zijn nu allemaal vluchtelingen, en u weet voor wie en waarom.' Nu leek Bernhard te luisteren.

Hans liet hem los. 'Man, word nu toch eens wakker!' bulderde hij opeens, zodat Bernhard en ik ineenkrompen van de schrik. 'De nazi's hebben u niet klein gekregen – tot nu toe is het ze niet gelukt u tot zwijgen te brengen. Nu bent u omsingeld. Nee, een lafaard bent u nooit geweest, maar speel geen roulette met de fascisten. Of wílt u hun een kans geven? U moet kiezen wie u echt bent: een speler die uitgespeeld is of Georg Bernhard, wiens stem niet tot zwijgen kan worden gebracht.'

Bernhard veegde weer het zweet van zijn gezicht en ging zitten. Hij leunde zwaar achterover en deed zijn ogen dicht. 'Ik laat het verder aan u over,' zei hij zacht, vermoeid.

Na een korte pauze doorbrak ik de stilte. 'Het is al laat,' zei ik, ook om zijn aandacht ergens anders op te vestigen. 'In dit dorp kun je niet 's nachts rondlopen zonder verdacht over te komen. We moeten nu de dringendste zaken bespreken.'

Vooral moest onmiddellijk het Centre in Marseille op de hoogte worden gesteld van de valse papieren, want er waren vast ook van die klungelig gemaakte dingen aan andere vluchtelingen gegeven. Daarna moest de vlucht voor Bernhard worden geregeld, via een van de routes waarlangs ze over Spaanse en Portugese grenzen konden worden gesmokkeld zonder een grenspost te passeren. Tot dan moesten ze op hun hotelkamer blijven; hier in Banyuls, waar iedereen elkaar kende, zouden ze meteen opvallen. Vergeet niet, zeiden we tegen hem, dat dit een zwaarbewaakte grensplaats is; de beruchte Wapenstilstandcommissie staat bij elke hoek.

We waren bevriend met de hoteleigenaar, en hij wilde er wel voor zorgen dat ze hun maaltijden kregen zonder distributiebonnen.

Professor Bernhard leek zichzelf weer onder controle en zijn vertrouwen hervonden te hebben; hij zei optimistisch te zijn en hij zou ons verder geen extra last bezorgen. Mijn man bracht hem terug naar het hotel. Hij bleef lang weg.

'Merde,' zei hij toen hij terugkwam. 'Dat ontbrak er nog maar aan. Madame Bernhard wil graag *faire de la peinture*. Ze wil morgen op het marktplein gaan zitten om de mooie omgeving te schilderen. Nadat ik een halfuur flink op haar had ingepraat en had gedreigd, beloofde ze eindelijk het hotel niet te verlaten, maar ze verzuchtte tijdens al dat gedonder nog steeds *"je veux faire de la peinture"*.'

'Ongelooflijk toch?' zei ik. 'Zulke mensen – hoe noem je die? "Mensen met een groot intellect" – lopen met een bord voor hun kop door de wereldgeschiedenis. Soms lijkt het wel: hoe groter het intellect, hoe groter het bord.'

'Juist voor hen, de dragers van de Duitse cultuur, is de situatie niet te bevatten,' meende Hans, 'de sprong is te groot. Het is niet te bevatten dat het vaderland nu het land van de barbarij is geworden en met hulp van Frankrijk achter hen aan zit. Dus spelen ze struisvogeltje. Dát zijn de moeilijkste gevallen voor ons.'

De volgende ochtend nam ik de trein naar Marseille. Om in de grensregio te mogen reizen had je buiten de noodzakelijke carte d'identité en een sauf-conduit ook nog een speciale vergunning nodig; en ik had nog niet eens een geldig identiteitsbewijs. Op ons treinstation was het geen probleem: iedereen kende me, ik kwam uit het dorp, en noch de gendarmes, noch de douaniers zouden op het idee komen mij om papieren te vragen. In de trein hield ik in de gaten of er gendarmes of politieagenten instapten, zodat ik op tijd kon verdwijnen, maar er was geen controle deze dag. In Marseille moest je bij de toegangspoort je papieren laten zien; wie verdacht was werd naar het Camp les Milles – voor mannen – of Hôtel Bompard – voor vrouwen – gebracht en weer geïnterneerd; dat was bekend. Ik ging dus naar het stationstoilet, dat, zoals ik wist, een onbewaakte deur naar de foyer van hotel Terminus had. Het lukte. Maar het was al laat en het kantoor van het Centre Américain de Secours was dicht. Ik moest onderdak zoeken voor de nacht en daarbij uit handen van de politie blijven, en in elk hotel moest je geldige papieren laten zien. Ik zocht vrienden op die in een hotelletje aan Boulevard d'Athènes zaten; Hans Siemsen had toevallig de sleutel van een kamer van een kennis die een paar dagen op reis was, waardoor ik in zijn bed kon slapen.

Toen ik de volgende dag Varian Fry vertelde over de valse papieren, wilde hij het eerst niet geloven. Zijn mensen hadden hem verzekerd dat die visa echt waren, afgegeven door de desbetreffende consulaten – de medewerkers hadden daar echt veel smeergeld voor ontvangen. Toen ik hem de vervalsingen in detail beschreef, was hij uiteindelijk overtuigd. Waren er nog meer vluchtelingen die deze 'echte' papieren hadden gekregen? Ja, zei hij verschrikt, een hele reeks mensen die extra veel risico liepen. Ze moesten worden bereikt voor ze naar de grens zouden gaan. Alle beschikbare mensen van het Centre gingen meteen aan de slag.

Aan het einde van de dag was iedereen op de hoogte gebracht.

Ik verzekerde Fry dat we voor de Bernhards een plek zouden vinden waar ze zonder controle de grens konden passeren; we hadden daarvoor inmiddels genoeg contacten.

'Paul is een paar dagen geleden naar de grens gereden om te kijken of die route voor de Bernhards in orde was,' zei Fry. Paul was een van zijn medewerkers, die vaak de contactpersoon was tussen ons en Marseille. 'Hij is nu waarschijnlijk bij uw man. Zeg tegen hem dat hij onmiddellijk hier terug moet komen, ik moet met hem praten over die consulaatsstempels.'

Toen ik twee dagen later in Banyuls aankwam, waren de Bernhards de bergen over. Een groep van de *résistance*, die we herhaaldelijk hadden getoetst op betrouwbaarheid, smokkelde hen in één ruk door de twee grenzen over naar Portugal.

Paul was bij ons, zoals Fry had aangenomen. Hij had op mijn terugkeer gewacht, zo zei hij tegen me. Hij vroeg of Fry erg kwaad was geweest. Ik zei dat hij dat zeker was en dat hij hem zo snel mogelijk terugverwachtte.

Toen ik onze woonkamer binnenkwam, voelde ik meteen dat er iets niet in orde was. Hans zat te lezen aan het hoofd van de grote, zware eikenhouten tafel die bijna de hele kamer vulde; Paul zat aan het andere eind voor zich uit te staren. Toen hij na een tijdje de kamer uit ging, vroeg ik aan Hans wat er aan de hand was: 'Ik heb de indruk dat je helemaal niet meer met hem praat.'

'Klopt. Ik heb hem niets te zeggen.'

'Hij zit nu drie dagen bij ons en jij zegt geen woord tegen hem?'

'Klopt. Hem heb ik niets te zeggen.'

'Is hij degene die de "echte" visa heeft geregeld?'

'Via een crimineel die hij bij de vieux port heeft leren kennen – dat was zijn "connectie" met de consulaten; hij kan die visa niet eens goed hebben bekeken, anders had hij het wel gemerkt – dat is geen lichtzinnigheid meer, dat is gewetenloosheid; hoe kun je werken met avonturiers die het leven van de vluchtelingen op het spel zetten? Ik heb nu geen behoefte aan een gezellig babbeltje met hem.'

Paul reisde de volgende ochtend terug naar Marseille.

Na een paar dagen kwam het bericht dat de Bernhards goed waren aangekomen in Lissabon.

Mademoiselle Rosa zei dat ze heel blij was dat ik wat van mijn vader had gehoord en dat het goed ging met hem. Ik was heel trots op mijn acteertalent. Toen ik haar twintig jaar later bezocht, was een van haar eerste vragen: '*Et votre ami?* Is hij Spanje goed doorgekomen en heeft hij Amerika bereikt?'

2 maart

Georg Bernhard was inderdaad een moeilijk geval. Maar waarmee Maurice nu bij ons is aangekomen...

We kenden de advocaat Arthur Wolff van naam; hij had in Berlijn vaak antifascisten verdedigd. Nu zit hij hier bij ons, met zijn vrouw Trude. Zijn linkerbeen is helemaal verlamd en zit in een spalk; korte stukjes kan hij met een stok afleggen, anders heeft hij krukken nodig. Hij is een bonk van een kerel met sneeuwwit haar en zware zwarte wenkbrauwen, je kunt hem niet over het hoofd zien. Zeker niet in Banyuls.

Afgelopen herfst was hij met Breitscheid en Hilferding naar Arles in résidence forcée gestuurd. De dag na de uitlevering van Hilferding en Breitscheid heeft het Centre Wolff en zijn vrouw naar Marseille gehaald. Toen Maurice vervolgens met die twee hier aankwam, had Wolff trillende handen en het zweet liep over zijn donkerrode gezicht. Maar het is dan ook inderdaad ongelooflijk wat er de afgelopen weken met hen is gebeurd. In Marseille zaten ze in een loods, verstopt achter kisten, tot ze papieren voor hun vlucht hadden geregeld.

Het plan was om de Wolffs en de Bernhards samen per diplomatenauto naar Portugal te brengen, een absoluut veilige manier. Om Wolff met zijn been eerst maar eens veilig tot bij de grens te krijgen, hebben

Fry en Maurice hem en Trude in een auto van Marseille naar Les Baux gereden en daar op een trein naar Tarascon gezet, waar de Bernhards al wachtten. In Tarascon wachtten de vier een week lang op de limousine, die nooit kwam.

Nieuwe plannen, nieuwe contacten: mensen die, zo werd gezegd, met de Spaanse antifascistische ondergrondse samenwerkten, zouden Wolff over de bergen dragen. Ja, dragen.

Ze gaan naar de afgesproken plek, de Bernhards en de Wolffs, en wachten op de dragers. Er komt niemand. Deze keer wachten ze niet een hele week; een gids biedt zijn diensten aan en 's nachts gaan ze met hem op pad. Wolff wil het ondanks zijn verlamming proberen. Ze lopen langzaam de heuvels in, links leunt Wolff op een kruk, rechts op zijn vrouw Trude. Het gaat niet, het is niet te doen. Ze moeten omkeren. De gids gaat met hen terug. De Bernhards zijn nu op zichzelf aangewezen – en hebben het gehaald –, de Wolffs worden na enkele omzwervingen door Maurice en een van de andere koeriers hiernaartoe gebracht.

'Verstop ze voorlopig,' zegt Maurice, 'en probeer iets voor ze te bedenken. Ik kan trouwens misschien ook weer een diplomatenauto regelen, via een nieuw contact,' voegde hij er nog terloops aan toe.

Een ruzie was onvermijdelijk.

Als het zo verdergaat, wordt het een ramp, zeiden wij tegen het duo van het Centre. Wat hebben jullie moed en jullie goede bedoelingen voor zin als er door lichtzinnige acties onnodige slachtoffers moeten vallen? Lastige gevallen zijn nu eenmaal moeilijk op te lossen, en ondoordachte avonturen hebben nog nooit iets opgelost.

Zonder riskante plannen zouden we de vluchtelingen helemaal niet kunnen helpen, hielden Fry's medewerkers vol.

Je moet zeker dingen wagen en risico's nemen, maar gewoon niet lichtzinnig. Elke nieuwe route moet goed doordacht en verkend zijn, elke stap ingecalculeerd.

Ten slotte spraken we af dat wij hier zouden proberen een vluchtweg te vinden voor de Wolffs, terwijl het Centre serieus wilde gaan zoeken naar andere mogelijkheden.

Wat doen wij hier in de tussentijd met het echtpaar Wolff?

Ik bedacht dat er aan de weg naar het grand hôtel een villa te huur stond. De Wolffs zijn er onmiddellijk ingetrokken, geld schijnt geen rol te spelen. We dachten nu even een korte adempauze te hebben, maar de beste meneer Wolff had eigenaardige ideeën over hoe je 'bij de vijand door het net glipt'. Toen we bij de villa kwamen, liet hij trots tien kisten wijn zien die hij door de coöperatie had laten bezorgen.

'Die zullen waarschijnlijk vreemd opgekeken hebben!' vertelde hij. 'Als illegaal moet je de mensen namelijk zand in de ogen strooien; het zal in het dorp worden rondverteld en de mensen zullen denken dat ik een excentrieke miljonair ben die zich hier vestigt.' Voorlopig had hij zijn paniek overwonnen, zo tevreden was hij over zijn handigheid. 'Ik ga hier een huis met veel grandeur runnen!'

'Als u het wilt redden, kunt u beter niets doen wat opvalt,' zei Hans. 'Gelukkig hebben we u hier kunnen onderbrengen, waar u niet zo vaak wordt gezien. U valt hier op...'

Wolff viel hem in de rede. 'Nee, nee, jonge vriend van me, dat begrijp ik als jurist toch wel beter,' zei hij belerend tegen Hans. 'Als ik me zelfverzekerd gedraag zal niemand denken dat wij lichtschuw gespuis zijn. Trude, schenk ons eens even een glaasje wijn in.'

'Trude,' zei ik, 'kunt u niet met hem praten? We kunnen hem niet hier houden als hij zichzelf en ons allemaal in gevaar brengt.'

'Met hem valt niet te praten, dat moet u inmiddels toch wel hebben gemerkt,' zei zijn vrouw gelaten. Wolff rechtte statig zijn rug, één hand rustend op haar schouder, en begon zalvend: 'Ik wil u bewijzen, mijn beste Jean...'

'Ga nu zitten en hou je mond,' zei Trude. 'Hier hoeven we niet naar jouw pleidooien te luisteren.'

6 maart

De route waarlangs de Bernhards zonder papieren door Spanje werden geleid is tijdelijk onderbroken, laten onze vrienden in Port-Vendres ons weten.

Het zou zeker niet eenvoudig zijn om Wolff met zijn been in die schuit te laden (veel meer dan een schuit is de motorboot niet). Maar toch, als ze fatsoenlijke papieren voor hem wisten te regelen, zou dat een mogelijkheid kunnen zijn. Onze contactpersoon denkt dat hij, als iemand voor benzine zorgt, twee mensen kan vinden die *le canot* met de Wolffs om de kaap naar Spanje zullen brengen. In elk geval hebben we het met de Wolffs over de mogelijkheid gehad en meneer Wolff was laaiend enthousiast. Maar even later verloor hij weer zijn zenuwen: misschien wisten die mensen de Spaanse kust niet te vinden. Misschien wisten ze niet hoe je om de Cap Cerbère heen moest varen. Zouden ze voldoende ruimte hebben zodat hij zijn been kon strekken? Kon je die mensen vertrouwen?

In zijn situatie kan ik de angst wel begrijpen, maar ook hij begint nu zijn verstand te verliezen: 'Ik heb een geweldig idee – ik ga tegen de twee zeelui in de boot zeggen dat in de spalk van mijn been een miljoen frank verstopt zit en dat ik ze rijkelijk zal belonen als ze ons veilig naar de andere kant brengen.' Zijn vrouw zei: 'Ja, dat moet je vooral doen, maar zonder mij, want dan pakken ze eerst je spalk af en vervolgens gooien ze je in het water.' Zijn rode gezicht werd zo wit als zijn haar en zijn handen begonnen weer te trillen.

Ook het muildier werd weer op de agenda gezet. Wolff dacht dat hij alleen maar goed moest worden vastgebonden. Maar zelfs als er inmiddels een muildier te vinden was geweest, zou Wolff nooit zonder hulp aan de Spaanse kant bergaf naar Port-Bou komen. Met onze Griek en de locomotief zou het ook niet te doen zijn, want Wolff kon het Spaanse stuk in de donkere tunnel niet te voet afleggen. Nu moesten we eerst maar eens afwachten wat de mensen van het Centre konden doen; in het ergste geval bleef de boot over.

10 maart

Inmiddels hebben we nog andere zorgenkinderen en er komen er steeds meer. Ze zijn lang en blond – en passen hier totaal niet.

Fry stuurt de Engelsen, zoals afgesproken, in twee- of drietallen naar ons toe. Voordat we hen in levenden lijve zagen, hadden we er niet echt een voorstelling van hoe erg ze hier zouden opvallen. Blonde haren kun je onder een alpinopet laten verdwijnen, maar die waterblauwe ogen en die witte gezichten? En die mensen zijn vooral te lang. Ze moeten de trein nemen die 's avonds hier aankomt; ik haal ze af van het station (ze zijn helaas niet over het hoofd te zien), neem hun helft van het doormidden gescheurde vel papier in ontvangst en wijs ze een onderkomen toe. We brengen ze op twee verschillende adressen onder: een gezin van een spoorwegbeambte, met wie de Griek ons in contact heeft gebracht, en een visser verhuren kamers aan ons zonder veel vragen te stellen. Het hotel gebruiken we in dit geval niet, zodat elk verband met deze vluchtelingen wordt vermeden. Ze verlaten hun kamer niet meer tot de ochtend waarop we elkaar in het donker treffen.

De Engelse piloten en soldaten die in Frankrijk zijn blijven hangen of er met de parachute geland zijn, mogen zich hier niet laten pakken. Zodra ze de bergen over zijn melden ze zich bij de Spaanse grenspost, waar ze verklaren onder de categorie 'krijgsgevangenen' te vallen (wat schijnt te kloppen). Ze vragen of ze met het Britse gezantschap in contact kunnen worden gebracht; meestal komt dan na een paar dagen een vertegenwoordiger van het consulaat in Barcelona om ze op te halen. Daarna worden ze waarschijnlijk naar Gibraltar overgebracht en daarvandaan terug naar Engeland. Uit Marseille horen we dat het werkt. Omdat Spanje wrijving met Engeland wil voorkomen, lopen onze lange mannen daar minder gevaar dan de vluchtelingen. Wij moeten echter dubbel zo voorzichtig met hen zijn, want het zou ons gemakkelijk de kop kunnen kosten.

Daarnaast houden ons nog andere dingen bezig: we mogen niet vergeten wie wij zijn, wat we hier doen en waarom. Je glibbert zo gemakkelijk in het verkeerde spoor. Zeker willen we de Engelse piloten helpen terug te keren. Zeker zien we iedereen die tegenstand biedt tegen het huidige Duitsland als een bondgenoot, en zeker leggen we nu een deel van de weg gezamenlijk af. Maar reisgenoten zijn niet altijd gelijkgezinden, en samenwerken betekent niet vóór iemand werken.

In principe is het hetzelfde probleem als bij het uitbreken van de oorlog anderhalf jaar geleden, dezelfde discussie als onder de politieke emigranten in Parijs. Frankrijk en Engeland staan in de oorlog dan wel tegenover nazi-Duitsland, maar het zou te simpel zijn om te doen alsof dit een oorlog tegen het fascisme is. Wat is de plek van links Duitsland? De een zegt: werk niet samen met de machten die graag met Hitler waren opgetrokken als hij hen had geaccepteerd. De ander zegt dat wij nu bij de kant van Frankrijk en Engeland horen, wij vinden iedereen goed die meehelpt Duitsland te bevrijden van het fascisme. Sommige strategen gingen in hun ijver zover dat ze beweerden dat onze plek nu in de Sahara was, aan de zijde van het vreemdelingenlegioen (waar de Franse regering onze mannen naartoe probeerde te sturen).

De afspraak met Fry is: wij helpen de Engelsen die door het Centre naar ons toe worden gestuurd. We nemen aan dat die mensen zich na bemiddeling van vluchtelingen onder de hoede van het Centre tot Fry hebben gewend; verder willen we niets weten. We willen met geen enkele andere organisatie in verband worden gebracht. Het is belangrijk dat we ons indekken; net zo belangrijk is het dat we onafhankelijk blijven. (Verkeerd geraden, monsieur le maire: wij werken niet voor een regering.)

De Toms, Bobs en Charlies (heten ze echt allemaal zo?) hebben hun positieve kanten. Ze zijn gezond, sterk en winden zich nooit op; en het fijnste is dat ze zo gedisciplineerd zijn. Gisteren hebben we er twee begeleid, deze keer heetten ze Fred en Jack. Niet één overbodige vraag – maar Fred had dan ook niet veel kunnen vragen, hij sprak geen woord Frans. Jack kon ik met mijn schoolengels ook niet verstaan, maar later bleek dat hij Frans dacht te praten, terwijl ik veronderstelde dat het Engels was. Het verbaast me toch al dat die Engelsen zo ver weten te komen. Dat zou onmogelijk zijn als er niet zoveel Fransen waren die hen hielpen.

Om onze lengte te vergelijken gingen we naast die twee staan; ze probeerden hun hoofd in te trekken en zich klein te maken, maar dan waren ze nog altijd meer dan een kop langer. Ook in het donker zijn die voor de douaniers niet over het hoofd te zien, zelfs al wilden ze het. We moeten dus de gewijzigde methode gebruiken, de 'speciale Britanniamethode'.

We kunnen er redelijk op vertrouwen dat tussen drie en vier uur in de ochtend de douaniers niet op hun post zijn; dat hebben we een tijdje terug al ontdekt. Ik ontmoet de Engelsen dus om halfvier en leid hen voorzichtig het dorp uit (aan de twee minuten angst op de brug ben ik inmiddels gewend geraakt) en vervolgens verder omhoog naar de huizen en bomen van Puig del Mas. Dan keer ik om en lopen zij een stukje verder tot het punt waar Hans op hen wacht; in het donker vallen ze tussen de heuvels niet meer op. Het is prettig met die mannen, zegt Hans telkens wanneer hij met hout op zijn rug al voor de middag terugkomt.

25 maart

Verordening van de regering-Pétain: grensgebieden dienen binnen tien dagen vrijgemaakt te zijn van alle buitenlanders. Banyuls ligt natuurlijk binnen de grenszone. We hadden zoiets al vermoed toen wij en nog enkele andere buitenlanders een paar weken geleden naar de gendarmerie moesten komen om onze papieren te laten controleren. Hans had in elk geval zijn verlopen carte d'identité nog, maar voor mij zat er niets anders op dan mijn oude papieren, het refus de séjour, de weigering om te mogen blijven, te laten zien. Nadat de twee gendarmes Hans en zijn pas uitvoerig in het registerboek hadden ingevuld, pakte de brigadier mijn formulier aan. Ik had me voorbereid op mijn gebruikelijke verklaringen en begon direct te praten; toen hij zonder het goed te bekijken het papier aan me teruggaf, verslikte ik me. 'Merci, madame,' zei hij glimlachend. Ik was gewoon te verbluft om meteen aan te pakken, waarna hij er nog aan toevoegde 'C'est tout, madame, c'est tout' en hij me het papier in de hand drukte.

Maar hoe zal het deze keer gaan?

26 maart

Een telegram van mijn broer uit Marseille, of beter gezegd uit Cassis, waar hij nu met Eva en zijn kind woont: VERWACHT JULLIE PER OM-GAANDE STOP BRENG SALAMI MEE VOOR PANAMA VISUM. Zelfs in normale tijden zijn telegrammen soms raadselachtig. In elk geval moest het om een nieuwe vluchtweg gaan die hij serieus neemt, anders zou hij geen alarm slaan. We zullen gauw zien wat het is, want we moeten nu toch over een paar dagen hier weg.

Gelukkig is Maurice inmiddels gekomen en die heeft ons bevrijd van de Wolffs. Het is hem gelukt een uitstekende pas voor hen te kopen – er bestaan nu geen Wolffs meer, ze heten nu Sanders – en visa voor Cuba. Nu kan hij ze overbrengen naar Cadiz, waar ze de boot kunnen nemen, allemaal legaal, bijna althans. Wat een opluchting! En nog heel veel geluk in Cuba, meneer Sanders.

1 april

Een van de gendarmes is gekomen om ons op te halen. Het probleem is weer eens: om hier weg te komen moeten we een sauf-conduit hebben, maar daarvoor hebben we geldige legitimatiebewijzen nodig en een verblijfsvergunning voor de nieuwe woonplaats. We dienen met hem mee te komen om dat allemaal te bespreken.

Dus hebben we eerst samen een glas wijn gedronken, waarna we op weg zijn gegaan – zonder enig opzien te baren, dachten we. We hadden alleen geen rekening gehouden met mademoiselle Rosa. Net toen we naar buiten gingen, in de verblindende zon, kwam zij thuis, de boodschappentas hing aan haar korte armpje. Natuurlijk had ze al over de nieuwe verordening gehoord. Wat dat wel te betekenen had, waar we naartoe gingen, wilde ze van de gendarme weten. Wat zegt u, étrangers? Wie zou hier dan een buitenlander moeten zijn? Er bleven nog twee vrouwen met een boodschappennetje staan, en ook de oude man met de blauwe pet die altijd bij ons op de straathoek staat komt eraan gehompeld. Onze gendarme verdedigt zich: we willen toch alleen maar bespreken hoe ze aan reispapieren kunnen komen – die verordening ook! Dat hier geen buitenlanders mogen zijn komt toch vanuit Vichy.

'Bedoelt u *notre maréchal*?' vroeg een van de vrouwen, en Rosa riep weer: 'Buitenlanders? Dat zijn toch onze buren – wie heeft er dan de halve nacht emmers water staan doorgeven bij de brand? Dat was monsieur Jean uit Banyols-sur-Mer, en nu noemt u hem een étranger?' De anderen vonden dat ze daar eigenlijk gelijk in had. De overbuurvrouw riep vanuit het raam: 'Dat klopt, ik heb het zelf gezien, monsieur heeft geholpen onze brand te blussen; hij hoort hier dus thuis.'

'Beste dames,' zei de gendarme terwijl hij het zweet van zijn gezicht veegde, 'wees alstublieft redelijk, monsieur en madame zullen zo meteen weer terug zijn, we willen alleen maar even met hen praten.' En zo gingen we eindelijk op weg.

Deze keer zaten alle vijf de gendarmes in het kantoortje bijeen om onze papieren te bestuderen. Vooral die van mij. We vertelden dat mijn broer had laten weten dat we een verblijfsvergunning hadden voor Cassis-sur-Mer, alleen was het te kort dag geweest om ze op tijd hier te laten aankomen. De brigadier keek ons aan, toen zei hij: '*Ça va, ça va*. Maar wat doen we met deze ontzegging van een verblijfsvergunning? Op de sauf-conduit staat PIÈCE D'IDENTITÉ: ---------- N°. ----------, dat moet worden ingevuld. Als we daar REFUS DE SÉJOUR opschrijven, zullen ze u bij de eerstvolgende controle arresteren.'

Het werd een verhitte discussie, iedereen had wel iets in te brengen, maar niemand wist een oplossing. 'Voor dit probleem is de gendarmerie niet de aangewezen instantie,' besloot de brigadier na een poosje, 'het is een administratieve aangelegenheid waar de mairie over gaat.'

Hans en ik gingen dus daarnaartoe en legden de situatie uit aan de secretaris. Die wist heel zeker dat deze kwestie onder de verantwoordelijkheid van de gendarmerie viel, de mairie had het recht niet om zich daarin te mengen. Dus gingen we weer terug; we besloten ons voorlopig passief op te stellen. De gendarmes vonden de houding van de mairie schandalig. 'Die heren willen zich waarschijnlijk weer eens drukken, maar we zullen ze leren. Kom op!'

Weer de straat uit naar de kade. Deze keer gingen alle vijf de gendarmes mee. Opnieuw algemene beraadslaging met de secretaris en zijn adjudant, voornamelijk in het Catalaans; hevig gegesticuleer. Na een tijdje zei ik: 'Kunt u op die regel niet gewoon alleen het nummer van mijn pas schrijven, en als ze vragen stellen, leg ik het wel op een of andere manier uit.'

'Uitgesloten,' riep de brigadier, '*impossible, madame, on va vous coffrer à Narbonne* – ze zullen u daar in de lik stoppen. Nee, die regel moet ingevuld worden.'

De adjudant zei tegen de brigadier: 'Als je achter het gedrukte PIÈCE D'IDENTITÉ gewoon met de hand "Pièce d'Identité" schrijft, blijf je nog steeds bij de waarheid; en bij de controle zullen ze zeker denken dat je je vergist moet hebben en dat je eigenlijk "Carte d'Identité" wilde opschrijven, vooral omdat haar man er toch echt een heeft.'

Dat vond iedereen een geweldig idee. Dus gingen we weer terug en ze vulden sauf-conduits voor ons in; op die van mij staat PIÈCE D'IDENTITÉ: Pièce d'Identité. Toen schudden we elkaar allemaal de hand: '*Au revoir, bonne chance!*'

5 april

De trein reed het station uit en we keken uit het raam. Eerst kom je langs Les Elmes. Daar is het huisje aan het strand. 'Als dit allemaal voorbij is,' zei Hans, 'en we oud zijn en eindelijk rust willen hebben, kunnen we terugkomen en daar gaan wonen.'

Tot ziens, Roussillon.

10

Wat is gunstiger? Cassis 1941

De wachtruimte op station Narbonne was groot, donker en vies. Hans en ik hadden languit op de lege banken kunnen gaan liggen, maar het was een plek die werd gevreesd vanwege de razzia's, waarbij telkens vele emigranten werden opgepakt. Wat had die ene gendarme in Banyuls ook weer gezegd? 'On va vous coffrer à Narbonne, madame.' De trein naar Marseille vertrok pas de volgende morgen, en er zat voor ons niets anders op dan de nacht hier door te brengen.

Hans ging eerst maar eens rondkijken. Er was een zijingang naar de toiletten en een lege bagageruimte waar je je eventueel kon verstoppen. Onze bagage verborgen we achter een balie. Daarna losten we elkaar af: terwijl de een ging liggen, hield de ander de wacht, zodat we niet door de politie werden verrast.

Later bleek dat dit een van de weinige nachten was geweest dat er geen razzia op het station werd gehouden. De volgende ochtend namen we de trein naar Marseille, waar het station nog gevaarlijker was dan in Narbonne. Daarom gingen we daar niet door de poort naar buiten, maar namen we de volgende trein naar Cassis, waar tot dan toe geen controles waren geweest. Het was maar een klein stukje, minder dan een uur. We stonden bij het raam, onder ons de sprookjesachtige baai van Cassis, daarachter de groteske formatie van Cap Canaille met de omgeklapte hoorn.

Op die zondagmiddag werd op het station van Cassis voor het eerst gecontroleerd. De gendarmes schudden hun hoofd toen ze onze papieren bekeken, en hun chef zei dat hij ons bij wijze van uitzondering bij onze familie liet overnachten; maandagochtend vroeg moesten we ons bij hem melden.

Ons nichtje Catherine, dat bij de mensen in het dorp Titi heette, was inmiddels tweeënhalf. Zij bleef de hele tijd bij haar oom Hans in de buurt, en toen we de volgende ochtend naar de gendarmerie gingen, pakte ze hem bij de hand en trippelde met ons mee. Daar wachtte de grimmige chef ons al op.

Hij bestudeerde onze papieren nogmaals en somde toen op: 'Een sinds één jaar verlopen carte d'identité. Een weigering tot verblijf, eveneens een jaar lang niet vernieuwd. Het sauf-conduit, daar wil ik het niet eens over hebben. U weet heel goed dat u niet hier kunt blijven,' zei hij vervolgens. 'U weet ook dat ik u zou moeten overdragen aan de autoriteiten in Marseille. Ik geef u tot morgen de tijd om te verdwijnen. *Je ne veux plus vous voir ici* – ik wil u hier niet meer zien.'

We zeiden dat onze familie hier woonde, en vroegen waar we dan heen moesten. De prefectuur in Marseille zou onze papieren vast snel in orde maken, maar ondertussen, met voortdurend die *raffles*, de straatrazzia's in Marseille...

'Kom maar terug wanneer u "en règle" bent,' brulde de gendarme, 'voor die tijd wil ik u hier niet zien.'

Titi zat braaf op haar stoel. We hadden tegen haar gezegd dat ze stil moest zijn. Het gebrul van de chef leek haar niet te storen, maar ik merkte dat ze gefascineerd naar zijn rechterhand zat te staren, waarmee hij druk gesticuleerde. Ze liet zich van haar stoel glijden en liep naar hem toe. Ze leunde tegen hem aan en wees naar zijn middelvinger, waar een dik verband omheen zat.

'*Tu as bobo, monsieur le gendarme?* Heb je au gedaan?' Haar stemmetje klonk vol medelijden.

De chef brak midden in zijn zin af, met zijn hand nog in de lucht. Hij leek het kind nu pas te zien. Hij aaide het meisje over haar hoofd en zei, nee, het doet niet echt zeer, en hij trok haar op zijn knieën. Beeldde ik het me alleen maar in, of werden zijn ogen nu echt een beetje vochtig?

Met zijn linkerhand pakte hij een stempel dat hij met een klap op onze papieren drukte. Titi lachte, dat geluid vond ze leuk. Hij schoof de papieren naar ons toe en zei: 'Pas op als u zich meldt op de mairie, die zullen u niet zo mild behandelen.'

'Vraag op de mairie naar Marie-Ange, de secretaresse van de burgemeester,' had mijn broer gezegd. 'Ik heb haar al op jullie komst voorbereid.'

De jonge vrouw met het gouden kruisje om haar nek bekeek onze papieren, schudde haar hoofd vol donkere krullen en zuchtte. Na even nagedacht te hebben vulde ze formulieren voor ons in waarop stond dat we een *permis de séjour*, een verblijfsvergunning, hadden aangevraagd. Daarna gaf ze ons twee briefjes waarmee we op de benedenverdieping voedselbonnen konden krijgen.

'Maar wees op uw hoede voor de gendarmerie, die kan het u lastig maken,' waarschuwde ze.

Maar hoe zat het met die Panama-visa waar mijn broer over had getelegrafeerd? En wat had die 'salami' ermee te maken – was dat codetaal?

'We hebben contact met de honorair consul van Panama in Marseille,' legde mijn broer ons uit. 'Hij heeft al aan diverse mensen een visum verkocht, ook aan ons, jullie moeten je straks bij hem melden. Natuurlijk is hij niet bevoegd om visa af te geven en de regering daar mag er niets over te weten komen. In plaats van geld neemt hij salami aan als betaalmiddel. Ik heb een winkel ontdekt in de vieux port waar alle mogelijke delicatessen nog verkrijgbaar zijn, ook salami, natuurlijk tegen ongehoord hoge prijzen. De hoeren en pooiers die in die straat wonen hebben er waarschijnlijk niet het geld voor.'

Maar wat moet je met een Panama-visum als je niet naar Panama kunt?

Je kunt proberen ermee naar Portugal te komen. Sommige mensen is het al gelukt.

In de tijd die wij aan de Spaanse grens hadden doorgebracht waren onze papieren natuurlijk ongeldig geworden. De Tsjechische passen werden niet meer erkend door Spanje; de Spaanse en Portugese transitvisa waren vervallen, de bepalingen waren strenger geworden. Maar er was ook een positieve verandering: de Franse autoriteiten verschaften bewijzen *au lieu de passeport*, waar visa op gestempeld konden worden. De reden voor een dergelijke maatregel was, zoals altijd, ondoorgrondelijk. Misschien dat ze op die manier van problematische buitenlanders af wilden komen?

We gingen dus achter 'au lieu'-bewijzen en een middelgrote salami aan, waarmee we de honorair consul bezochten, een dikke Fransman. Hij liet ons eerst zweren dat we geen voet op Panamese bodem zouden zetten. We zwoeren met een rein geweten. Toen nam hij de salami in ontvangst, hield die voor zijn roodachtige neus en snuffelde er een hele tijd aan. Ik keek nieuwsgierig toe en vroeg hem: '*Monsieur le Consul*, eet u al die salamiworsten eigenlijk zelf op?' Hans trapte onder de tafel op mijn voet, waarna ik eraan toevoegde: 'Ik bedoel, is salami niet moeilijk verteerbaar?' Maar de honorair consul was niet zo lichtgeraakt. Hij leek eerder blij te zijn met iemand over dit onderwerp te kunnen praten, en hij verzekerde ons dat salami niet zwaar op de maag lag, als je er maar genoeg knoflook bij at. Terwijl hij de visa op onze papieren zette, leerde ik van hem de nuances van verschillende soorten salami: Hongaarse, Italiaanse – van het fijnste ezelsvlees tot ordinair paardenvlees.

'Hoe zit het dan met rundvlees?' informeerde ik.

Zijn onderkin trilde van verontwaardiging. 'Ah ça, non!'

Toen hadden we visa voor Panama.

Er gingen vanuit Portugal geen schepen naar Panama, waardoor je alleen een transitvisum kon krijgen als je een visum had voor een land vanwaaruit Panama per schip te bereiken was. Dat land was de v s.

Enkele bezitters van een Panama-visum hadden al een Amerikaans transitvisum gekregen. Het kostte vierhonderd frank per persoon. Dat was niet veel, maar we hadden geen geld. Ik ging naar het Centre Américain de Secours, en Varian Fry liet me die achthonderd frank uitbetalen. Maar hij was uit zijn humeur, omdat de Panama-escape al bekend was. 'Dat is míjn bron,' zei hij, 'wíj hebben die ontdekt. Het is altijd hetzelfde liedje. Zodra zich een mogelijkheid voordoet, wordt het doorverteld en stort iedereen zich daarop.'

'Wat verwacht u anders,' vroeg ik, 'ieders leven staat immers op het spel.'

'Ik heb hier nog mensen die heel veel gevaar lopen,' zei Fry. 'Die moeten eerst worden gered.'

'U hebt honderden mensen geholpen,' zei ik, 'en nog vele anderen hopen op uw hulp. Maar dan heb je nog meer anderen. Mensen die niet beroemd zijn en geen connecties hebben, en van wie er veel te veel zijn. Al die mensen die u niet kunt helpen. Er kan geen monopolie op het redden van levens bestaan, zelfs niet voor uw comité.'

Hij zette zijn hoornen bril recht en keek me even peinzend aan. Toen werd hij weer ongeduldig: 'Er is niet veel tijd meer. Als de vluchtwegen niet geheim blijven, krijg ik mijn mensen niet meer het land uit, de val zal dichtklappen.'

Er waren vast zaken die geheim moesten blijven, daar had hij gelijk in, maar die geheimzinnigdoenerij was een psychose geworden. Vooral de panische angst, vaak zonder reden, dat de reddingsboot te vol zou raken. 'Kunt u zich voorstellen,' vroeg ik, 'hoe het is als je iets voor vrienden moet verzwijgen terwijl je weet dat het hun leven kan redden?'

Toen ik wegging dacht ik nog: Ik zou niet in zijn schoenen willen staan. Ik zou niet de macht willen hebben te moeten beslissen wiens leven gered moest worden.

De Amerikaanse viceconsul bekeek de papieren die ik hem voorhield, en zei dat hij al verschillende aanvragen voor een transitvisum op basis van een visum voor Panama had afgehandeld. 'Hebt u achthonderd frank?'

Ik stak mijn hand uit, waarin ik het geld paraat hield. Hij pakte het aan en telde de biljetten. 'Er zijn met ingang van vandaag nieuwe instructies vanuit Washington,' zei hij. 'Transitvisa voor een doorreis naar Panama mogen pas worden afgegeven nadat de regering in Panama het visum heeft bevestigd. Het telegram naar Panama inclusief betaling voor het antwoord kost achthonderd frank. Kom over vijf dagen terug.'

Mijn hand trilde, ik wilde het geld weer terugpakken. Maar nee, ik moest me inhouden, ik moest zelfs heel nonchalant doen. Ik kon tenslotte niet zeggen dat hij dat telegram niet moest versturen, dat ik me bedacht had, dat we toch niet naar Panama wilden en liever hier bleven. Wanneer hij het antwoord uit Panama kreeg, moest hij in elk geval kunnen aannemen dat die visa volgens ons echt waren.

Weer iets in het water gevallen. Ik ging terug naar het Centre om Fry ervan op de hoogte te brengen. 'Ziet u nu wel wat ik bedoel,' zei hij bitter.

Het was een lange zomer in het betoverende vissersdorp Cassis. We lagen op het strand in de zon, of we gingen naar de *roche blanche*, de witte rots, waar het rustig en verlaten was. Ik lag vele uren op mijn rug in het water, want ik merkte dat ik in het zoute water mijn lege maag en de

Cassis, zomer 1941. Tweede van links Lisa Fittko

slapheid in mijn hoofd en benen minder voelde. Zo keek ik dan naar de blauwe lucht en dacht: als we nu eens geld hadden voor valse broodbonnen. Op een dag werd mijn badpak gestolen. Het was een ramp, want er was niets meer te koop. Maar ik had een grote Provençaalse hoofddoek. Onder argwanende blikken van Hans knipte ik daar iets uit en maakte daar iets van wat vijftien jaar later een bikini werd genoemd.

In Cassis waren nu tientallen emigranten die hiernaartoe waren gevlucht vanwege de voortdurende straatrazzia's en arrestaties in Marseille. Op de mairie en bij de lokale gendarmerie werd weliswaar nog steeds gevloekt, maar tegelijkertijd een oogje dichtgeknepen. Edmund was er en Heinrich, die zijn familie nog steeds niet had teruggevonden. Die ene niet meer heel jonge man met zijn stoppelbaard die je overal zag rondstruinen in zijn soldatenuniform was, als je heel goed keek, de Berlijnse kunstcriticus Paul Westheim; hij had valse papieren en was in deze uitdossing nauwelijks nog te herkennen.

Tegen de middag, als de honger het grootst was, begon Claire: 'Nu zou ik graag een schnitzel willen, eentje die over de rand van mijn bord hangt, mals en...' Verder kwam ze nooit, want dan hielden we haar mond dicht of we gooiden haar van woede in het water.

's Avonds gingen we meestal naar Bar de la Marine. We waren met een man of tien en zaten in de achterkamer, onder ons drie jonge Engelsen die op de heuvel boven het dorp woonden. De waardin, de dikste vrouw van Cassis, serveerde ons wijn uit haar geheime voorraad. Om niets van het nieuws uit Londen te missen zetten we de radio een paar minuten eerder aan en hoorden het einde van de Duitstalige uitzending, die aan de Franstalige voorafging. Als de waardin net op dat moment binnenkwam met haar glazen, liep haar gezicht donkerrood aan en riep ze: '*Arrêtez... je n'aime guère cette langue!* Ik hou niet zo van die taal!' We bezwoeren haar dat het dezelfde uitzending vanuit Londen was, maar dat interesseerde haar niet.

Het Centre, Varian Fry's comité, deed zijn best om zich aan de belofte te houden ons Frankrijk uit te helpen. Maar er waren steeds minder vluchtwegen. Er kwam een brief van Fritz Heine uit Lissabon: '... Helaas hebben we vandaag bericht gekregen uit New York dat het Emerescue (Emergency Rescue Committee – de organisatie die Varian Fry naar Frankrijk had gestuurd) geen visum voor de vs voor jullie heeft kunnen bemachtigen. Ze willen proberen een Cubaans visum te krijgen en zijn bereid garant te staan. Jullie kunnen er zeker van zijn dat ik alles zal doen om jullie te helpen.'

Van Amerikaanse vrienden kwam ook een brief: 'Misschien kunnen we jullie helpen naar de Joodse boerenkolonie in San Domingo te komen (...) in de tussentijd sturen we jullie wat kleren.'

Steeds minder vaak lukte het iemand uit Frankrijk weg te komen. Er werd gewikt en gewogen: als de Duitsers Zuid-Frankrijk bezetten, kon je misschien proberen over de Alpen naar Zwitserland te vluchten, al had de overheid daar sinds het uitbreken van de oorlog de grenzen bijna helemaal afgesloten voor emigranten. Maar ook daar was je niet veilig. Voor de oorlog al werden we, als we werden betrapt, regelmatig uitgezet naar Frankrijk. Was het misschien toch eenvoudiger om je in Frankrijk te verstoppen, met valse papieren onder te duiken, bij goedgezinde Fransen onderdak te vinden? Kon je je misschien zelfs in een plaats als Cassis staande houden?

In mei kreeg mijn broer Hans een visum voor de Verenigde Staten. Ondanks de weerstand van het Congres en president Roosevelt had Eleanor

Roosevelt door druk uit te oefenen – eerlijk gezegd: door chantage – bereikt dat er enkele honderden zogenaamde emergency-visa werden afgegeven; ze werden ook wel *danger*-visa genoemd. De ontvangers waren voornamelijk bekende kunstenaars, schrijvers en wetenschappers. Mijn broer, natuurkundige, was een van de mensen die op deze manier werden gered. Fry's Centre organiseerde en betaalde de overtochten, doorgaans met schepen die naar het Franse eiland Martinique gingen. Mijn broer voer met zijn gezin op de SS Winnipeg.

Het was bijna een vanzelfsprekend intermezzo dat de Winnipeg Martinique nooit bereikte. Op hoge zee werd het gekaapt door een schip dat onder Nederlandse vlag voer. Niemand op de Winnipeg wist wie achter de 'neutrale' vlag verborgen ging; sommige emigranten gooiden in paniek papieren, manuscripten en boeken overboord. Het was echter geen Duits maar een Brits schip. De Winnipeg werd naar Trinidad gedirigeerd, waar de emigranten, mannen, vrouwen en kinderen, weer een keer achter prikkeldraad werden gezet. Na een tijdje lieten ze de mensen die een visum voor Amerika hadden verder varen.

Hans en ik waren op de dag dat het nieuws kwam net in Marseille en liepen de Cannebière af. Hans liep altijd aan de rand van het trottoir. Dat had hij zich sinds 1933 als illegaal in Berlijn aangewend en het was een instinct geworden. Je kunt alles beter overzien, zei hij, en als er een razzia komt, kun je je sneller uit de voeten maken. Soms dacht ik: als we ooit in een land wonen waar we legaal zijn, zou hij het dan kunnen laten, niet meer langs de rand lopen en alles in de gaten houden?

Op de Cannebière kwamen we altijd kennissen tegen. Nu bleven ze staan: Weten jullie het al? Hebben jullie het al gehoord? Duitsland is de Sovjet-Unie binnengevallen.

Deze keer was het geen gerucht.

De strategen onder de emigranten die nog overgebleven waren zaten in hun stamcafé. Iets was anders deze dag: de mensen aan de diverse tafeltjes waren niet streng verdeeld in groepen, partijen of fracties. Mensen die waren opgehouden elkaar te groeten, bediscussieerden het onderwerp in allerlei variaties. Maar ik had de indruk dat iedereen eigenlijk alleen maar naar zichzelf luisterde.

'Het is het begin van de nederlaag van het Duitse leger, ik geef Hitler twee maanden.' Helaas had deze strateeg, bekend als schrijver van heel veel artikelen, tot nu toe meestal ongelijk gehad.

Maxim, de Russische emigrant die bekendstond als fervent vijand van de communisten, verkondigde: 'Nu is het tijd om mijn Zuid-Amerikaanse visum te gebruiken. Ik moet ergens heen waar ik me als vrijwilliger kan melden.'

'Als vrijwilliger?' vroeg ik. 'Voor wat?'

'Voor het Rode Leger natuurlijk.'

'U? U haat de Sovjet-Unie toch!'

'Dat heeft er niets mee te maken. U haalt alles door elkaar! Moedertje Rusland wordt aangevallen, en dan moet ik, Maxim, aan de kant staan toekijken? Wij Russen...'

Een grijze journalist, die iedereen kende, mengde zich in het gesprek. 'Jullie zotten! Zien jullie het niet – de opmars van de barbaren is niet te stoppen. Adolf Hitler: *imperator rex* van Europa en Azië!'

'Die is niet goed snik,' klonk een stem in de hoek.

'De arbeiders aller landen zullen opstaan om de Sovjet-Unie te beschermen,' zei iemand aan een ander tafeltje.

'Ach, nu is het geen imperialistische oorlog meer?' De twee ruziënde mannen waren overeind gesprongen.

'Kom, laten we gaan,' zei Hans, en hij duwde me naar de deur, 'voor de politie er is.'

Er kwamen steeds meer vrienden naar Cassis. Een aantal van hen kon in ons huis worden ondergebracht, in de Rue de Jeune Anacharsis. (We probeerden erachter te komen wie de jonge Anacharsis was, maar als we het de mensen op straat vroegen, keken ze ons alleen maar aan en schudden ze hun hoofd, wat zoveel wilde zeggen als: hoe kun je zo onderontwikkeld zijn.)

Ik was blij toen Erna met haar dochtertje kwam en wij hun nog een kamer in ons huis konden geven. We waren al zo lang bevriend. In Berlijn al, toen we nog heel jong waren. Vervolgens in Parijs. Nu aan de Middellandse Zee.

Ook Dörte kwam, Arthur Koestlers eerste vrouw. Toen Koestler er eindelijk in was geslaagd een visum voor haar te regelen, viel ze van de trap, brak een paar botten en kon ze het visum voorlopig niet gebruiken.

Waarvan we toen leefden? Ik denk van een kleine toelage die het Centre aan zijn beschermelingen gaf. De huren waren laag en aan eten kon je zelfs met de beste wil van de wereld niet veel uitgeven.

Het moet hoogzomer zijn geweest toen er plotseling geen sardines meer waren. Cassis leefde hoofdzakelijk van de sardinevangst. 's Morgens kon je verse vis kopen aan de kade, en als er genoeg was, bakte ik voor het hele huis sardines voor het ontbijt, want die sardines waren zo vet dat je ze zonder olie kon bakken. Maar dat was op een dag opeens voorbij. Het was onbegrijpelijk. Elke nacht voeren de boten uit en verbruikten kostbare benzine, en elke ochtend kwamen ze leeg terug. Er werd gezocht naar de oorzaak, er werd veel en heftig gediscussieerd, er waren veel meningen. Het moest het weer zijn. Nee, de maan. Of de Duitsers zaten erachter. Toen niets hielp, besloot men een bedevaart te maken. Dat moest op een zaterdag, en de optocht moest precies om middernacht aankomen op de berg waar de kapel stond van de beschermheilige van de sardines. Het hele dorp liep uit, en Erna en ik gingen mee uit nieuwsgierigheid. Ik kan me herinneren dat we helemaal slap waren van de honger.

De boten kwamen de volgende ochtend leeg terug, en ook de daaropvolgende ochtend en de daaropvolgende.

Een dertienjarige jongen dacht: ik ga eens op onderzoek uit en kijken of ik kan ontdekken wat er aan de hand is. Toen zijn vader nog sliep nam hij de boot, voer de zee op en speurde rond. Hij voer verder dan toegestaan, de baai uit, en ging kriskras heen en weer.

Wij lagen op het strand toen de boot terugkwam. Van verre zagen wij de jongen met opgerolde broekspijpen uit de boot springen, hij rende naar de kade en riep iets. Ze kwamen om hem heen staan, er ontstond een hele oploop, er liepen een paar mensen naar hun boot. We gingen naar de kade.

'Ik heb het zelf gezien!'

De jongen moest zijn ontdekking telkens opnieuw vertellen, voor de mensen die er later aankwamen.

'*Une dauphine!* – een dolfijn, groot en dik, met een jong. Ze liggen voor de baai en eten de sardines op! Allemaal!'

Het lukte de volgende dag pas om de reusachtige vis te vangen. Het jong was ontkomen. Een onvergetelijke triomftocht, met de dertienjari-

ge held voorop. De feestelijkheden duurden enkele dagen. De vishande-
laar met het grote schort was dag en nacht bezig de buit in stukken te
snijden, en wij stonden met de anderen in de rij om een stuk te kopen.
Boven de winkeldeur hing de kop van de dolfijn. Het hele dorp at zijn
buik rond.

Toen kwamen ook de sardines weer terug naar Cassis.

Erna en ik reden vaak met de bus naar Marseille om allebei onze zaken
te regelen bij verschillende comités en instanties. Soms spraken we af
met Paulette, die na een interventie van Varian Fry eindelijk uit Hôtel
Bompard was ontslagen. Ze hadden haar maanden eerder opgepakt bij
een razzia.

In Marseille werd de aanwezigheid van de Duitsers steeds zichtbaar-
der. Het zuiden leek al bijna bezet. In het grote hotel aan het einde van
de Cannebière zat de Wapenstilstandcommissie. Het was opvallend
hoeveel mensen er in het voorbijgaan op straat spuugden. Als wij er op
weg naar de vieux port langs moesten, gaven we elkaar een arm en staken over.

Erna en ik hadden de hele dag rondgerend en zoals gewoonlijk hadden we niet veel bereikt. We liepen vermoeid de grote buitentrap naar
station St. Charles op. Het was een zonnige dag, maar de verraderlijke
mistral was ijskoud en blies dwars door je heen.

We liepen het perron af. De trein naar Cassis was voller dan ooit, de
mensen hingen uit de ramen en stonden tegen de deuren geperst. We
werden er nergens in gelaten. De trein ging langzaam rijden, wij begonnen te rennen om nog een wagon te vinden waar we ons in konden
persen. Toen vloog er een deur voor ons open, er werden handen naar
ons uitgestoken en we werden via de treden omhooggetrokken. 'Merci,
merci,' zeiden we buiten adem, de trein kreeg meer vaart en wij lieten
ons op een vrij bankje vallen. Op datzelfde moment zagen we dat de
coupé vol Duitse uniformen zat.

De enige persoon in burger was een jonge Française in de hoek naast
ons, die haar gezicht afwendde, naar het raam toe. Een officier richtte
met een knikje het woord tot haar en vroeg haar glimlachend toestemming om te roken. Zijn hoogdravende Frans deed me denken aan de ge-
hate historische Ploetz-atlas uit mijn schooltijd. De jonge vrouw gooide

haar hoofd in haar nek en keek de man ijzig aan. Ze zei: *'Je vous en prie, monsieu,'* en het klonk killer dan de mistral. Na een tijdje sprak diezelfde officier ons aan, en Erna en ik begonnen geanimeerd met elkaar te praten over koetjes en kalfjes, natuurlijk in het Frans, en luisterden niet naar hem. Zichtbaar gekrenkt ging hij het gangetje op. Hij had waarschijnlijk graag indruk willen maken op de soldaten met zijn talenkennis en zijn man-van-de-wereldmanieren.

Daar zaten we dan, met op de bank tegenover en naast ons Duitse soldaten die Duits praatten.

'Moet je dat kleine zwarte duiveltje eens zien,' zei een soldaat in platDuits. Hij bedoelde mij. 'Een rasechte Française,' meende zijn buurman.

De soldaat met een Berlijns accent tegenover ons zei: 'Mij bevalt die blonde beter, met die lange benen.' Dat was Erna.

De situatie werd penibel. Een tiental Duitse ogen was op ons gericht en we mochten geen krimp geven. We mochten ook niets verkeerds zeggen, voor het geval iemand van hen Frans kon verstaan. Maar hoe kun je je goed houden? Er schoot me een mop te binnen en ik vertelde die snel, waarop we niet meer bijkwamen van het lachen. De soldaten keken ons verbaasd aan.

De daaropvolgende veertig minuten zouden we nooit meer vergeten. De soldaten praatten over onze anatomie zoals soldaten dat doen en ontleedden ons met hun ogen. Wij vertelden elkaar moppen en lachten. En als ons geen moppen meer te binnen schoten, begonnen we weer van voren af aan en lachten nog harder.

Eindelijk. Cassis.

Ik stapte als eerste uit. Erna na mij. Toen ze van de eerste trede stapte, bleef ze haken en struikelde ze. Een soldaat bij de deur greep haar onder haar arm vast. 'Rechtop blijven, moppie,' zei hij. Erna hervond haar evenwicht en stapte uit. De stationschef blies op zijn fluitje, de trein kwam met een ruk in beweging. Voordat Erna de deur dichtgooide riep ze nog achterom: 'Wees niet bang, ik red me wel...'

Wat was op dit moment gunstiger, een Joodse emigrant zijn of een 'arische' Duitser? Voor wie kon je je beter uitgeven? Als wat kon je je het beste aanmelden?

Hans en ik vonden het ene even ongunstig als het andere. Het beste was om je helemaal nergens voor uit te geven en je niet te melden.

Toen we de papieren au lieu de passeport aanvroegen voor de Panama-visa, kreeg ik die van mij direct, maar voor Hans was het lastig. 'Bent u Joods?' werd me gevraagd.

'Ja.'

Ze schreven op mijn papier: 'Réfugiée provenant d'Allemagne'.

'Religie?' vroegen ze aan Hans.

'Protestants.'

Het jonge meisje achter de balie zei kortweg: 'Dan kunt u dat papier niet krijgen.'

'Waarom niet?'

'Die reispapieren zijn alleen voor vluchtelingen.'

'Ik ben een vluchteling uit Duitsland.'

'Nee,' zei de jonge ambtenaar autoritair, 'u bent geen vluchteling, want protestanten worden in Duitsland niet vervolgd.'

'Wat zegt u?'

Maar ze ging niet in discussie. Blijkbaar waren er, op verzoek van de Duitsers, richtlijnen hierover vanuit Vichy, en blijkbaar was het op dat moment in orde om van de Joden af te komen. Over de rest van de vluchtelingen moesten de Duitse autoriteiten kunnen blijven beschikken. Hans kon zijn papier alleen maar via een kennis met connecties in handen krijgen.

Toen verordonneerde de regering-Pétain de registratie van Joden. We zagen dat dit een stap in de richting van Jodenvervolging in de onbezette zone was, naar Duits model. Wat moesten we doen? Veel Joodse emigranten vroegen zich af of het gunstiger was om je niet te melden of juist wel, of het gunstiger was binnen de grenzen van de wet te blijven. Als je je niet meldt en je wordt gepakt...

Ik meldde me niet. We waren het erover eens dat het niet 'gunstig' kon zijn om je voor vervolging te melden. Mocht het mogelijk zijn om te ontkomen, dan alleen als je je niet aan zulke wetten hield.

Ongeveer tezelfdertijd riep het Derde Rijk alle arische Duitsers in Frankrijk op om naar het vaderland terug te keren. Gratis vervoer. Wie vrijwillig terugging hoefde niet bang te zijn voor represailles. Zelfs politieke vluchtelingen zouden weer onbekommerd een vredig leven in familiekring kunnen leiden.

'Die zijn toch gek geworden,' zei Edmund, 'alsof iemand daarin zou trappen.'

'Misschien denken ze dat iemand die terugkeert niet meer gevaarlijk voor hen zal zijn,' zei Heinrich. 'Wie zich meldt, denken ze, heeft er genoeg van.'

Het was nauwelijks twee weken later dat Edmund met nieuws uit Marseille kwam: 'Heinrich heeft zich gemeld voor repatriëring.' Heinrich? Ónze Heinrich? Onmogelijk.

Langzaam reconstrueerden we zijn verhaal uit de gesprekken tussen hem en vrienden. Zijn vrouw en kind, die hij in Parijs had moeten achterlaten, waren onvindbaar. Er kon maar één verklaring zijn: ze moesten bij de bezetting naar het Rijnland teruggekeerd zijn. Dus waarop was het wachten nog, waarom aan de Middellandse Zee blijven zitten? Geen papieren. Geen geld. Als de Duitsers het zuiden bezetten, zou de Gestapo hem hier vinden. Dan was het veel gunstiger om je vrijwillig te melden voor terugkeer. Het verstoppen, het eeuwige vluchten, sinds 1935, toen hij uit het concentratiekamp was gekomen – hij kon niet meer.

Ze hadden hem murw gemaakt. Zou hij nog leven?

Later hoorden we dat hij toen we het over hem hadden al niet meer leefde. Zijn vrouw en dochtertje heeft hij nooit meer gezien.

Het waren er dan wel niet veel die zich meldden voor terugkeer naar het Duitse Rijk, maar Heinrich was niet de enige. En er werd gezegd dat degenen die niet meteen werden vermoord in het concentratiekamp terechtkwamen.

Je zou denken dat Hans met zijn carte d'identité, ook al was die verlopen, beter af was dan ik met mijn verblijfsontzegging, het refus de séjour. Maar niets was zoals je het zou verwachten.

We hadden weliswaar die provisorische papieren van de mairie, maar de gendarmerie moest eraan vasthouden dat zijn carte d'identité werd verlengd. Dergelijke aanvragen werden voortdurend afgewezen en die emigranten werden conform het regeringsbesluit naar een concentratiekamp gebracht – enige uitzondering waren de personen die binnen drie weken het land zouden verlaten. Waarschijnlijk waren mijn papieren zo miserabel dat de gendarmerie van Cassis er maar de voorkeur aan gaf mijn bestaan te negeren. Hans moest daarentegen die beperkte verlenging aanvragen, die hij kreeg op basis van het onbruikbare Panama-visum, dat daarmee in elk geval nog enig nut had.

'De drie weken zijn om en u bent nog steeds niet weg,' zei de brigadier toen die hem op straat zag. Zijn gezicht liep rood aan. 'Dat is tegen de voorschriften, ik moet u...' Hij slikte zijn woorden in. *'Je ne veux plus vous voir, plus jamais!'*

De hele zomer lang keek Hans voorzichtig om de hoek wanneer hij vanuit ons huis de steile Rue de Jeune Anacharsis uit liep, en als de brigadier zich aan de kade liet zien, trok hij zich weer terug. Maar wanneer de gendarme onverwachts uit de *tabac* of een bar naar buiten kwam en een confrontatie onvermijdelijk leek, keek hij weg, zodat hij Hans niet zag. Omdat het dorp zo klein was, gebeurde het ook wel dat de twee plotseling tegenover elkaar stonden, en dan stelde Hans hem gerust: 'Binnen drie weken, echt.'

We zaten met een paar andere emigranten om een tafeltje in Bar de la Marine en wachtten tot het tijd was om in de achterkamer naar het bbc-nieuws te luisteren. We dronken 'koffie' en ik had weer een bordje *oursins* voor me staan. Oursins zijn zee-egels, stekelige bolletjes die je op vaardige wijze moest openkraken om bij het eetbare binnenste te komen. De anderen lachten me uit om mijn eeuwige zee-egels, maar ik vond dat voor een lege maag het binnenste van een zee-egel nog altijd beter was dan niets.

Plotseling werd het stil. Er kwamen vijf politieagenten binnen, onder begeleiding van onze brigadier. Het was politie uit Marseille, die een van hun razzia's in de regio uitvoerde. Wat een pech dat we net nu hier moesten zitten, waar geen vluchtweg was. Als we probeerden weg te duiken in de achterkamer, zouden we de politie alleen maar op het spoor van het radiotoestel zetten.

De politiemannen liepen door de halfdonkere ruimte van het ene naar het andere tafeltje om de papieren te controleren. Bij ons kwamen ze als laatste. De twee stelletjes die bij ons zaten hadden gelukkig geldige papieren. 'Morgenvroeg melden bij de prefectuur in Marseille,' zei de agent. Nu waren alleen Hans en ik nog over. Ik drukte mezelf in een hoekje en maakte me heel klein. *'Vos papiers, monsieur.'* De agent hield zijn hand op.

Een provisorisch identiteitspapier van de gemeente Cassis.
Veiligheidshalve had Lisa Fittko de naam 'Lewin' aangenomen, omdat
de naam 'Fittko' op de uitleveringslijst van de Gestapo stond

Hans wees naar onze gendarme, die aan de andere kant van de ruimte tegen de bar leunde, met zijn rug naar ons toe. *'Monsieur le brigadier connait mon cas,'* zei hij met kalme stelligheid, 'de brigadier is van mijn zaak op de hoogte.'

'Eh, brigadier,' riep de agent naar de andere kant van de bar, 'deze heer zegt dat u zijn zaak kent.'

Onze gendarme draaide zich om en vroeg: 'Welke heer?' Toen zag hij Hans en zijn mond bleef openstaan.

'Klopt dat?' riep de agent ongeduldig. 'Ja,' zei de brigadier langzaam, 'ja, het klopt dat ik zijn zaak ken, en of ik die ken, ja.' De agent had haast. 'Merci, monsieur,' zei hij tegen Hans, 'neem me niet kwalijk dat ik u stoorde – bonsoir.'

Dat was weer een keer geluk hebben, maar hoelang zouden we dit spel nog kunnen blijven spelen, 'binnen drie weken'? De grond onder onze voeten werd steeds warmer. Fritz Heine had het over visa voor Cuba gehad. Meneer R., die met zijn gezin in Cassis woonde, had visa voor Cuba gekocht en stond op het punt te vertrekken. Toen we vertelden dat Emerescue voor ons van die visa probeerde te regelen, lachte hij. 'Weet u wat Cuba-visa kosten? Dat kan geen comité betalen. Vijfhonderd dollar leges per visum, tweeduizend dollar depot per persoon, boottickets vijfhonderd dollar per stuk.' Hij had gelijk, dat liep waarschijnlijk op niets uit.

Korte tijd later kwam Paul Westheim in zijn oude uniform aanzetten en hij liet ons een document zien: een visum voor Mexico. Voor hem, de beroemde criticus die polemiseerde tegen de 'kunstpolitiek' van de nazi's, was het waarschijnlijk gemakkelijker geweest zo'n inreisvergunning te krijgen. Weer iemand gered! We vierden het met een laatste fles wijn, en Westheim, die zich meestal afzijdig hield, praatte veel en werd steeds drukker. Hij had het over de toekomst – misschien is het gesprek me daarom bijgebleven, omdat je in die dagen weleens vergat dat er een toekomst was. Hij had het over de kaders die moesten worden gered voor de cultuur van het toekomstige Duitsland.

Voor ons spande mijn broer zich vanuit New York in om ons uit Frankrijk weg te krijgen; een paar vrienden die we de grens over hadden geholpen hielpen mee. Ze hadden het over Ecuador, Peru of Argentinië. Maar het lukte niet.

Het was herfst geworden, het jaar 1941 liep ten einde. We moesten het gewoon op een andere manier proberen. Toen kwam er weer een telegram.

II

Tweeëntwintig oude Joden

CUBA-VISA VOOR F GEKREGEN. STOP. GROTE SPOED, luidde het telegram uit New York dat half oktober 1941 op het kantoor van het Centre Américain de Secours in Marseille was aangekomen – een jaar nadat het comité ons had verzekerd te helpen bij onze vlucht als de tijd daarvoor gekomen was. We hadden die belofte altijd als een klein sprankje hoop gezien; hoe meer tijd er verstreek en het moment naderde dat de poort op slot ging, hoe kleiner dat sprankje leek. Het was niet eens als in een droom waarin je achter iets aan zit zonder het te bereiken. Want in zo'n droom geloof je nog dat je hoop in vervulling gaat, tot je wakker wordt. Maar hier viel niets te geloven.

'Er moet een aantal transitvisa van ons vernieuwd worden,' zei Hans, 'en we hebben de reispas nodig voor de Cubaanse visa. Dan moeten we de boottickets halen, maar daarvoor hebben we eerst een deviezenvergunning nodig, dus je moet...'

'Waar ligt Cuba eigenlijk?' viel ik hem in de rede.

'Ik weet het ook niet precies, ergens tussen Noord- en Centraal-Amerika. Waarom wil je dat nu weten?'

'Omdat ik het niet als een echt land vind klinken – Cuba. Net als die visa voor China of Panama; een stukje papier, maar geen plek waar je naartoe kan varen. Weet jij welke taal ze daar spreken?'

'Dat maakt toch niet uit – Spaans waarschijnlijk. Eerst moeten we je ouders uit de bezette zone zien te krijgen; dat zal niet eenvoudig zijn. Denk je dat ze het er nu eindelijk mee eens zullen zijn?'

'Edmund is ervan overtuigd. Vader heeft hem de laatste keer gezegd dat ze nu vastbesloten zijn, na dat incident op straat.'

In de tuinstad La Butte Rouge ten zuiden van Parijs, waar wij hadden gewoond en mijn ouders hadden moeten achterlaten, was nu een Duits legeronderdeel gestationeerd. Onze vlucht was nu al meer dan een jaar geleden. Toen het noorden bezet werd, bleven er niet veel mensen meer op die plek. De jonge mannen waren opgeroepen voor het leger en de rest van de bevolking had zich grotendeels aangesloten bij de miljoenenstroom die vanuit alle richtingen met voertuigen, per spoor of te voet naar het zuiden probeerde te vluchten. Een paar uur voor de Duitsers kwamen sloegen de mensen die waren achtergebleven te voet op de vlucht naar het zuiden. Het waren voornamelijk vrouwen met kleine kinderen en ouderen. Toen alle bewoners van de Rue Robert Hertz vertrokken, gooiden ook mijn ouders wat spullen in een kinderwagen en gingen ze met de stroom mee, zo snel hun voeten hen konden dragen. Na een uur of twee werden ze door Duitse troepen ingehaald, ze keerden om en gingen terug naar de Rue Robert Hertz.

Nu woonden de mensen dus in de bezette tuinstad. De Duitse soldaten gedroegen zich relatief beleefd tegenover de bevolking, alsof ze wilden laten zien: kijk, wij zijn geen *sauvages*, geen wilden, ook wij zijn beschaafd. Het had zijn effect. *'Ils sont corrects, ils sont polis, quand même,'* was aan het begin van de bezetting vaak te horen. Men klampte zich eraan vast, want dat hielp je te berusten in het feit dat je leefde onder vijandelijke bezetting. Dat verdoofde de angst en verschrikking echter maar even, die waren er direct weer wanneer men hoorde dat André, die op het nabijgelegen militaire vliegveld in Villacoublay werkte, gearresteerd was en als spion gefusilleerd. Je kon je niet doof en blind houden, je moest eraan denken wanneer je zijn weduwe met de tweejarige Nicole op de markt zag. En Jeannot, die in Parijs werkte, was bij een straatrazzia als gijzelaar gearresteerd en doodgeschoten; hij was een van de in totaal honderd slachtoffers geweest.

Mijn ouders dachten dat de omstandigheden in Butte Rouge, die hun gedurende de laatste jaren vertrouwd waren geworden, niet gevaarlijker waren dan op een willekeurige andere plek in Frankrijk. Hier kenden ze de mensen, ze hielpen hen; mijn vader kon lessen Duits geven – daar was nu veel vraag naar – en mijn moeder naaide af en toe iets voor mensen in de buurt, in ruil voor levensmiddelen. Ze wilden er niet nog een keer halsoverkop vandoor gaan; ze waren nu ouder, hun gezondheid had eronder geleden, ze hadden geen geld – en ze waren moe.

Op een ochtend ging mijn vader zijn dagelijkse wandeling maken.

Zoals altijd verliet hij precies om halfelf het huis, met zijn *béret basque* op zijn hoofd en zijn stok in de hand. Zoals altijd liep hij, nog steeds rechtop en met vaste tred, de licht stijgende Rue Robert Hertz uit die overging in het bos. Van de andere kant kwamen twee Duitse officieren aangelopen, verder was de straat leeg. Vader hoorde een van hen, de commandant van het garnizoen, zeggen: 'Zie je die oude Franse Jood aan de overkant? Dat is de volgende die ik ga pakken.' Vader dacht: Rustig doorlopen nu, niet laten merken dat ik hen kan verstaan. In elk geval denken ze dat ik een Fransman ben. Toen hij thuiskwam, zoals altijd exact om elf uur vijftien, zei hij tegen mijn moeder: 'Misschien moesten we toch maar eens overwegen om net als de kinderen naar het zuiden te gaan.'

'Er is een brief uit New York gekomen van mijn broer,' zei ik tegen Hans. 'Hier, lees maar eens.'

'Ik heb twee banen aangeboden gekregen,' schreef mijn broer Hans, 'en ik heb die aan de universiteit van Kansas City aangenomen, hoewel die me minder trekt. Maar daar waren ze bereid een voorschot te betalen zodat ik voor vader en moeder visa naar Peru kan kopen.'

'Voor vader en moeder visa naar Peru,' las mijn man hardop. 'Als dat mogelijk mocht zijn, moeten we ze zeker hierheen halen, want die visa kunnen ze alleen hier in de onbezette zone krijgen. Er is niet veel tijd meer, we moeten de overtocht meteen regelen. Ik bedoel vandaag nog.'

'Misschien moet ik naar ze toe gaan om ze te halen?'

Hans schudde zijn hoofd. 'Jij niet. Jij kan niet naar de woning waar de Gestapo ons op de dag van de bezetting van Parijs heeft gezocht. En dan ook nog met die papieren van jou, dat verlopen refus de séjour – die verblijfsontzegging.'

'Edmund misschien?'

Sinds de bezetting was Edmund al enkele keren illegaal de *ligne de démarcation* overgestoken om in Parijs belangrijke zaken voor andere emigranten af te handelen, en hij had dan altijd een bezoekje gebracht aan onze ouders. Alleen via hem en een paar andere vrienden hadden we contact met mijn ouders, omdat het postverkeer tussen de twee zones beperkt was tot briefkaarten, heel bijzondere: er stonden voorgedrukte zinnen op die je mocht aankruisen of doorstrepen, zoals 'Het gaat ons goed', 'Je krijgt de groeten van oma', 'We hebben mooi weer' of 'De kinderen zijn gezond'. Je mocht er alleen een naam en adres opschrijven.

'Edmund?' zei Hans, en hij dacht na. 'Nee, dat zou ook niet juist zijn. Ik weet dat hij meteen zou willen vertrekken en hij heeft de nodige ervaring, maar het zou onverantwoord zijn – wij emigranten lopen dubbel zoveel gevaar.'

We zaten nog steeds op het kantoor van het Centre Américain de Secours. 'We gaan de bus naar huis missen,' zei ik. Naar huis betekende nog steeds naar Cassis-sur-Mer.

'Misschien moest je eerst eens overleggen met mademoiselle Bertrand,' stelde Hans voor. 'Vraag haar of zij je ouders hiernaartoe kan brengen en hoeveel dat zou kosten. Ze zullen ons vast wel helpen dat geld bijeen te krijgen.'

Ik ging naar het oude huis waar ze op een kamer op de vierde verdieping woonde, niet ver van het kantoor. Ze was thuis.

Mademoiselle Bertrand was een Française van midden dertig; een klein maar krachtig, energiek iemand. Ze had vrienden onder de emigranten, ze begreep hun situatie en had sympathie voor hen. Omdat ze in enkele gebieden rond de demarcatielijn goed de weg wist, bracht ze mensen uit de bezette zone de ligne over. Het was voor haar een verbetering van haar inkomen en ze wilde graag helpen.

Ik legde haar uit waarom er voor mijn ouders veel haast bij was en vroeg haar wanneer ze naar Parijs zou kunnen gaan.

Het speet haar echt dat ze niet kon helpen, zei ze, maar ze had nu net besloten geen mensen meer de grens over te helpen. Wij wisten toch vast ook wel dat de bewaking nu dubbel zo scherp was; er waren voortdurend schietpartijen, er werd geschoten op mensen die probeerden illegaal deze kant op te komen. En wilden we nu werkelijk onze ouders blootstellen aan dat gevaar? Nee, dat was het niet waard, je leven riskeren voor een beetje geld.

Ja, ik zei dat we wisten dat het gevaarlijker was geworden, maar dat er niets anders voor ons op zat, dat die oude mensen de bezetting waarschijnlijk niet zouden overleven, en nu was er toch nog een mogelijkheid hen uit Frankrijk weg te krijgen. Ik kon toch moeilijk naar Cuba gaan zolang mijn ouders vastzaten in de bezette zone? Ik zag de bezorgdheid en het medeleven in haar ogen, maar ze bleef spijtig haar hoofd schudden.

We praatten lang met elkaar. We hadden het over andere mogelijkheden, maar we vonden geen oplossing. 'Het klopt, ik ken daar alles in de buurt,' zei ze na een tijdje, 'ik heb helpers aan beide kanten van de ligne.' Ze dacht nog eens na. 'Als ik nou een andere overgang kan gebruiken – laat me even denken, misschien iets meer naar het westen – maar dat zou dan wel de laatste keer zijn, daarna nooit meer.'

We waren het erover eens dat ze deze keer alleen mijn ouders moest meenemen en niet, zoals tot nu toe, groepjes van vier of vijf mensen. Dat zou nu te gevaarlijk zijn. En ze zou meer moeten vragen. Zeker, zei ik, natuurlijk begrijp ik dat, dat geld krijgen we wel bij elkaar. Het was donderdag. Misschien zou ze maandag al kunnen gaan.

Maandagmiddag. Mademoiselle Bertrand was onderweg naar Parijs. Morgenvroeg zou ze naar Butte Rouge gaan, waar mijn vader en moeder woonden. We hadden inmiddels de gelegenheid gehad hen op de hoogte te stellen via een zakenvriend van een kennis. Ze mochten geen bagage meenemen; mademoiselle Bertrand had ons weliswaar verzekerd dat de plek waar ze deze keer de ligne wilde oversteken niet zo moeilijk begaanbaar was, maar gezien de leeftijd van mijn ouders... Dus moesten ze weer alles achterlaten – de hoeveelste keer was dat nu in acht jaar tijd? Ik dacht: dat zal niet het ergste voor ze zijn, want elke keer hebben ze minder te verliezen.

We rekenden erop dat mademoiselle Bertrand dinsdag of misschien woensdag met hen zou terugkomen. Na het passeren van de ligne zouden ze eerst overnachten in een hotel in de 'vrije' of beter gezegd onbezette zone. (Hoe kon je spreken van 'vrij' terwijl de regering-Pétain de Duitsers probeerde te overtreffen in het vervolgen van Joden en antifascisten?) Vervolgens zouden ze uiterlijk donderdag de trein naar Marseille nemen en mademoiselle Bertrand zou ze diezelfde avond nog meteen naar ons in Cassis brengen.

Ook op donderdag kwamen ze niet.

Op vrijdag zei Hans: 'Je weet dat we alleen maar een schatting konden maken van de tijd. Dat kennen we toch, er zijn altijd onverwachte vertragingen.'

Op zaterdag gingen we elke keer als er een trein aankwam naar het station en 's morgens en 's avonds naar het busstation. Benzine was er allang niet meer, maar de bus uit Marseille reed op *gazogène.* Hij reed, stopte en dan tufte hij weer langzaam verder langs de stralende kust, maar bergopwaarts gaf hij het elke keer op. Dan was het uitstappen geblazen om in de houtskolen te poeren en de bus te duwen, er werd gescholden en altijd zei er wel iemand: '*Voilà l'essence de notre maréchal* – daar hebben jullie de benzine die onze maarschalk ons geeft.'

Mijn ouders kwamen maar niet. Hans zei nogmaals dat ze hun vertrek vast om een of andere reden hadden moeten uitstellen, en dat konden ze ons nu eenmaal niet laten weten. We moesten gewoon geduld hebben. Maar ik merkte dat hij nu ook zenuwachtig was.

Op zondag zag ik een kort berichtje in de krant: SCHIETPARTIJ BIJ DE DEMARCATIELIJN. Vier mensen hadden geprobeerd in de onbezette zone te komen; een van hen was daarbij omgekomen. De plaats stond er niet bij.

'Dit soort incidenten zijn er voortdurend,' zei Hans, 'mademoiselle Bertrand is toch een vindingrijke, ervaren gids.' Dat klopte allemaal. 'Geen reden om aan te nemen dat het iets met je ouders te maken heeft.' Misschien niet, maar misschien ook wel.

Op maandag ging ik naar Marseille. Het leek een beetje zinloos, maar ik ging toch naar de woning van mademoiselle Bertrand. Ik klopte aan, er werd niet opengedaan; daarom schoof ik een briefje onder haar deur door met het telefoonnummer van de papierwinkel van mademoiselle Jeanne in Cassis, via wie wij te bereiken waren.

Op maandag kwamen ze niet, en ze kwamen ook niet op dinsdag. Ik zocht naar kennissen die misschien iets wisten. Was er nieuws aan de ligne? Had iemand iets over mademoiselle Bertrand gehoord? Niemand kon me helpen.

Dinsdagavond, op weg naar de bus, zag ik Franz, een jonge Oostenrijkse emigrant. We stonden op straat en ik vertelde hem het verhaal van mijn ouders, dat we sinds donderdag wachtten en geen woord van hen hadden vernomen. En dat mademoiselle Bertrand verdwenen was.

'Verdwenen?' zei Franz. 'Ze is toch hier, in Marseille.'

'Onmogelijk. Ze zou meteen met mijn ouders naar Cassis komen. Dat is nu bijna een week geleden!'

'Ik zeg je toch,' herhaalde Franz, 'dat ze hier zit, thuis, ik kom er net vandaan.'

Enkele minuten later was ik boven in haar woning op de vierde verdieping; de deur naar haar kamer stond op een kier. Ik duwde hem open.

Mijn ogen moesten na het zonlicht op straat even wennen aan het halfduister. Eerst zag ik alleen maar haar bleke gelaat met het donkere haar dat eroverheen viel. Ze zat aan een oud bureautje, en toen ze opkeek zette ze grote ogen op en staarde me verschrikt aan. Toen sloeg ze haar handen voor haar gezicht en begon te huilen. Ik zette een paar stappen in haar richting, pakte haar bij de schouders, schudde haar door elkaar en zei: 'Wat is er gebeurd? Zeg toch wat, wat is er gebeurd?'

'Ik kon niets doen – ik kon ze niet helpen,' snikte ze.

'Leven mijn ouders? Vertel me of ze nog leven!'

'Ja, ze leven. Maar...'

'Waar? Zeg me waar ze zijn!'

'In Mâcon, in de gevangenis.'

Ik werd een beetje duizelig en moest gaan zitten. Zij huilde.

'Wanneer zijn ze gearresteerd?' vroeg ik na een tijdje.

'Donderdag.'

'Sinds wanneer bent u dan terug?'

'Sinds zaterdag.'

'En waarom hebt u niet...'

'Ik kon het niet,' viel ze me in de rede. 'Ik had gewoon niet de kracht om het u te vertellen.'

Lieve hemel, en wij hadden zoveel vertrouwen in deze vrouw, dacht ik, twee weken hebben we nu nog, dan moeten we weg.

Ik hield me in en zweeg even, ik moest haar de tijd geven om weer tot zichzelf te komen als ik alles wilde horen. Ze werd geleidelijk rustiger en begon te vertellen: 'Onderweg naar Parijs ging alles goed, ik ging naar uw ouders en we spraken af de volgende dag, woensdag, te vertrekken. Ze waren voorbereid en echt kalm. Op dinsdag sprak ik nog een paar vrienden in Parijs. Onder hen was een ouder echtpaar dat al bijna een jaar van plan was de ligne over te steken om naar het onbezette deel te gaan, maar ze hadden het telkens weer uitgesteld – de gebruikelijke twijfels: Waar gaan we heen? Waar moeten we van leven? Zal het zuiden niet binnenkort ook bezet zijn? Toen ze meekregen dat dit mijn laatste reis naar Parijs was, waren ze onthutst. Na een uur verschenen ze bij mijn hotel; ze hadden de knoop doorgehakt, of ik hen mee wilde nemen.

Ik aarzelde, want ik had beloofd alleen uw ouders mee te nemen vanwege het gevaar met grotere groepen – maar toen kon ik gewoon geen nee zeggen tegen deze vrienden, want ik wist dat het voor hen de laatste kans was.

Die middag kwamen ze nog twee keer op mijn hotelkamer; ze hadden het telkens over andere mensen die wanhopig waren en weg wilden. Of ik hen mee kon nemen. Ze hadden zelfs geld bij zich en zeiden voortdurend: Help ons toch! Help ons! Ik weet zelf niet waarom ik er uiteindelijk mee instemde, waarom ik me niet meer aan mijn strikte veiligheidsregels hield. Het kwam zeker niet door het geld. Het was een soort paniek die zich van me meester maakte, ja, dat was het, een paniekerige angst dat het anders te laat was. Eerst had ik toegezegd vier mensen mee te nemen, toen zes, toen – het leek niet meer uit te maken. Toen we op woensdagochtend bij elkaar kwamen om de laatste voorbereidingen te treffen, waren het er tweeëntwintig.

'Ja, natuurlijk bent u verbijsterd,' zo vervolgde ze haar verhaal, 'ik weet dat het een vreselijke fout was. Tweeëntwintig, allemaal ouderen. Ik geloof dat het allemaal Joden waren. Alleen maar vrouwen, behalve uw vader en nog één andere man. Ik vertelde hun dat we allemaal dezelfde trein zouden nemen, maar dat we ons moesten verspreiden over verschillende coupés, nooit met meer dan twee bij elkaar. Dat ze nooit herkenbaar mochten zijn als een groep en zich niet opvallend moesten gedragen.

Tijdens de treinrcis ging alles goed. Niet ver van de demarcatielijn stapten we uit. Behalve onze groep stapten er alleen nog twee andere vrouwen uit de trein; duidelijk lokale bewoners, ze staarden ons aan maar gingen toen hun eigen weg. Mijn mensen stonden allemaal dicht opeen op het perron en fluisterden opgewonden met elkaar.

"Ga niet bij elkaar staan, verspreid jullie!" siste ik. Toen leidde ik hen het station uit, zette ze in kleine groepjes af bij verschillende bistro's en zei dat ik hen gauw weer zou komen halen. Ik ging naar een kennis met wie ik maandenlang had samengewerkt. De situatie was de laatste dagen nog penibeler geworden, zei ze, er waren grenswachten bij gekomen en er waren herhaaldelijk schietpartijen geweest. Ik zou de groep via een andere route dan ik had gepland de grens over moeten leiden, en die was wel moeilijker begaanbaar en langer.

Ik ging terug naar de diverse bistro's en stuurde de mensen naar een verzamelpunt buiten het plaatsje. Het had geregend en het pad naar de ligne was zompig. Op bepaalde stukken moesten we op onze knieën door de modder kruipen, soms dwars door de bosjes. De oude mensen volgden me zwijgend. We passeerden onopgemerkt de lijn.

Toen we Mâcon in de onbezette zone bereikten, begon het donker te worden. De mensen liepen nu weer allemaal op kluitje, ik kon ze niet uit elkaar houden en dacht dat het een wonder zou zijn als de politie ons niet opmerkte. Ik ging met hen naar het hotelletje waar ik altijd overnachtte met mensen die ik naar de andere kant bracht. De eigenaresse was betrouwbaar en vroeg niet naar papieren. Op zoveel mensen was ze niet voorbereid, maar we legden matrassen op de grond en brachten iedereen in de beschikbare kamers onder.

Om ongeveer drie uur in de nacht werd er hard op de deur geklopt van de kamer waar ik samen met drie andere vrouwen sliep.

Politie. "Pak uw spullen en kom naar beneden." In het slecht verlichte portaal stonden enkele politieagenten op ons te wachten. Langzaam kwamen mijn mensen van de steile, donkere trappen naar beneden. De politiechef deelde hun mee dat ze allemaal waren gearresteerd omdat ze illegaal de demarcatielijn waren overgegaan.

Ik liep op hem af en zei dat ik hem graag even onder vier ogen wilde spreken. In een klein zijkamertje legde ik hem uit dat deze mensen tijdens de opmars van de Duitsers allemaal waren gescheiden van hun kinderen en dat ik ze nu hielp bij hun familie in de onbezette zone te komen.

"Hoe zijn die mensen aan deze kant gekomen?" vroeg hij. "Hebben ze papieren?"

Ik zei ja, dat de papieren in orde waren, dat ik die allemaal had verzameld.

"Laat ze me zien," zei hij en hij stak zijn hand uit. Ik deed mijn handtas open en rommelde er even in; uiteindelijk haalde ik er een handvol bankbiljetten uit en gaf die aan hem. Hij duwde langzaam mijn hand weg en ging terug naar het portaal. "De papieren van deze mensen zijn en règle – in orde," zei hij tegen de andere agenten. Terwijl ze weggingen, draaide hij zich naar me om en zei zacht: "U moet oppassen, mademoiselle."

Toen we de volgende ochtend op weg gingen naar het station, drukte ik mijn mensen nogmaals op het hart om niet bij elkaar te gaan staan. De trein naar het zuiden had vertraging, en ik ging informeren hoe laat hij werd verwacht. Toen ik terugkwam in de stationshal, zag ik de groep bijeen in een hoek staan – tweeëntwintig oudere, een beetje vreemd uitziende, angstige mensen. Tegelijkertijd zag ik enkele politieagenten op hen af lopen; het waren niet dezelfde als die nacht in het hotel. De chef was een bruut uitziende kerel – later bleek hij de commissaire de police van Mâcon in hoogsteigen persoon te zijn – die tegen mijn mensen brulde: "U bent allemaal gearresteerd." Ik stond iets verderop, en toen ze werden afgevoerd volgde ik ze op een afstandje om niet samen met hen te worden gearresteerd.'

Mademoiselle Bertrand zweeg. In haar ogen stonden weer tranen. Ik keek haar aan en het viel me op dat ze er vandaag anders uitzag. Ik had haar nog nooit eerder zonder make-up gezien.

'Vertel alstublieft verder,' zei ik. 'Ze zitten dus in de gevangenis, weet u waar? Hebt u geprobeerd om met hen in contact te komen?'

Ze liep onrustig heen en weer in het kleine kamertje. 'Nee,' zei ze met trillende stem, 'nee, ze hebben hen toen niet in de gevangenis gezet.' Ze ging weer zitten en staarde voor zich uit. Eindelijk vervolgde ze: 'Ze werden eerst opgesloten in een hal op het station. De commissaris ging weg en zijn mannen bewaakten de gevangenen. Ik liep een paar keer langzaam langs de glazen haldeur; enkele gevangenen zagen me, maar ze lieten niet merken dat ze me kenden. Na enige tijd keerde de commissaris terug en de groep werd naar buiten gebracht, naar een ander perron, waar een locomotief met een wagon stond. Gechoqueerd vroeg ik me af: wat is hij met hen van plan?

Ik was achter hen aan gelopen zonder dat ze me opmerkten. Nu begon ik te rennen, tot ik de commissaris had ingehaald, en riep: "Monsieur, attendez monsieur! Die mensen die u hebt gearresteerd zijn vrienden van mij. Ik neem vanaf nu de verantwoordelijkheid voor hen over – waar brengt u hen naartoe? Toch niet... Toch niet terug naar het bezette gebied... Dat kunt u niet doen, u kunt ze toch niet uitleveren aan de Duitsers?"

"Mais oui, madame," zei hij, "dat is precies wat we gaan doen. Het zijn buitenlandse Joden; zei u dat het vrienden van u zijn? U kunt beter uit de buurt blijven."

Inmiddels hadden ze de mensen in de wagon geladen en de trein kwam langzaam in beweging. Ik liep mee en bleef op de commissaris inpraten; hij pakte me beet en riep: "Wegwezen, anders arresteer ik u ook." Toen sprong hij op de trein.

Ik ging naar de wachtruimte, ik trilde zo erg dat ik eerst even moest gaan zitten. Wat kon ik nog doen? Misschien teruggaan naar de bezette zone – ik ben immers een Française en heb een reisvergunning voor beide zones. Ik zou kunnen proberen met een Duitse officier te praten; het leger is tenslotte niet de Gestapo.

Er kwam een trein het station binnen. Het was een locomotief met een enkele wagon... Was dat niet... De commissaris stapte uit, hij gaf een of ander bevel, de deuren gingen open. Mijn mensen kwamen langzaam uit de wagon gestapt. Ik telde: tweeëntwintig.

Ik heb geen idee wat zich daar heeft afgespeeld. Uw ouders zullen het wel weten. Maar die zitten nu opgesloten.'

'In Mâcon?'

'Er was geen plaats voor hen in de gevangenis in Mâcon. Ze sloten de vrouwen op op de zolderverdieping van een katholiek hospitium. Uw vader zetten ze vast in een houten gebouwtje op het perron; een gereedschapshok, door een wand afgescheiden van het stationstoilet. Het hok heeft geen ramen en natuurlijk geen water en verwarming. Waar die andere man zit weet ik niet.'

Ze gaf me het adres van het hospitium en de naam van de commissaire spécial de police van Mâcon. 'Hopelijk zijn het alleen maar geruchten,' voegde ze er nog aan toe, 'maar er wordt gezegd dat er nu mensen naar het oosten worden gedeporteerd.' (Zoals we veel later te weten kwamen, vonden inderdaad in die week de eerste deportaties plaats.)

'Hebt u de families van de overige mensen op de hoogte gesteld? Nee. Hebt u de adressen van de familieleden? Alstublieft, doet u dat nu meteen – u moet zich nu vermannen, misschien kunnen die mensen nog gered worden.'

Ik rende de trappen af. Over twee weken moesten we vertrekken naar Portugal om de boot niet te missen, wellicht was dat de laatste.

Ik ging direct naar het kantoor van het Centre Américain de Secours. De laatste maanden was het werk van het comité aanzienlijk ingeperkt doordat de autoriteiten steeds meer tegenwerkten. Er was een hele reeks medewerkers gearresteerd; enkelen van hen, onder wie Varian Fry, hadden het land moeten verlaten.

'Kunt u ons helpen, weet u een manier waarop we mijn ouders daar weer uit kunnen krijgen?'

Niemand wist raad. Alle connecties die het comité met hogere rangen had gehad waren opgedroogd. Iedereen was het ermee eens dat we die boot in geen geval mochten missen, na al die moeite die het had gekost om die visa voor ons te regelen. Iemand stelde voor dat wij meteen zouden vertrekken, in Portugal zouden we vast een grotere kans hebben om via connecties mijn ouders vrij te krijgen. 'Dat gelooft u zelf toch niet,' zei ik kwaad, 'wilt u ons voor de gek houden?'

's Avonds kwamen we met een aantal vrienden bij elkaar om te overleggen wat we konden doen. Edmund was er ook bij.

Een vluchtpoging organiseren was geen optie, daar waren we het over eens. Met uitzondering van Edmund. Hij zei dat hij de volgende dag naar Mâcon zou gaan om de vluchtmogelijkheden te onderzoeken.

'Nee,' zei Hans, 'dat idee moet je loslaten. Onder deze omstandigheden zouden vluchtplannen onverantwoordelijk zijn.' Zonder contacten met lokale bewoners zou elke onderneming eindigen in een ramp, voor mijn ouders en voor Edmund zelf. Zelfs al was het mogelijk om mijn vader uit die schuur te krijgen – misschien met hulp van spoorwegmedewerkers –, wat moest er dan met mijn moeder gebeuren? Nee, onmogelijk.

Edmund hield vast aan zijn plan. Iedereen praatte op hem in, het was een pittige discussie. Ik kan me herinneren dat Hans met zijn vuist op tafel sloeg als argumenten niet hielpen. En eindelijk liet Edmund zijn idee varen, 'voorlopig', zoals hij zei.

De enige manier was de commissaire tot vrijlating te dwingen. Hoe kreeg je zoiets voor elkaar? Wie kon er druk op hem uitoefenen, en hoe?

We moesten alles proberen. Morgen zou ik in Marseille langsgaan bij de organisaties die betrokken waren bij hulpacties voor de emigranten. Hans moest nog een paar tijdrovende formaliteiten voor ons vertrek afhandelen; toch zou hij ook contact opnemen met een aantal invloedrijke mensen die hij kende. De anderen zouden gaan praten met vrienden die wellicht een oplossing wisten.

Er waren een stuk of vijftien hulporganisaties voor emigranten in

Marseille. Zo had je HICEM die Joodse vluchtelingen hielp, dr. Joy van de Amerikaanse Unitarian Church, het echtpaar Field dat de quakers vertegenwoordigde en voornamelijk voedingsmiddelen voor de emigranten in de Franse concentratiekampen verzorgde, een protestantse groep die zelf hulpverleners had in enkele kampen – ik kan me niet alle hulporganisaties herinneren, maar ik ging met ze allemaal praten. Iedereen voelde zich betrokken bij de tragische situatie, maar niemand wist een uitweg. En er waren zoveel andere dringende gevallen waar ze zich om moesten bekommeren.

Ik vertelde het verhaal aan iedereen die maar wilde luisteren. Misschien had iemand wel een idee of kende die weer iemand die kon helpen. Ik zag Marie-Ange 's morgens toen ik naar de bus liep en ik vertelde zelfs haar erover. Marie-Ange was de secretaresse van de burgemeester van Cassis; ze toonde zich altijd hulpvaardig tegenover ons emigranten, ze was een vriendin van ons geworden. Natuurlijk kon ze me niet helpen, maar ik moest haar gewoon vertellen wat er met mijn ouders was gebeurd.

Toen we na twee dagen nog niets hadden bereikt, overwogen we of ik niet naar Mâcon kon gaan om te proberen met de commissaris te praten, al was hij klaarblijkelijk een nazivriend en collaborateur. Ik belde hem eerst een keer om te kijken hoe hij reageerde. Ik zei dat ik de dochter was van monsieur en madame Ekstein en dat ik morgen zou aankomen om hen te bezoeken; of hij zo vriendelijk zou willen zijn ervoor te zorgen dat ik hen kon zien. Hij begon door de telefoon te schreeuwen en ik ving iets op van *ces juifs-là*. Ik kon hen niet te zien krijgen en als ik naar Mâcon kwam zou ik meteen gearresteerd worden.

Dat had dus geen zin. Ik ging weer naar Marseille om met mensen te praten.

In de bus liet ik alles nog een keer door mijn hoofd gaan, mijn hersenen vonden maar geen rust: we móésten een uitweg vinden. Ik kon niet gewoon maar Frankrijk – en Europa – verlaten terwijl mijn ouders gevangengehouden werden door die fascisten. Aan de andere kant, mijn man móést weg uit die val. Ik kon hem niet in de steek laten, en ik kon mijn ouders niet in de steek laten; ik kon niet kiezen tussen die twee – er móést echt een oplossing komen.

Tegen het einde van de dag, een dag waarop ik weer niets had bereikt, zag ik Fritz, de jonge emigrant met wie we in Marseille bevriend waren geraakt.

'Heb je het al bij het Zweedse consulaat geprobeerd?' vroeg hij toen hij mijn verhaal hoorde.

'Het Zweedse consulaat? Nee, ik was bij de Amerikanen, maar ze lieten me niet eens binnen. Hoe kom je bij Zweden?'

'Luister,' zei Fritz, 'het is maar een ideetje van me en misschien levert het niets op, maar schaden kan het ook niet. Mij is verteld dat meneer Berglund, de consul, de broer van een socialistische journalist is. Dat is alles wat ik weet, en ook dat alleen maar van horen zeggen. Je kunt dus niet aan mij refereren, want hij kent me helemaal niet.'

Dat klonk niet heel hoopgevend. Maar ik had echt geen idee meer tot wie ik me nog kon wenden. Zweden, bedacht ik me, had de diplomatieke vertegenwoordiging van Duitsland bij de regering-Pétain in het onbezette Frankrijk op zich genomen. Wie weet, misschien kon dat helpen?

Het was al laat in de middag en de Zweedse consul zat alleen in zijn kleine kantoor. Meneer Berglund was een grote, slanke man, terughoudend beleefd. Hij luisterde naar me toen ik hem vertelde wat er met mijn ouders was gebeurd en hij zei dat het hem oprecht speet, maar hij vroeg waarom ik naar hem was gekomen. Het was me toch zeker wel duidelijk dat zijn consulaat me niet kon helpen.

Ik zei dat ik op een of andere manier het gevoel had dat hij als vertegenwoordiger van Zweden begrip zou hebben voor mijn situatie. 'Gevoel?' zei hij verbaasd, maar ik had de indruk dat zijn ogen een beetje glimlachten, en dus ging ik verder: 'Ik dacht dat u me wellicht advies kon geven. We moeten weg, ziet u, en er is niet veel tijd meer.'

Hij werd formeel. 'Van mij kunt u geen hulp verwachten. Persoonlijk spijt me uw situatie zeer, maar als vertegenwoordiger van mijn regering kan ik me hier niet in mengen.'

'Ik heb natuurlijk geen verstand van zaken op diplomatiek gebied,' zei ik voorzichtig, 'en u volgt ongetwijfeld de regels, en dat die er zijn is ongetwijfeld volkomen terecht. Maar het zijn warrige tijden waarin we nu leven en wat er met mijn ouders gebeurt is toch echt niet normaal. Zou het niet zo kunnen zijn dat de bestaande regels hun zin verliezen in een wereld waarin alle waarden op de kop staan?'

'U hebt het over morele waarden, als ik u goed begrijp,' zei de consul.

'Mijn rol hier beperkt zich tot consulaire plichten, en helaas bestaat er geen verband tussen die taken en uw kwestie.'

'Maar uw regering vertegenwoordigt toch de belangen van Duitsland in Frankrijk?' probeerde ik ertegen in te brengen.

'Waarschijnlijk doelt u op het feit dat het koninkrijk Zweden de *consulaire* vertegenwoordiging voor het Duitse Rijk in Frankrijk op zich heeft genomen,' corrigeerde hij me.

'O, ja, inderdaad. Dat bedoel ik. In elk geval denk ik dat de commissaris van Mâcon u als vertegenwoordiger van Duitsland zou beschouwen, en voor hem is dat de hoogste autoriteit.'

'Suggereert u nu dat ik mijn ambt zou moeten misbruiken?'

'Misbruiken? – *Abuser?* – Ik ben naar u toe gekomen met het verzoek me te helpen tegen een schaamteloos misbruik – *pour arrêter un abus honteux!'*

Ik pak het helemaal verkeerd aan, zei ik op datzelfde moment tegen mezelf. Ik moest hem niet uitdagen; ik moest proberen hem mild te stemmen in plaats van hem te irriteren, ach, het maakte toch niet uit, hij ging er toch helemaal niet in mee.

Na een korte stilte kreeg ik het volgende idee: 'Misschien zou u mijn ouders kunnen gelasten naar uw consulaat te komen? *Une convocation?* Gewoon een oproep u te bezoeken. Daarmee zou de commissaris hen zeker naar Marseille laten gaan; hij zou een brief van u niet negeren.'

'Madame, ik ken uw ouders helemaal niet, en ik kan me er ook niet mee bemoeien. Ik vrees dat het geen zin heeft deze aangelegenheid nog verder te bespreken.'

Dus weer niets. En dan moest ik nu zeker opstaan en vertrekken. Maar ik aarzelde en dacht: Deze man hier zou me kunnen helpen. Ik weet niemand anders meer tot wie ik me zou kunnen wenden. En ik nam een besluit: Ik ga niet weg. Ik blijf hier zitten tot hij me helpt. Waar zou ik ook anders naartoe moeten gaan?

Ik vroeg me af waarom hijzelf niet was opgestaan. Hij zat daar maar stilzwijgend achter zijn bureau, zonder te bewegen. Ook mij schoot niets meer te binnen, ik had alles al gezegd. Zo zaten we woordeloos tegenover elkaar, een hele tijd, dunkte me. Er viel niets meer te zeggen.

Maar toen begon hij toch weer te praten. 'Is uw vader Joods?'

'Ja.'

'Waar komen uw ouders vandaan?'

'Uit Wenen.'

'Wat deed uw vader daar?'

'Hij was uitgever van een tijdschrift.'

'Wat voor soort tijdschrift?'

'Een literair tijdschrift. Pacifistisch.'

Hij was weer een tijdje stil. Toen zei hij: 'Ik zou u alleen een convocation voor uw ouders kunnen geven als u zweert dat ze nooit hier in het consulaat zullen verschijnen. Ik moet uw belofte hebben dat de brief alleen zal worden gebruikt om die aan de commissaris van Mâcon te kunnen voorleggen.'

Ik beloofde het en gaf hem mijn woord.

Hij ging naar de andere kamer en ik hoorde een typemachine ratelen. Op zijn bureau zag ik een paar enveloppen van het consulaat liggen, waarvan ik er een paar in mijn handtas liet verdwijnen. Je wist maar nooit, misschien had ik er nog een nodig.

Ik kan me de brief die hij me gaf woordelijk herinneren, niet alleen vanwege de inhoud, maar ook vanwege de stijl: *Nous, Consul Général du Royaume de Suède, représentant le Deutsches Reich en France, convoquons M. et Mme. I. Ekstein à se présenter sans défaut au consulat...* (Wij, consul-generaal van het koninkrijk Zweden, vertegenwoordiger van het Duitse Rijk in Frankrijk, roepen de heer en mevrouw I. Ekstein op om onverwijld te verschijnen op ons consulaat...)

Consul Berglund had aan alles gedacht; hij had de brief een paar weken eerder gedateerd, en hij gaf mij het origineel en een kopie, beide voorzien van zijn handtekening en een stempel van het consulaat.

Tien minuten later stond ik op het hoofdpostkantoor, waar ik de kopie in de envelop van het consulaat stopte, die ik adresseerde aan de Commissaire Spécial de Police de la Ville de Mâcon en in de brievenbus gooide.

'Monsieur Ekstein,' zei de commissaris, 'ik heb u hier laten brengen omdat ik voor u en uw vrouw een oproep heb ontvangen van het Zweedse consulaat in Marseille. Het schijnt dat er een of andere dringende aangelegenheid moet worden afgehandeld.'

'Dat klopt. Het gaat om een tamelijk gewichtige zaak,' zei mijn vader.

Zijn reflexen waren altijd al verbazingwekkend snel.

'Ik had graag gewild dat u mij dat meteen had laten weten.'

'Daar had ik nauwelijks de gelegenheid toe.'

'Ik wil u er in geen geval van weerhouden gehoor te geven aan deze oproep,' zei de commissaris. Hij was nu beleefd, bijna aardig. 'Dit stelt ons echter wel voor een probleem. Om de reis naar Marseille voor u en uw vrouw mogelijk te maken, moet ik u daarvoor toestemming geven, een sauf-conduit. Zoals u weet moet u daarvoor een permis de séjour, een verblijfsvergunning, voor de plaats van bestemming hebben.'

'Nou, dat hoeft geen probleem te zijn,' zei mijn vader zonder enige aarzeling. 'Ze hebben ons een verblijfsvergunning gegeven voor de gemeente Cassis-sur-Mer.'

'Hebt u die op papier?'

'Omdat er geen normaal postverkeer tussen de zones bestaat, was dat onmogelijk. Onze kinderen in Cassis hebben die vergunning. Neemt u alstublieft contact op met hen.'

De burgemeester van Cassis zat in zijn kantoor te praten met een bezoeker. Marie-Ange, de secretaresse, zat in een naastgelegen kamer aan haar bureau te werken. De telefoon ging.

'Hier spreekt de commissaris van politie te Mâcon,' klonk de stem aan de andere kant van de lijn. 'Ik zou graag de burgemeester willen spreken.'

Na een paar tellen zei Marie-Ange: 'Monsieur le maire is er helaas niet; hij moest een paar dagen op reis. Kan ik u misschien helpen?'

'Dat is waarschijnlijk niet mogelijk. Het gaat om een echtpaar met de naam Ekstein, dat hier in Mâcon is en verklaart in het bezit te zijn van een verblijfsvergunning voor Cassis. Ik kan echter geen sauf-conduit afgeven zonder een bevestiging van uw burgemeester.'

'Monsieur en madame Ekstein?' zei Marie-Ange weifelend. 'Ja, nu herinner ik het me weer. Een momentje, alstublieft. Hier, ik heb het gevonden. Voor hij vertrok gaf monsieur le maire me een permis de séjour, voor het geval het nodig mocht zijn.'

'Dan zal het zo wel in orde zijn,' zei de stem uit Mâcon, 'ik zal dan maar een sauf-conduit voor hen uitschrijven. Merci, mademoiselle.'

'Il n'y a pas de quoi, monsieur,' antwoordde Marie-Ange, 'geen dank, graag gedaan.'

Dat was 's morgens. Mijn vader en moeder kwamen met de avond-trein aan in Cassis.

We konden nog vijf dagen samen doorbrengen in Cassis. We hadden zoveel te vertellen, te bespreken, te vragen, te regelen. En wat kon er worden gedaan voor de anderen die in Mâcon werden vastgehouden? Twee van hen waren eveneens vrijgekomen door bemiddeling van hun familie. Maar de anderen zaten er nog. Ook zij hadden de geruchten over deportaties naar het oosten gehoord. Mijn moeder had de namen en adressen van de familieleden van de vrouwen; er moest contact met hen worden opgenomen.

Het was laat, we moesten gaan slapen. Maar we wisten nog steeds niet hoe het zat met die trein waar ze hen in Mâcon in hadden gestopt; wat was er nou gebeurd toen ze hen naar het bezette gebied overbrach-ten? Goed, zei mijn vader, ik zal het snel nog even vertellen.

'Daar zaten we dan met z'n allen in die trein. We wisten natuurlijk dat ze ons terugbrachten naar de bezette zone. We reden een klein stuk-je, waarna de trein weer stopte. Ik stond voor het raam en zag dat het station vol Duitse uniformen stond. Ik deed voorzichtig het raam naar beneden om te kunnen luisteren. De commissaris stapte uit en liep naar iemand in een zwart uniform. Dat moet wel een hoge ss-officier zijn geweest. De commissaris sloeg zijn hakken tegen elkaar. Als hij geen Frans politie-uniform aan had gehad, zou ik hebben gezworen dat hij een Duitse nazi was. Hij praatte met de ss'er in een mengelmoes van Frans en Duits. Hij meldde dat hij *vingt-deux juifs allemands* had gevan-gen – tweeëntwintig oude Joden, herhaalde hij in het Duits, die illegaal de demarcatielijn over waren gegaan; hij had hen teruggebracht om ze over te dragen aan de Duitse autoriteiten; hij sloeg nogmaals zijn hak-ken tegen elkaar.

De nazi-officier staarde de Fransman aan. Toen hoorde ik hem zeg-gen: "Wát brengt u ons? Tweeëntwintig oude Joden? Kerel, je bent niet goed bij je hoofd! Alsof we hier niet al genoeg Joden hebben!" En toen brulde hij: "Wegwezen met die Joden van je, idioot!"

De trein reed terug naar Mâcon en wij werden opgesloten.'

(Twintig jaar later hoorde ik op de radio een bericht over het Eichmann-proces in Jeruzalem. Er werd verteld dat Eichmann had geprobeerd te bewijzen dat hij af en toe zelfs Joden had geholpen. Hij voerde onder andere aan dat ze een keer een groep Joden aan hem hadden overgedragen die illegaal de Franse demarcatielijn was gepasseerd. Hij, Eichmann, had de Franse officier bevolen die mensen weer terug te sturen naar de onbezette zone, met als reden dat Duitsland van de Joden af wilde.)

Vijf dagen later namen we de bus naar Marseille, voor de laatste keer.

Ik keek achterom; daar stonden mijn ouders ons uit te zwaaien en wij zwaaiden terug. Hoe vaak hadden we in die acht jaar elkaar al niet uitgezwaaid?

We gingen zitten en ik voelde de spanning van de voorbije weken van me afglijden, tot ik helemaal slap was. En ik was verbaasd: we gaan met de boot naar een eiland dat Cuba heet. Vader en moeder zijn vrij, maar ze kunnen niet mee. Maar ik zit hier zonder dat iets me raakt. Ik ben niet bang, ik ben niet blij, ik ben niet eens verdrietig. Ik voel niets, helemaal niets.

12
Voorbereidingen voor de reis. Herfst 1941

Voor ons vertrek naar het buitenland moesten we nog de visumaanvragen voor de Verenigde Staten naar Cuba laten sturen. Het was weliswaar algemeen bekend dat je daardoor op je nieuwe woonplek met prioriteit werd geholpen om de vs binnen te komen, maar we rekenden er niet op dat dat een rol speelde bij het toewijzen van de visa. We hadden ook echt geen idee of we eigenlijk wel van Cuba naar de vs wilden. Het zou ervan afhangen hoe je je in Cuba staande kon houden, en vooral hoelang de oorlog zou gaan duren en wanneer we naar ons vaderland konden terugkeren, en... en... Maar omdat we nu eenmaal niets konden plannen, wilden we geen mogelijkheid laten schieten.

Omdat ik elke dag in Marseille was om te proberen iets voor mijn ouders te regelen, ging ik ook naar het Amerikaanse consulaat. Er stonden toen niet meer van die lange rijen, want de hoeveelheid hoopvol gestemden was enorm geslonken.

Ik vertelde de reden van mijn bezoek en werd na een korte wachttijd ontvangen. De medewerker van het consulaat had ons dossier al voor zich op zijn bureau en bladerde erin.

'U zei toch dat het om een inreisvisum ging, *an immigration visa?*' Ik knikte.

'Dan hebben ze me waarschijnlijk per ongeluk een verkeerd dossier gebracht,' zei hij, terwijl hij opstond. 'Een moment alstublieft, ik ga zelf even kijken.'

Zijn voetstappen verwijderden zich. Ik leunde over het bureau en opende de map met documenten. Bovenop lag een telegram. Dat luidde ongeveer:

Ik klapte de map weer dicht en liet me weer op mijn stoel vallen. Had ik
het wel goed gezien? Ik stond snel weer op en las het telegram nog eens
heel aandachtig. Ik vergiste me niet, daar stond duidelijk: BEVESTIGD.

De voetstappen van de medewerker naderden, dus ging ik weer recht
zitten en probeerde een neutraal gezicht te trekken. Hij had een stapel
papieren onder zijn arm. 'Hier zijn de akten met de verzoeken voor een
inreisvisum,' zei hij. 'We zullen ze naar Havana laten sturen.' Hij keek
nogmaals in het dossier op zijn bureau. 'Dit is een aanvraag voor transitvisa voor emigratie naar Panama. U hebt klaarblijkelijk inmiddels een
andere keuze gemaakt. *Have a nice trip.*'

We hadden in mei dus naar Panama kunnen varen. Nu was het november en we gingen naar Cuba.

Er waren nog een paar voorbereidingen voor de reis die snel moesten
worden afgehandeld. De bewijzen van het ministerie van Justitie dat we
geen misdadigers waren hadden we voor de zekerheid al eerder geregeld. Nu moesten we nog een deviezenvergunning overhandigen.

De koers van de Franse frank was inmiddels zo gedaald dat je er in
het buitenland niets meer mee kon beginnen. Overtochten en bepaalde
visa moesten in dollars worden betaald. De regering-Pétain stond Joodse emigranten toe vijfhonderd dollar per persoon in één keer tegen de
officiële koers te kopen. De mensen waren gewend aan tegenstrijdige
maatregelen, en in wezen was deze ook helemaal niet zo verwonderlijk,
want Darlan had nog niet zo lang geleden verkondigd dat het Vichy's
doel was dat de Joden emigreerden.

Hans moest me meermaals uitleggen hoe het nu eigenlijk zat met die
deviezenvergunning. Hoe kon je nou dollars kopen als je geen geld had?
Dat was nu eenmaal, zo zei hij, het verschil tussen de officiële koers
en de koers op de zwarte markt: als je eerst dollars kocht en dan weer
verkocht, wat natuurlijk verboden was, had je ongeveer zes keer zoveel
franken als het bedrag dat je voor de dollars had betaald. 'Dat klinkt behoorlijk schimmig,' zei ik.

Er moesten nog meer emigranten zijn die de wetten van de zwarte handel in deviezen niet hadden begrepen, anders hadden de zwarthandelaren niet zulke goede zaken gedaan. Opeens waren ze overal opgedoken, iedereen had het over hen, maar hoe het nu eigenlijk zat, wat ze deden, die handelaren, wist maar een enkeling. Zij zorgden ervoor dat er een deviezenvergunning kwam nadat ze die hadden aangevraagd, kochten de dollars, verkochten die weer en gaven je dan het geld dat na aftrek van hun honorarium en de onkosten overbleef. De handelaren kon je herkennen aan hun heel stijlvolle kleding, die ze wel op de zwarte markt moesten hebben gekocht.

Je hebt toch recht op een deviezenvergunning, dus dan zou je toch eigenlijk geen tussenhandelaar nodig hebben, meende ik. Maar dan zei de een dat het allemaal te gecompliceerd was, en de ander beweerde dat een gewone particulier niet eens zou worden toegelaten, de aanvraag moest door een handelaar worden ingediend. Er gingen verhalen rond over gevallen waarin de handelaren de situatie zo erg uitbuitten dat de 'klanten' er bijna niets aan overhielden.

'Wij laten ons niet oplichten door een handelaar,' zei Hans vastberaden, 'wij doen het zelf wel.'

Ik keek hem aan. Wij? Hij, de niet-Jood met zijn Berlijnse accent boche wilde met Vichy onderhandelen om een vergunning te krijgen die voor Joden was bedoeld?

Hij zag hoe ik keek. 'Vrouwen krijgen in zo'n geval sneller iets gedaan,' voegde hij eraan toe. 'Doe jij het maar.'

De deviezenvergunning werd verleend door de Banque de Change in Châtel-Guyon, in de buurt van Vichy. Ik had echter eerst een sauf-conduit nodig voor de reis daarnaartoe. Dat viel onder de verantwoordelijkheid van de préfecture in Marseille, maar ten eerste was er geen tijd om daarop te wachten, en ten tweede liep je het risico daar te worden gearresteerd. Dus ging ik naar de *sous-préfecture* in Aubagne. Het dienstkantoor was leeg, de chef hield waarschijnlijk zijn middagslaapje. Er kwam een klein meisje naar binnen gekropen. Ik ging bij haar op de vloer zitten en we speelden met de pop die ze achter zich aan sleepte. Ons gegiechel wekte haar vader, die het kantoor in liep terwijl hij zijn uniform dichtknoopte, en toen hij ons zag moest hij ook lachen. Ik zei dat ik was gekomen om een sauf-conduit te halen.

'Dan bent u op het verkeerde adres, ik kan u helaas niet helpen,' zei hij. 'U moet zich tot de prefectuur in Marseille wenden.'

Ik veinsde zwaar teleurgesteld te zijn; hoe had ik me toch zo kunnen vergissen? Ik moest over twee uur in de trein zitten, dat zou ik nooit meer halen. Het kind kroop helemaal over me heen en trok aan mijn haren. We moesten allemaal lachen en de chef gaf me mijn sauf-conduit. Hij zei dat hij dat eigenlijk helemaal niet mocht doen, dat hij een uitzondering maakte.

De trein reed maar tot Clermont-Ferrand; vanaf daar moest je de bus nemen. Behalve de plaatselijke bewoners waren er ook enkele emigranten onder de passagiers, die eenvoudig te herkennen waren. Sommigen leken van die handelaren die ik in Marseille had gezien.

De bus reed door het donkere land en niemand zei iets. Midden in de nacht stopten we in een klein gat buiten Clermont-Ferrand. De chauffeur zei: 'Eindstation, iedereen uitstappen.' In de buurt van de halte stond één enkel gebouw, een klein logement; de acht tot tien emigranten liepen erheen.

De waardin kwam naar buiten en zei dat ze niet genoeg plek had voor iedereen, dat we kamers moesten delen. Toen ik met de anderen naar binnen wilde gaan, duwde een grote dikke man me aan de kant. Het was G., de Hongaarse journalist die we kenden uit Parijs, waar hij voor antifascistische kranten had geschreven – hoe is het toch mogelijk, dacht ik, die gedraagt zich nu als een fascist.

De waardin nam me bij de arm. 'Er is geen plek meer in de kamers. Komt u maar mee, dan schuif ik in het restaurantgedeelte twee tafels tegen elkaar, dan kunt u zich in elk geval helemaal uitstrekken.'

Ik bereikte het plein met het gebouw waar de Banque de Change was ondergebracht. Ik liep de buitentrap op. Er was in geen velden of wegen een mens te bekennen, ik was helemaal alleen. Mijn hakken klakten op de marmeren treden. Ik keek omhoog naar het gebouw en zag voor een raam twee grijze mannen in zwarte pakken, die naar mij staarden. Toen verschenen er nog meer mannen, die vanuit andere ramen naar mij stonden te staren. Ze zagen er allemaal hetzelfde uit. Ik dacht dat ik van bovenaf vast heel klein leek op die brede trap.

Een grijze man deed de deur voor me open en keek me nieuwsgierig aan. Hij schoof een stoffige stoel naar me toe en liet me een formulier invullen, waarmee hij verdween. Vervolgens stuurde hij me naar een kantoor waar een andere man me ontving – of was het dezelfde?

'U wilt dus een deviezenvergunning,' zei de beambte. 'Wellicht bent u er niet van op de hoogte dat er daarvoor agenten bestaan. Hoe bent u op het idee gekomen om zelf hiernaartoe te komen, helemaal alleen? Wij nemen geen individuele aanvragen in behandeling, het loopt allemaal via agenten.'

Ik vroeg of het niet toegestaan was om zelf zo'n vergunning aan te vragen. Verboden was het niet echt, antwoordde hij, alleen zou het erg chaotisch worden als iedereen zelf kwam. 'Vanwege de ingewikkelde voorschriften heb je een deskundig iemand nodig,' voegde hij eraan toe. 'Hoe graag ik u ook zou helpen...'

'Dat is mooi, dat u me wilt helpen,' zei ik. 'Zou u me kunnen uitleggen hoe ik zo'n aanvraag indien?'

'Nou, ten eerste,' zei de klerk, 'kan dat alleen via een bank worden gedaan, omdat alleen banken dollars in hun bezit mogen hebben. Bij welke bank hebben wij dan een rekening?'

Crédit Lyonnais, schoot me te binnen, was een grote bank in Marseille. 'Bij Crédit Lyonnais,' zei ik.

De grijsharige zei dat ik naar het plaatselijke filiaal van die bank kon gaan als ik het daadwerkelijk wilde proberen, misschien zouden die naar Marseille bellen en de aanvraag voor me indienen.

Bij Crédit Lyonnais werd ik ontvangen door de heer Duval, een jonge man die verwonderd maar behulpzaam leek. Hij kon niets beloven, maar hij wilde het proberen... 'Misschien kunnen we in een cafeetje gaan zitten,' zei hij, 'om deze kwestie verder te bespreken.'

Duval was nieuw bij dat filiaal. Hij kwam uit Parijs en had om overplaatsing gevraagd, vertelde hij me, voor een verandering van omgeving. Daarbij wierp hij me een onderzoekende blik toe, alsof hij wilde zeggen: begrijpen we elkaar? Omdat ik niet zeker wist wat hij bedoelde, glimlachte ik begrijpend en zei: 'Ah, oui.'

Hij wilde weten wanneer ik Parijs had verlaten. 'Voor de bezetting? Dan kunt u zich niet voorstellen hoe erg alles is veranderd.' Hij vertelde over het leven onder de bezettingsmacht, over de angst en verontwaardiging, en het groeiende verzet. Hier, in de onbezette zone, zaten we in een andere wereld.

'Hopelijk blijft het zuiden nog enige tijd onbezet,' zei ik.

De jonge man schudde zijn hoofd. 'Aan de andere kant hebben we het tegenovergestelde perspectief. Ik ben hier maar tijdelijk, over een paar maanden ga ik terug. Ik heb hier nog het een en ander af te handelen.' Hij bekeek me aandachtig.

Ging hij me uitleggen wat hij bedoelde met het tegenovergestelde perspectief? Hij kon toch niet willen dat de Duitsers heel Frankrijk bezetten?

Hij zat een tijdje met zijn koffielepeltje te spelen. Toen keek hij me weer aan: 'Hoe eerder, hoe beter.'

'Beter – voor wie? Voor wat?'

'Een opgedeeld Frankrijk is ook innerlijk verdeeld,' zei hij. 'De bevolking hier probeert zich aan te passen – het leven is nog draaglijk. Pas als het zuiden bezet is, als iedereen de terreur ondervindt, als er gijzelaars worden doodgeschoten, dan zal Frankrijk één zijn. Dat is waar wij aan de andere kant op wachten.'

Ik keek nog eens goed naar monsieur Duval. Een halfuur geleden dacht ik een aardige, ietwat verlegen jongeman voor me te hebben. Nu zag ik koude ogen in een hard gezicht.

'Heeft de onbezette zone niet ook zijn voordelen?' vroeg ik. 'Zou het niet eenvoudiger zijn om vanuit hier het verzet te organiseren?' Ik verbaasde me dat ik alle voorzichtigheid had laten varen; ik vertrouwde die man instinctief.

'De mensen hier zijn niet bereid om offers te brengen,' antwoordde hij. 'Dat zal pas veranderen als de jongens hier worden opgepakt en voor de arbeidsdienst op transport worden gezet naar Duitsland – maar laten we daar een andere keer op terugkomen. Hebt u een rekening bij onze bank in Marseille?'

'Ja.'

Hij monsterde me nogmaals. 'Kent u daar monsieur *le directeur* Marius?'

'Ja, een goede oude vriend,' zei ik zonder na te denken. Waarom ook niet? Een op de twee mannen in Marseille heette Marius.

'Dat zou het verstrekken van de vergunning voor u een stuk eenvoudiger kunnen maken. Ik kan vanaf kantoor de directeur opbellen.'

Hoe moest ik me daaruit praten? Ik kon gewoon zeggen dat het een persoonsverwisseling was. 'Goed, laten we teruggaan,' zei ik.

'Een momentje nog,' zei Duval, 'ik zou u iets willen vragen. Misschien kunt u mij ook helpen, in een heel belangrijke kwestie. U bent een vriendin van mijn vriend Marius – ik vertrouw u.'

O, mijn lieve hemel, dacht ik.

'Het had niet beter gekund,' zei hij verder. 'Het gaat om een boodschap – om een bericht, een gecodeerd bericht waarop hij zit te wachten. De post kan ik dat niet toevertrouwen. Zou u...'

'Graag. Ik ben blij als ik kan helpen.'

Ik weet niet of hij ook echt belde. In elk geval werd onze aanvraag dezelfde dag nog goedgekeurd en de volgende ochtend reed ik terug, met een grote envelop en een visitekaartje van monsieur Duval, waar op de achterkant iets van NOTRE CHÈRE AMIE, MME FITTKO stond geschreven.

In de grote hal van Crèdit Lyonnais in Marseille stonden groepen emigranten te wachten om hun franken te wisselen voor dollars. Onder hen waren ook handelaren, te herkennen aan hun verzorgde voorkomen. 'We komen al dagen hiernaartoe,' vertelden ze ons, 'maar telkens is de bank voortijds door de dollars heen.' Het waren voornamelijk mensen die door het Joodse comité HICEM werden geholpen bij hun emigratie. In elk geval waren er nog mensen die Frankrijk konden verlaten.

De officiële dollarkoers was 32 Franse frank. Het Centre had ons 's morgens 32.000 frank geleend, zodat we 1000 dollar konden kopen. We wilden eerst maar wisselen, zodat we het geleende geld zo snel mogelijk konden terugbrengen. Dan zou ik directeur Marius opzoeken en hem de envelop geven. We wachtten. Af en toe werd er iemand opgeroepen. Na een paar uur kwam de gevreesde aankondiging: 'We zijn voor vandaag door onze dollarvoorraad heen, komt u morgenvroeg terug.' De emigranten verdrongen zich rond de man die met deze mededeling kwam; ze vroegen hem een uitzondering te maken, ze zouden hun boot missen. Hij haalde alleen maar zijn schouders op.

Ik zei tegen Hans: 'Wacht hier op me, ik moet die brief afgeven voor ze dichtgaan. En misschien heeft de directeur toch nog ergens een paar dollars liggen.'

'Pas op met wat je tegen hem zegt,' zei Hans. 'Hoe haalde je het in je hoofd om te doen alsof je een vriendin van hem was?'

'Daar hoef je je toch niets voor in je hoofd te halen. Op zo'n vraag kun je alleen maar ja antwoorden, daar denk je niet over na.'

Ik liep naar een van de geüniformeerde medewerkers. Toen hij me aan zag komen, draaide hij zich om. Zijn rug leek te zeggen: kom niet naar me toe, ik kan u niet helpen. Ik ging dicht bij hem staan en zei met luide stem, zodat hij me wel moest horen: 'Breng mij alstublieft naar directeur Marius.' Hij draaide zijn hoofd in mijn richting en nam me van top tot teen op. Ik dacht: zo arrogant als jij kan ik ook zijn. 'De directeur verwacht mij. Geef hem dit kaartje.'

Het was een plezier om het verblufte gezicht van die man te zien. Hij aarzelde even, waarna hij wegliep. Even later kwam hij haastig terug, hij maakte een buiginkje en verzocht me hem te volgen, de directeur wenste me te zien. Mijn hart ging toch aardig tekeer – wat moest ik doen als hij me ter verantwoording zou roepen?

De deur naar het chique kantoor ging open. Monsieur Marius kwam met open armen op me af.

'Ik heb zojuist met monsieur Duval gebeld, hij heeft me over u verteld. Wat een geluk dat ik u mag leren kennen! Monsieur Duvals vrienden zijn ook mijn vrienden.'

Hopelijk merkt hij niets van mijn verwarring, dacht ik, en ik zei dat het genoegen geheel mijnerzijds was, dat de vrienden van monsieur Duval uiteraard ook mijn vrienden waren, en ik gaf hem de grote envelop. Hij zei iets over diensten van onschatbare waarde die ik Frankrijk verleende en vroeg of er iets was wat hij voor mij kon doen. Ik vertelde hem over de problemen met de dollars en zei dat we mogelijk daardoor onze boot gingen missen. Hij pleegde een paar telefoontjes, waarna hij meldde dat er in de bank inderdaad geen dollar meer over was, maar er reed meteen een pantserwagen naar het fort om die duizend dollar voor ons te halen, over een halfuur zouden we ons geld kunnen wisselen. Zo kwamen we diezelfde dag nog aan onze duizend dollar.

Ik zei tegen Hans dat ik me eigenlijk schaamde: we scholden altijd op emigranten die voordrongen en nu deden wij hetzelfde. We hebben niemand iets ontnomen, stelde hij me gerust.

De dollarkoers schommelde op de zwarte markt rond de 180 frank. We gingen naar de oude Claude, volgens Hans de eerlijkste onder de zwarte deviezenhandelaren, en verkochten de helft van onze dollars aan hem. Ik kon toen pas voor het eerst echt geloven in die deviezen-tovenarij, toen ik die transactie met eigen ogen zag. Gisteren hadden we niets, vandaag stopte Hans 500 dollar voor de grenscontrole in zijn portemonnee, en voor de overige 500 dollar kregen we 90.000 frank. Daarvan gaven we 32.000 frank terug aan het Centre. We lieten 40.000 frank achter voor mijn ouders zodat ze het konden uithouden tot hun emigratie, de rest verdeelden we onder een paar vrienden. Bij de grens zouden we ongetwijfeld problemen krijgen omdat we maar de helft van de gewisselde dollars konden laten zien. Maar daar zouden we ons wel op een of andere manier uit weten te praten.

Kennissen gaven ons twee oude koffers voor de reis. Het inpakken ging snel. Maar in die laatste dagen viel er nog veel te regelen. Hans kocht een klein notitieboekje dat gemakkelijk kon worden vernietigd en schreef daarin in steno op wat we daarginds in Cuba allemaal moesten regelen voor onze vrienden. Die kwamen allemaal langs en we bleven tot diep in de nacht met elkaar zitten praten. Ze waren blij dat er weer een paar van ons konden vluchten. Ik verbaasde me over mezelf, want het lukte me niet om met hen te delen in de vreugde. Het leek of het allemaal niets met mij te maken had. Wat was er toch met me gebeurd? Eindelijk, eindelijk konden we ontkomen aan de val, gingen we een reis over de oceaan maken, naar een eiland dat Cuba heette – en het deed me niets. Alsof ik vanbinnen hol was. Leeggepompt.

We haalden onze uitreisvisa op. Volgens nieuwe bepalingen liepen de aanvragen niet meer via de Vichyregering, maar werden de visa direct door de desbetreffende prefectuur afgegeven. Nu konden wij, degenen die een winter lang mensen via de bergen het land uit hadden gesmokkeld, met een echte visa de sortie de grens overgaan.

Daarmee waren onze voorbereidingen voor de reis afgerond.

Er was echter nog iets, een beslissing die we moesten nemen.

Sinds we die Cuba-visa hadden probeerde een aantal mensen met ons aan te pappen. We zouden via Spanje materiaal moeten meenemen naar Portugal. Er werd een beetje om de hete brij heen gedraaid, maar het was duidelijk dat de contactadressen in Lissabon waar die spullen moesten worden afgeleverd iets met de Engelsen te maken hadden. Er werd ook op gezinspeeld dat mensen die bij deze klus hielpen eventueel op hulp van ons konden rekenen. Hans zei nee. Spionagewerk sloot hij uit – ons werk lag op een ander vlak.

Ze lieten ons niet met rust: het ging om hulp voor de geallieerden, tegen de nazi's, dan mocht het geen rol spelen om wat voor soort werk het ging.

Hans was onvermurwbaar: voor dit soort werk waren wij niet de aangewezen personen, het was niet ons vak. Tegenover mij herhaalde hij wat hij al zo vaak had gezegd: 'Als je daar eenmaal mee in aanraking bent gekomen, zit je in de val, ze hebben je in de tang. Je raakt ergens in verzeild waar je plotseling een uitglijder kunt maken en op een hellend vlak terechtkomt. De spionage richt zich nu tegen vijanden, maar een volgende keer... Het is beter om je handen ervan af te houden.'

Ook Leoni, de Griek die we al lang kenden, benaderde ons. We hadden horen fluisteren dat hij contact had met de Engelsen.

'Met jullie kan ik openlijk praten,' zei hij, 'het gaat om boodschappen die dringend aan de geallieerden moeten worden doorgegeven. Jullie nemen die spullen mee en in Lissabon nemen jullie contact op met...'

'Nee,' zei Hans, 'jullie zullen iemand anders moeten zoeken.'

'Leoni,' zei ik, 'het is me een raadsel hoe iemand als jij zo'n draai kan maken. Je bent toch een politieke nazivijand – zie je het verschil niet tussen het verzetswerk en het werk voor de Intelligence Service?'

'Juist als politiek geëngageerden kunnen we niet gewoon aan de zijlijn blijven staan. In de strijd tegen de nazi's is iedere manier geoorloofd.'

'Onze manier is het niet.'

De volgende dag kwam Leoni terug. 'Ik moet iets anders met jullie bespreken. Het gaat om de leiding van de Spaanse republikeinen, die in Frankrijk is ondergedoken. Die mensen zouden misschien het land uit geholpen kunnen worden – de lijsten met namen en andere gegevens moeten naar Lissabon worden gebracht.'

'En daarmee zouden wij door Spanje moeten reizen?' vroeg ik.

Ze hadden vakmensen, zei Leoni, die de gecodeerde lijsten op flinterdun papier schreven, dat vervolgens opgerold, ingekapseld en vanaf de onderkant in een tube tandpasta of crème werd gestopt. In Lissabon zouden we helemaal niet in contact komen met de Engelsen, maar het materiaal afleveren bij Spaanse tussenpersonen.

Dat klonk mysterieus. Wie zou helpen die mensen het land uit te krijgen? De Engelsen – waarom zouden die zich opeens bekommeren om Spaanse republikeinen?

'Het gaat niet om politieke sympathieën,' legde Leoni uit, 'maar om doelmatigheid. Soms heb je elkaar nodig. Die Spanjaarden in Frankrijk staan in contact met grensgidsen. De Engelsen willen hun hulp om een vluchtweg voor hun neergestorte piloten op te zetten; in ruil daarvoor hebben ze beloofd om die mensen, die uiteraard niet door Spanje kunnen reizen, op een andere manier weg te krijgen. De regering-Pétain zou ze uitleveren aan Franco... Willen jullie er niet over nadenken?' vroeg Leoni. 'Zouden jullie het willen wagen om die lijsten mee te nemen door Spanje?'

Hans keek me aan. 'Geef ons die tubes maar,' zei hij.

'Niet te veel tandpasta,' zei ik, 'dat valt op. Neem ook scheercrème.'

Ik werd wakker toen de trein tot stilstand kwam en zag het kleine grensstation en de bergen die ons omgaven. 'Je hebt het hele stuk geslapen,' zei Hans, 'ik wou dat ik me zo kon ontspannen. Ik ben te zenuwachtig.'

Ik lachte. 'Nu alles helemaal legaal verloopt, nu we met echte papieren reizen, met een geldig overzees visum en alles erop en eraan, uitgerekend nu ben je zenuwachtig, nu we al bijna met één voet in Spanje staan.' Spanje – daarbij schoten me de tubes weer te binnen, de grote hoeveelheid tandpasta en scheercrème die we hier en daar tussen de overige spullen in onze koffers hadden gestopt. In mijn handtas had ik ook nog een tube schoonheidscrème.

In de kale ruimte stonden al enkele emigranten aan een lange tafel, waarachter de douanebeambten de mensen controleerden. Aan de andere kant van de ruimte keek je door een open deur uit op een perron. Op de rails stond een trein met een bord ZARAGOZA. Daarbuiten was Spanje – Franco-Spanje – en dat was onze trein.

Hans pakte onze papieren en de Amerikaanse dollars uit de portefeuille. Pas nu dacht ik er weer aan dat we van de in onze reispapieren vermelde duizend dollar er nog maar vijfhonderd hadden. Dat ik dat kon vergeten – ik had me veel te vroeg ontspannen.

Achter de tafel stonden de Franse en Spaanse douaniers. Een Fransman stond onze koffer te doorzoeken. Nu was ik ook zenuwachtig – die vervloekte tubes. Veel te veel! Vijf keer tandpasta, drie keer scheercrème. Dat moest wel opvallen.

Maar de douanier leek naar andere dingen te zoeken. Daar kwamen zijn handen tevoorschijn uit de door elkaar gewoelde kledingstukken en het ondergoed. In beide handen hield hij... een pakje sigaretten. Hij liet ze zonder iets te zeggen onder de tafel verdwijnen. Het waren de pakjes die we op het strand van Cassis tegen ongelooflijke prijzen hadden gekocht van koloniale soldaten. Een groot verlies. Maar de tubes waren voorlopig veilig.

De geopende koffers werden doorgeschoven naar de Spaanse douaniers. Daar begon het woelen opnieuw. De Spanjaard viste mijn flesje parfum eruit – Chanel No. 5, het afscheidscadeau van een dierbare vriendin –, daar verdween het onder de tafel. Toen pakte hij nog het stuk brood dat Edmund voor ons op de kop had getikt omdat er in Spanje helemaal geen brood was. We deden onze spullen inclusief de tubes terug in de koffers.

'Maak uw handtas leeg!'

Ik kreeg het warm. De Spanjaard, de parfumliefhebber, zou misschien de tube huidcrème inpikken voor zijn vrouw. Zijn vrouw zou die lijsten uiteindelijk zeker ontdekken; het zweet brak me uit. Nu hield hij de crème in zijn hand; hij keek ernaar en legde de tube voor zich op tafel. In zijn andere hand had hij mijn sigaretten – ze verdwenen bliksemsnel onder de tafel.

Ik moest hem afleiden. 'Hou de sigaretten, maar geef mijn etui terug!' riep ik terwijl ik mijn hand uitstak. Daarbij schoof ik zogenaamd onbedoeld de crème dichter naar de handtas toe. 'Mijn mooie leren etui. Mijn man heeft het me cadeau gegeven voor mijn verjaardag.' Ik begon zachtjes te snikken.

'U moet zich vergissen, *señora*, ik heb geen etui gezien,' zei de man terwijl hij langs me heen keek. 'Doorlopen!' Hij schoof me de tas toe, samen met wat hij eruit had gehaald. Ik veegde met mijn arm alles naar me toe en gooide het in mijn tas – de tube zat erbij.

Hans was ondertussen bij de Franse paspoortcontrole en ik luisterde met één oor mee. De douanier zei: 'Dat is vijfhonderd dollar. Waar is de overige vijfhonderd? In uw papieren staat dat u duizend dollar hebt gekocht om uit te voeren. Wat hebt u met de helft van het geld gedaan?'

'Dat kan ik u uitleggen,' zei Hans, 'we hadden uitgaven voor de reis...'

'Dat is tegen de wet!' schreeuwde de douanier tegen hem. 'Ik laat u arresteren! Wat hebt u ermee gedaan? Verkocht waarschijnlijk. Of weggegeven misschien? Aan wie? Aan wie hebt u deviezen gegeven?' Hij bladerde door de reispapieren. 'Hier. Hier staat het: NATIONALITÉ: PROVENANT D'ALLEMAGNE.' U bent een Duitser – die vijfhonderd dollar hebt u zeker aan uw vriend geschonken, aan meneer Hitler.'

Hans liep rood aan. Ik pakte mijn handtas en liep naar hen toe. 'Dit slaat toch nergens op,' onderbrak ik het geschreeuw van de douanier, 'ziet u dan niet wat er staat: RÉFUGIÉ PROVENANT D'ALLEMAGNE – RÉFUGIÉ, begrijpt u dat?'

'Aan meneer Hitler?' zei Hans langzaam, 'monsieur Hitler? Wie is hier meneer Hitlers vriend?' De douanier gaapte hem aan. 'Ik zal u eens vertellen wie hier Hitlers vriend is.'

Ik pakte hem bij zijn arm. 'Pas op met wat je zegt,' fluisterde ik.

Hans zei harder: 'Wie heeft zeven jaar geprobeerd vriendjes te worden met Hitler? Toen wij tegen die moordenaarsbende vochten, wie heeft toen met die moordenaars...'

Ik schudde aan zijn arm.

'Ça va, ça va,' zei de douanier beduusd, en hij klopte Hans op zijn schouder.

'... met die moordenaars verdragen afgesloten? La France glorieuse!'

Hij heeft nog nooit zo vloeiend Frans gesproken, dacht ik.

'En nu, nu bent u meneer Hitler wederom braaf van dienst...'

Iedereen stond om ons heen: de Franse en de Spaanse douanebeambten, spoorwegmedewerkers, treinreizigers. Iedereen probeerde Hans te kalmeren: ça va, ça va!

'... en moeten wij weer verder vluchten. Wilt u weten waarom? Wilt u weten wie geschenken geeft aan monsieur Hitler?'

De Fransman stak zijn hand met onze papieren naar hem uit. Ik pakte ze snel aan. 'Vous êtes en règle,' zei hij tegen Hans – u bent in orde!

Maar Hans luisterde niet. Hij was begonnen met een tegenoffensief om zich uit die situatie te redden. Maar nu, realiseerde ik me, zijn de sluizen geopend, de stroom is niet te stoppen.

'Het is Frankrijk dat Hitler geschenken geeft. Dat geschenk zijn wij,

233

de vluchtelingen, die weer verder moeten vluchten. La France généreuse schenkt ons aan de beesten.'

'U kunt doorlopen,' riep de Franse douanier opgewonden, en wild gebarend wees hij naar de Spaanse trein achter de doorgang, 'loop nu maar door, *tout va bien!*'

'*Votre maréchal* heeft ons verkocht...'

'Kom hier!' riep ik en ik schudde weer aan zijn arm, zoals ik weleens deed om hem wakker te maken als hij een nachtmerrie had. Daar stonden we dan met – bijna – één voet 'buiten'. Daar stond de ervaren verzetsstrijder, getraind in het zwijgen, voor wie ontspanning jarenlang onmogelijk was geweest. Daar, op dat moment, moesten al die opgekropte woorden eruit.

Er klonk een schril gefluit van de Spaanse trein. De locomotief maakte een hels kabaal. Hans probeerde boven het geraas uit te komen, maar ik kon hem amper verstaan.

'... ik ben een boche, maar wel een die vecht tegen de nazi's, begrijpt u dat?'

'De trein vertrekt!' werd er geroepen. De machinist sprong van de locomotief, pakte Hans bij zijn arm en trok eraan, een Spaanse douanier trok aan zijn andere arm, de Franse beambte klopte hem onafgebroken op zijn schouder en duwde hem daarbij een beetje vooruit. Nog één stap, Hans stond nu echt met één voet op Spaanse bodem. Hij riep achterom: 'Die twee vrienden, *c'est le führer et votre maréchal.*'

We stapten in en de trein reed door het rotslandschap. We waren in Franco-Spanje.

Op de stations bedelden kinderen om brood. Dat hadden we niet voor ze, want de douanier had het onze gestolen. In de coupé was een raam kapot en de deur ging niet dicht. Ik kroop weg in mijn hoekje; de dunne jas van Hans die hij over me heen had gelegd hielp niet veel, en af en toe vloekte ik: 'Zo koud heb ik het nog nooit gehad.'

Even later zei ik tegen Hans: 'We zijn in het land waar zoveel bloed voor de vrijheid heeft gevloeid.'

13
De volgende veertig jaar
(uit diverse notities)

Spanje

Drie onprettige dagen. De tubes tandpasta en scheercrème met de lijsten lijken hier een ton te wegen. Desondanks gingen we in Madrid een paar uur naar het Prado.

In ons pension zit een groep Joodse jongens die rechtstreeks uit Berlijn komt. We wilden met ze praten en horen wat zich daar allemaal afspeelt. Ze waren opgewonden, en een beetje verward vertelden ze over een gerucht: ze hadden Joden in een trein gestopt, zogenaamd om ze naar Polen over te brengen, maar toen werd er gas in de wagons gepompt. Ik zei later tegen Hans: Heb je dat gehoord? Gruwelijk, hoe die nazi's de Joden angst aanjagen – die jongens lijken echt te geloven dat zoiets mogelijk is.

Portugese grens

Onze coupé zit vol emigranten. De trein stopt, we zijn bij de grens, we zijn nu echt in Portugal. Vertegenwoordigers van het Joodse vluchtelingencomité HICEM staan ons op het perron op te wachten. Iemand staat op ons te wachten! Iemand bekommert zich om ons.

We stappen uit en staan op neutrale bodem. Een medepassagier zegt tegen me: 'Op de wc ligt een stuk echte zeep.' Ik ga harder lopen, en vlak daarna voel ik de gladde zeep in mijn handen en laat die heen en weer glijden, ook over mijn gezicht en armen, ik voel het schuim tussen mijn vingers en wat doet dat me goed. Witte, zachte zeep; niet zo'n grijze, kleverige massa met steengruis die je huid openschuurt.

Maurice en zijn vrouw haalden ons af van het station en sleepten ons meteen mee naar een Zwitserse patisserie, ik at chocoladetaart met slagroom en ben nog steeds ziek.

Tubes met lijsten probleemloos afgeleverd, bij een Spanjaard in een particuliere woning.

We ontmoeten kennissen, onder wie Spanjestrijders, die wachten op een boot naar Mexico. Onze boot is zonder ons vertrokken, geen plaats meer. Het comité belooft ons op de volgende boot te zetten. Paul Westheim is nog hier, ook hij wacht op een plekje op een boot naar Mexico. Ondertussen wandelen we met hem door de stad en laat hij ons de geheime wonderen van Lissabon zien, de kleine hoekjes en gaten, de kerkjes, gebouwen en mozaïeken die normaal verborgen blijven voor de toeristen.

Berthold Jacob, altijd maar weer die Berthold Jacob! Hij werd hier, in het neutrale Portugal, op de gang van het kantoor van de unitariërs ontvoerd door Gestapo-agenten. Net als destijds, in 1936, toen we samen in Bazel waren en hij uit het neutrale Zwitserland werd ontvoerd. Die beesten laten hem niet nogmaals ontkomen.

Op de SS Colonial
Een kleine boot, lijkt helemaal niet op een oceaanstomer, schijnt vroeger van keizer Wilhelm te zijn geweest. Een ongelooflijke drukte. We zijn de baai nog niet uit of het gekots is al begonnen.

Zoveel mensen, je kunt je nauwelijks verroeren. Er zijn veel oude mensen en kleine kinderen bij. De meesten zijn Joden, er zit maar een handvol 'ariërs' tussen. We slapen diep benedendeks in een reusachtig grote, donkere ruimte zonder patrijspoorten, waar normaal de bagage wordt opgeslagen. Mannen aan de ene kant van het schip, de vrouwen en kinderen aan de andere kant. Bijna iedereen is zeeziek; de rest en ik worden misselijk van de stank.

Als ik wakker word, zie ik een dikke rat op de balk boven mijn hoofd heen en weer rennen. De blonde Russische naast me pakt me bij mijn hand, knijpt erin en fluistert: '*Ne bougez pas, ne bougez pas.*'

Sommige emigranten in de eerste en tweede klasse willen ons uit de derde klasse niet op 'hun' dek en in de salons toelaten. Zij hadden toch meer betaald. Hans maakte in de tweede klasse op een sofa een bed klaar voor een oudere vrouw met een sjeitel (de pruik die door orthodox-joodse vrouwen wordt gedragen). Een andere passagier – hij zegt dat hij de voorzitter was van een Joods comité in een Zuid-Duitse stad – kwam woedend aangerend. 'Dat is míjn slaapplaats,' schreeuwde hij tegen de vrouw, 'weg, of ik gooi u eraf!' en hij begon aan haar arm te trekken. De mond van de vrouw stond open van schrik en ze begon zachtjes te huilen. Haar jongste zoon van een jaar of tien stond naast haar en zei: '*Mammele, mammele...*' Hans liep erheen, pakte de hand van de man stevig vast en zei: 'Hier wordt niemand ergens vanaf gegooid, vriend. Als je het nog één keer probeert...' De voorzitter rukte zich los en ging ervandoor. Bij de deur draaide hij zich om en riep naar Hans: 'Jullie Oost-Joden, jullie soort ken ik!'

Er heeft zich een groep van jongelui gevormd die de tijd doodt met flauwe grappen, onder aanvoering van de Aga Khan, zoals de dikke Hansel Kohn zich nu noemt. Ik moet vaak om ze lachen, maar soms erger ik me, als ze met hun onbenullige bobards de toch al bange mensen nog meer van streek maken. Doordat ze luid 'De kapitein zegt dat het gevaar voorlopig geweken is' fluisteren, veroorzaken ze paniek. Gisteren bazuinden ze de mededeling 'Om middernacht moeten we overstappen' rond, waarop sommige mensen daadwerkelijk begonnen hun bagage de steile trap op te slepen.

Een voor een kwamen een paar van de grootste 'grapjassen' naar ons toe om in vertrouwen met ons te praten.

Blijkbaar gaat het verhaal dat Hans en ik verstand hebben van papieren. Je merkte dat ze bang waren toen ze ons hun visa lieten zien. 'Zien ze er echt genoeg uit? Kan ik daarmee wegkomen in Cuba?' Ze zijn echt goed nagemaakt, werkelijk vakkundig gedaan, en met een beetje geluk zal het goed gaan.

Daarom dus die flauwe grappen. Ze proberen hun eigen angst te verdrijven.

We zitten te praten met mevrouw Levy, die vaak bij ons komt zitten. Meneer Levy is een groot zakenman uit Bremen en daar komen ze nu rechtstreeks vandaan. Het bedrijf is hun natuurlijk afgepakt. De kinderen zijn allemaal in Amerika getrouwd. 'Ze hebben er al jaren bij ons op aangedrongen dat we moesten komen,' vertelt ze ons.

Waarom hebben ze dan tot nu gewacht?

'Mijn man dacht altijd dat je niets zou overkomen als je niets verkeerds deed.'

We dobberen nu al tien dagen op de Atlantische Oceaan.

Er is een vrouw overleden. De oude orthodoxe jood met wie Hans bevriend is geraakt vraagt hem of hij in *sjivve* wil zitten. 'Ik ben toch een goj,' zei Hans. 'Maakt niet uit, jullie zijn toch goede gojem,' zegt de oude man in het Jiddisch, waarop hij Hans meetrekt.

Sinds het warmer is, slaap ik op het dek.

Op de veertiende dag worden we gewekt doordat er geroepen wordt: 'De kust! Cuba!'

Havana aan de groenblauwe zee, de ochtendzon stort zijn lichte goud uit over de witte bouwwerken, op de kade bedelen gebruinde kinderen om penny's en ze duiken in het water om ze eruit te vissen. Aan het dok staan mensen op de uitkijk naar familie op de SS Colonial. Sommigen lachen en zwaaien, ze gooien hun strohoed in de lucht en roepen iets naar de mensen aan boord, maar in het kabaal is het niet te verstaan. Ik zie ook mensen huilen; hoe vaak zullen ze wel niet voor niets naar de haven zijn gekomen?

Na vele uren wachten in de nu gloeiende zon worden we allemaal afgevoerd en opgesloten in kamp Tiscornia.

Cuba (uit de eerste bladzijden van het Cubaanse dagboek)
Vrienden die vóór ons zijn aangekomen nemen contact met ons op in het kamp en geven ons een introductie: de president heet Fulgencio Batista, hij is een bandiet; de regering, het hele land is corrupt. Zonder smeergeld kun je zelfs geen overlijdensakte krijgen.

In kamp Tiscornia zitten honderden emigranten. Er komt een tweede schip aan – misschien het laatste? – en naar binnen met die mensen, het kamp in. Ze proberen ons af te persen: we moeten meer geld betalen. Omdat we dat niet hebben laten ze ons na een dag of tien eruit. Ook de meeste anderen worden geleidelijk aan vrijgelaten – de echtheid van de visa speelt geen grote rol, smeergeld is belangrijker.

We vinden voorlopig onderdak in Máximo's hotel. Dat is een groot, vreemd gebouw met drie verdiepingen en binnen rond lopende, open galerijen waar ontelbaar veel kamerdeuren op uitkomen, als in een gevangenis. De kleine Máximo met zijn grijs gemêleerde haar is een van de vele Joden die jaren geleden vanuit Polen hierheen zijn gekomen. Zijn hotel biedt tegen een lage prijs plaats aan honderden emigranten. Hans praat vaak met hem. Het is eind november 1941.

Begin december. Japan bombardeert Pearl Harbor. Amerika mengt zich in de oorlog. Eindelijk! Cuba sluit zich aan bij de Verenigde Staten.

Mijn ouders. Nu zijn ze blijven steken in Frankrijk, zij en al die anderen. De contacten zijn verloren gegaan.

Op Cuba worden niet-Joodse Duitsers tot vijandelijke buitenlanders verklaard en gearresteerd. Ze hebben aan de kust een Duitser gepakt van wie werd beweerd dat hij zich in zijn eentje vanuit een bootje bezighield met radiospionage. Volgens de kranten is er verder niets bekend, maar voorzichtigheidshalve wordt hij onthoofd, en de jacht op vijandelijke buitenlanders is ontketend.

De politie komt naar het hotel. Máximo, die op goede voet staat met de politie, zweert dat Hans Fittko een Jood is; wat er in zijn papieren staat is gewoon een fout. 'Ik weet wie een Jood is, *claro que sí es hebreo*,' zegt hij in zijn Jiddisch-Cubaans terwijl hij de politieman iets in zijn hand drukt. Ze laten Hans gaan.

Ook een reeks andere 'arische' politieke vluchtelingen ontkomt aan internering, dankzij de hulp van Emerescue in New York en de solidariteit onder ons politieke vluchtelingen. Maar dat lukt niet iedereen. De arrestanten worden samen met de op Cuba wonende nazi's naar het eiland Isla de Pinos overgebracht en gevangengezet.

De Cubaanse autoriteiten laten het kampbeheer over aan de nazi's.

Het jaar 1941 loopt ten einde. Met Kerstmis is het tweeëndertig graden in de schaduw.

1942. Uit het Cubaanse dagboek
'... verkondigde de uitroeiing van alle Europese Joden...' schrijven de kranten, zeggen ze op de radio.

Uitroeiing? Nee, dat kan niet waar zijn.

Lisa Fittko in een opleidingscentrum voor
Duitse Joodse vluchtelingen, Havana 1943

De nazi's zijn zeker tot alle misdaden in staat. Maar deze monsterachtigheid is onvoorstelbaar – nee.

Ik weet dat de beelden die hierdoor in me worden opgeroepen gewoon koortsfantasieën zijn. De zwarte uniformen met de doodshoofden roeien miljoenen mensen uit zoals ik de *cucarachas* uitroei, de kakkerlakken in onze keuken. Ik spuit iets op ze en kijk wat voor groteske kronkelingen ze maken en dan ineenzakken – ach, dat is toch waanzinnig, ik moet aan iets anders denken. Maar dat kan ik niet. Ik moet me vermannen – maar het lukt niet.

De Joodse organisaties hebben opgeroepen tot een protestdemonstratie. Er trekt een stroom van duizenden mensen door de brede, zonnige *avenidas* van Havana, mensen van wie de familie uitgeroeid zal worden.

Wie hoort ons?

1943. Uit het dagboek
Sinds Hans aan zijn boek werkt lijkt hij de drukte bij ons niet te merken. Het is een komen en gaan van vrienden, Cubaanse en Duitse, het kleine kamertje zit zoals altijd vol, er zijn verhitte debatten, maar nu zonder hem. Hij zit aan zijn tafeltje in de hoek met zijn rug naar ons toe te schrijven en vult het ene schrift na het andere, alsof hij in een geluidsdichte ruimte zit. 's Avonds geeft hij me zijn manuscript en zegt: 'Als iets je niet bevalt, wijzig het.'

Uit het manuscript:
... want op een dag wordt het de nazi's allemaal in duizendvoud betaald gezet.

Niet met hun methoden. Nooit zullen we ons ertoe verlagen anderen te folteren. Maar de schuldigen dienen vernietigd te worden, met wortel en al. Als de volgende gelegenheid daartoe weer gemist wordt, is alles voor niets geweest.

Was het humaan om in 1918 de Duitse reactionairen te ontzien – degenen die tot oorlog ophitsten, de aanvoerders van de vrijkorpsen? Nu roeien ze hele volkeren uit.

De nazimoordenaars moeten door Duitsland zelf worden veroordeeld. In elk dorp, in elke stad zijn ze bekend... het oordeel moet worden geveld door de besten van het Duitse volk, de verzetsstrijders.

Het Rode Kruis zorgt voor de doorgifte van geboorte- of sterfgevallen aan het bezette Europa en een antwoord daarop. In november 1943 kon mijn broer onze ouders telegraferen over de geboorte van een dochter. In februari 1944 kwam eindelijk het antwoord door:

CASSIS, FRANCE

FELICITEREN MET GEBOORTE VAN LILI STOP ONZE SPOEDIGE EVA-
CUATIE WAARSCHIJNLIJK

VADER MOEDER

Kan werkelijk niemand ter wereld iets doen?

Mijn vader is nu al vierenzeventig, mijn moeder achtenzestig.

Zomer 1944. Uit het dagboek
De nieuwe regering hier heeft ons de Cubaanse nationaliteit aangeboden. We zouden dan echte paspoorten hebben! Hoelang zijn we nu al stateloos? Elf jaar. Hans heeft zo vaak gezegd: als we nu maar passen hadden.

Eindelijk is het mogelijk, en nu zegt hij opeens: nee, dat kan niet. Daar was ik niet op bedacht.

'Misschien wil je geloven dat je dan je familie eindelijk weer kunt zien,' zei hij tegen me.

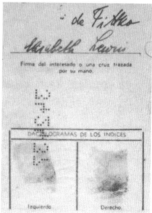

Cubaanse pas voor buitenlanders, 1943

'En jij? Wat houdt je tegen? De oorlog loopt op zijn einde en je wilt terug. Met een paspoort wordt het eenvoudiger en kun je sneller gaan.'

'Terug, natuurlijk, maar niet als Cubaan,' zegt Hans.

'Een pas is maar een stuk papier dat het leven eenvoudiger maakt. Het heeft niets te maken met het feit dat je net als daarvoor een Duitse antifascist bent,' zeg ik.

'Het is een stuk papier dat me de protectie geeft die het Duitse volk niet heeft. Wij antifascisten kunnen in de toekomstige ontwikkeling van Duitsland alleen een rol spelen als we Duitsers onder de Duitsers zijn. Niet met een pas van een van de zegevierende mogendheden.'

September 1944, dagboek

Langzaam druppelen hier nu de berichten over familie in Europa binnen. Geëvacueerd – gedeporteerd – laatste bericht van een transport – vermist. Kennissen uit Hongarije en Joegoslavië krijgen te horen dat in hun vaderland álle Joden gedeporteerd zijn... dus ook hun families. Slechts heel zelden hoor je dat iemand het overleefd heeft: Mijn dochter heeft het gered! Mijn oom was nog in Theresienstadt.

Eind september 1944

Er is ons een kleine advertentie toegestuurd die in de rubriek GEZOCHT in een Amerikaanse Joodse krant is verschenen:

ECHTPAAR I. EKSTEIN IN CASSIS ZOEKT KINDEREN IN VS EN CUBA

Onze ouders leven. Ze hebben de Duitse bezetting in Cassis overleefd. (De gendarmes, het gemeentebestuur en de résistance van Cassis hadden enkele honderden vluchtelingen gered van deportatie.) Ze zijn niet vergast.

1945

Het eerste contact met de familie Fittko in Berlijn – uit een brief aan Hans van zijn zus Marta: '... Als moeder dat nog mee had kunnen maken. Op de dag voor ze stierf lieten we haar een foto van jou zien, die we verstopt hadden. "Ja, ja, dat is hij, mijn Hans," zei ze, en toen nog: "Hij was altijd een goede jongen, en dat is hij ook gebleven."

Wij hebben het ook niet gemakkelijk gehad. De kinderen mochten niet in de speeltuin, omdat hun oom een "misdadiger" was... Half juni 1940 moest ik weer een keer naar de Gestapo. "Waar is uw broer?" begonnen ze meteen. Ik antwoordde dat ze toch wisten dat we sinds 1933 niets meer van je hadden gehoord. Een van de bullebakken brulde: "Hij was in Parijs, de schoft, maar hij is ons weer ontkomen!" Ik stond op en zei: "Mijne heren, ik dank u uit de grond van mijn hart. Nu weet ik dat mijn broer nog leeft." Toen lieten ze me gaan.'

Uit een brief van mijn broer in Kansas City: '... Eindelijk hebben we een antwoord van onze ouders. Ze wachten op onze terugkomst... het moet zo snel mogelijk. *À bientôt, au revoir à Paris.'*

Eind 1945

Uit een brief van Franz Pfemfert vanuit Mexico: 'We waren deze keer extra blij met jullie brief. Vooral omdat jullie het plan om terug te keren naar het land van de massamoordenaars nog niet hebben uitgevoerd...'

Hans Fittko aan Franz Pfemfert: 'Elke discussie over terugkeren is momenteel zinloos, omdat het Amerikaanse State Department geen doorreisvisa geeft aan ons politieke vluchtelingen, en andere reismogelijkheden bestaan er niet vanuit hier...'

Op het terras van café Aire Libre op de hoek van de Paseo kwam 's avonds altijd een licht briesje van zee en daar koelden we af na de hitte van de dag en voor de zwoele nacht. Hans had inmiddels, zoals veel emigranten, geleerd diamanten te slijpen, en ik had een baan op een kantoor gevonden. Zo was het leven iets eenvoudiger geworden en konden we ons 's avonds een cuba libre of vruchtenijs veroorloven. Met die tropische vruchten, dacht ik, is het zoals met alles hier: eerst is de smaak vreemd, zelfs helemaal niet als fruit, waarom kunnen ze niet als aardbeien smaken, of als kersen? Op een dag merk je echter dat mango en papaja bij ons dagelijkse leven horen; je kunt je niet voorstellen ooit zonder te hebben geleefd, en het lukt me niet echt meer om de smaak van pruimen of peren in herinnering te roepen. En zo gaat het met alles hier. In het begin is het moeilijk om de mensen te begrijpen – het is niet alleen de taal (de vierde sinds onze emigratie), je begrijpt ook niet hóé ze het bedoelen. Maar nu zeggen we zoals alle anderen *mañana* als we bedoelen: binnenkort misschien.

Lisa (midden) en Hans Fittko (rechts) in café Aire Libre, Havana 1946

's Avonds zaten we met Cubaanse vrienden in café Aire Libre. Meneer Gruber, die een winkel in de stad heeft, kwam omdat hij iets wilde bespreken met Hans, en we gingen met hem aan een andere tafel zitten.

'Ik had vanmorgen een merkwaardige klant,' vertelde hij, 'en ik wil graag met u overleggen, want dit zaakje zit me niet lekker. Maar ik heb er niet zoveel verstand van en ik weet niet zeker wat erachter zit. Ik dacht, u hebt toch ervaring...

Vanmorgen vroeg dus, vlak nadat ik de winkel had geopend, kwam er een man binnen die naar meneer Gruber vroeg, in het Duits. Hij leek erg vermoeid te zijn, alsof hij al lang niet meer had geslapen. Zijn pak was vuil en hij zag er helemaal verfomfaaid uit. Hij had Europese kleren aan, kleren zoals je die hier niet ziet, dat viel me meteen op.

Hij zei dat hij net in Cuba was aangekomen; hij vertelde niet hoe en ik stelde geen vragen, want ik wil niet betrokken raken in iets wat me niets aangaat. De man – hij noemde zichzelf meneer Schuster – kent niemand hier. Hij zei dat hij de naam Gruber buiten op het bord had zien staan en naar binnen was gegaan om met een landgenoot te kunnen praten. Hij had hulp nodig en dus had hij zich tot de eerste persoon met een Duits klinkende naam gewend die hij zag.

Zijn geld was op en hij moest dringend iets lenen. Ik zei meteen dat ik hem helaas niet kon helpen. Maar daarmee was het verhaal niet ten einde. Hij trok een buideltje uit een binnenzak van zijn jas, haalde er iets uit en legde het voor me op tafel. Het waren diamanten. Natuurlijk heb ik geen idee of het echte zijn – toen moest ik meteen aan u denken. Goed, meneer Schuster wilde die diamanten verpanden of verkopen en ik moest iemand vinden die hem daarbij kon helpen. Hij kon niet gewoon naar een pandhuis gaan, zei hij, want hij moest voorzichtig zijn. Ik vermoed dat hij zonder papieren hier is aangekomen, hij gedraagt zich alsof hij wordt opgejaagd. Er moeten hier toch wel Duitsers zitten die hem met die diamanten kunnen helpen, denkt hij, en trouwens, alleen Duitsers kunnen volgens hem begrip hebben voor zijn situatie.

Zoals gezegd, dit hele zaakje zit me niet lekker. Hoe denkt u erover, meneer Fittko? Die man komt morgen terug. Moet ik hem er dan weer uit gooien? Of de politie erbij halen? Of... wilt u met hem praten?'

Hans dacht even na. 'Die kerel interesseert me,' zei hij, 'ik wil hem graag eens zien.' Hij zou hem, natuurlijk onder een andere naam, de volgende avond in een café ontmoeten, in een afgelegen café, waar je niet zo snel kennissen tegen zou komen. 'Ik ga alleen,' zei Hans tegen mij, 'hoe minder mensen hij kent, hoe beter.'

Hans nam de tram naar het voorstadje Marianao en ik wachtte met Gruber op hem in Aire Libre. Het was na middernacht toen hij terugkwam.

'Je herkent hem ook wel zonder een nadere omschrijving, die Duitser,' vertelde hij, 'zoals hij daar in zijn eentje aan een tafeltje zat, stijf, in een donker pak tussen al die witte, beige en roze linnen hemden, de *guayaberas*. Alleen zijn ogen bewogen, die flitsten heen en weer. Toen ik naar zijn tafeltje liep, kromp hij een beetje ineen. Ik sprak hem in het Duits aan, waarop zijn strakke gezicht ontspande, hij zei: "Aha, een Berlijner!" en leek opeens volkomen op zijn gemak. Verbluffend hoe vertrouwelijk hij meteen was en hoe hij steeds opener werd.

Meneer Schuster begon te vertellen over het einde van de oorlog: de angst voor de Russen, de voorbereidingen op de vlucht, de diamanten – uitvoerig, met alle details. Hij zei: "Tot zover was alles gelukt, ik zat met mijn gezin op de Balearen. Maar toen begonnen de problemen pas. Je kon daar natuurlijk op den duur niet blijven. De hoge piefen zijn allemaal geholpen zodat ze snel weer verder konden, maar om mensen zoals wij heeft niemand zich ook maar een sikkepit bekommerd – u kunt zich gewoon niet voorstellen hoe iedereen probeerde elkaar een hak te zetten, de heren volksgenoten, die helden..." Hij vroeg of ik me zijn vreselijke situatie kon voorstellen, voortdurend zo op de vlucht en in gevaar zijn, en ik zei ja, dat ik me dat goed kon voorstellen. Toen vervolgde hij zijn verhaal, hoe hij in zijn wanhoop in zijn eentje naar Spanje had weten te komen; in Cadiz had hij zich op een vrachtschip verstopt. Nu moest hij doorreizen naar de vs, omdat er geen andere manier is om Cuba te verlaten. Ik vroeg: "Hebt u daar niet een beetje een onbehaaglijk gevoel bij? Zou het in Amerika niet makkelijk fout kunnen gaan?" De man aarzelde voor het eerst en stamelde iets over "connecties... Ik bedoel, vrienden in de vs bij wie ik onderdak kan krijgen... ze zullen me verder helpen." Toen zei hij nog: "Als ik maar eenmaal mijn bestemming heb bereikt, kan ik mijn gezin laten overkomen." Ik vroeg: "Bestemming? Welke bestemming?" En hij zei: "Nou ja, u weet wel, ergens in Zuid-Amerika." Maar eerst moest hij dringend aan geld zien te komen, waarbij hij met een beetje bevende vingers het grijze zakje over de tafel naar me toe schoof. Ik haalde mijn loep uit mijn zak en bekeek de diamanten. Ze waren echt, goede, iets blauwige stenen, voor zover ik het in dat licht kon zien. De man zei: "Ik heb er nog meer, ook grotere. Wat u er maar voor kunt krijgen."

Ik beloofde hem een koper te zoeken. Morgenavond om negen uur zal hij in hetzelfde café op me wachten.'

Gruber had even nodig om zich te herstellen. 'Een nazikopstuk dus,' zei hij ten slotte, en hij hapte naar adem. 'Ik had toch meteen al zo'n merkwaardig gevoel. Wat doen we nu?'

'Hij is niet een van de bekendste nazi's, deze man die zich Schuster noemt,' veronderstelde Hans, 'maar hij moet wel een belangrijke rol hebben gespeeld, anders was hij niet samen met de anderen naar de Balearen overgebracht.'

Gruber zei: 'Nu moeten we dus direct de autoriteiten inlichten. Dat is toch de bedoeling van dat rendez-vous van morgenavond?'

'Ja, dat is de bedoeling,' antwoordde Hans, 'maar ik weet niet zo zeker hoe het gaat aflopen. Ik zou graag alles doorgeven wat ik uit die hond heb gekregen. Maar aan wie? Aan de Cubaanse politie? Laat me niet lachen – zo corrupt als die is. Die nazi zal zich eenvoudig vrijkopen met zijn diamanten. De Amerikanen? Op de ambassade vertrouwen ze ons emigranten niet; en de militaire autoriteiten doen dat al helemaal niet. De geheime dienst? Die hebben wel iets belangrijkers te doen, zoals alle emigrantenclubs infiltreren met geheim agenten.'

Hans Fittko werkte in Cuba vooral als diamantslijper

'Maar we kunnen hem toch niet zomaar laten lopen!' riep Gruber opgewonden, die de hele tijd aan zijn bril zat te frunniken.

'Klopt. Maar ik kan zelf verder niets doen,' zei Hans. 'Van nu af aan moet ik me erbuiten houden.'

'Waarom dan?' wilde Gruber weten. 'Hoezo?'

'Ik ben een Duitser, niet-Joods, een politieke emigrant. Hiermee zou ik een rol gaan spelen in een verhaal met een nazikopstuk, die op illegale wijze is binnengekomen... diamantsmokkel... Allemaal heel verdacht. Nee, dat kan ik me niet veroorloven.'

Gruber vond Hans' bezwaren overdreven. Hijzelf was een Cubaans staatsburger. De volgende ochtend ging hij naar het ministerie van Binnenlandse Zaken, vertelde over de zaak en gaf aan waar de man 's avonds te vinden zou zijn. Enkele uren later werd Gruber in zijn winkel gearresteerd. Hij werd dagenlang verhoord, vervolgens vrijgelaten, vervolgens weer verhoord. 'Meneer Schuster' was inmiddels verdwenen, zeiden ze tegen hem.

Uit een artikel van Hans in een Duitstalig emigrantentijdschrift (uitgegeven door Fritz Lamm en Hans Fittko):
Vrienden hier vragen ons weleens: Hoe kunnen jullie nou terug willen naar Duitsland? Na alles wat ze ons hebben aangedaan?

Wat zij – de nazi's – ons hebben aangedaan verplicht ons ertoe terug te keren. Dit is het moment waarop we tijdens onze jaren in ballingschap hebben gewacht. Samen met de verzetsstrijders moeten we de wortels van het fascisme verdelgen, de schuldigen berechten.

De geallieerden hebben Duitsland overwonnen. Duitsland bevrijden van het fascisme kunnen alleen wij.

Marlene vraagt: 'Dus jullie wilden terug naar Europa? Waren jullie helemaal niet van plan om hier naar de vs te komen?'

Marlene, mijn jongste nicht, heeft veel vragen. Ze bestudeert nu de geschiedenis van de nazitijd; ze zoekt antwoorden die ze niet heeft gevonden in de boeken. Van mij wil ze horen: Wist men vooraf... Was je erbij toen ze Hitler toejuichten? Wat deed het verzet waar je het over had dan? Waarom weet men daar niets van? Als opa alles uit handen heeft laten vallen, alles achterliet, waarom zijn de meeste anderen dan gebleven? Waarvan hebben jullie geleefd toen jullie geëmigreerd waren? Hoe hebben ze jullie behandeld – de Tsjechen, de Zwitsers, de Nederlanders, de Fransen? Hoe was het – de vervolging, de ballingschap, het kamp – *tell me what it felt like.*

We zitten in de woonkamer en kijken uit over Lake Michigan met de onzichtbare oevers en ik denk: Hoelang is het geleden? Nu woon ik toch al meer dan dertig jaar hier in Chicago's Hyde Park. Marlene kijkt me aan en in haar ogen liggen louter ongeduldige vragen. Ze heeft mijn krullerige haar.

Nee, zeg ik, tijdens de oorlog kwam het niet eens in ons op om hiernaartoe te verhuizen. We waren immers op de vlucht om de nazitijd te overleven, en dan weer terug te keren.

En hoe ging het verder?

Het was al twee jaar na de oorlog en de politieke emigranten zaten nog steeds op Cuba te hopen dat ze terug konden naar Europa. Men wachtte en discussieerde over de atoombom en Hiroshima, over het toekomstige Duitsland, dat nu opgedeeld was, over de politiek van de geallieerden in Europa en de nieuwe rol van de oude partijen. Daarginds, in het westen, werd 'gedenazificeerd'. Een internationaal tribunaal hield zittingen in Neurenberg; na tien maanden onderhandelen kwam het vonnis en werden tien nazikopstukken opgehangen, ter bevrediging van het geweten van de wereld. Maar over het fascisme werd geen rechtgesproken.

'Ik begrijp je niet,' zei Marlene verrast. 'Waren de processen van Neurenberg dan geen les voor de Duitsers?'

'Wat moeten Duitsers daarvan leren? Ze leerden dat de overwinnaar de overwonnene kan ophangen. Hoe je het land van de fascistische geest bevrijdt, hoe je vrede, vrijheid en democratie in je eigen land tot stand brengt, dat konden ze er niet van leren.'

'Maar Hans en jij, wanneer hebben jullie besloten toch hiernaartoe te komen?'

'Hans vroeg zich destijds af: Is er daarginds, in het bezette Duitsland, nog een plaats voor mij? Bestond dat vaderland nog, het land waarvan de toekomst de jaren in ballingschap een doel had gegeven? Was de kans voor Duitsland niet weer gemist?

Doordat hij plotseling ziek werd, kwam er geen definitieve beslissing. Op Cuba kon niet eens een diagnose worden gesteld, een verklaring voor zijn toestand werd gezocht in de jarenlange vervolging, de levensomstandigheden, het klimaat.

We gingen naar de vs om een geschikte behandeling te zoeken. Maar in zijn geval kon de medische wetenschap niet helpen.'

'Kan het ooit weer gebeuren?' vraagt Marlene.

'Hetzelfde als toen? Kleine kans. Maar broedplaatsen van het fascisme hebben geen grenzen in tijd of plaats.'

'Jij ziet de nazi-episode niet als iets typisch Duits?' vraagt ze door.

'Onmenselijkheid is typisch voor het fascisme, niet voor de eigenschappen van een natie,' probeer ik uit te leggen. 'Alleen de vormen veranderen. Je zou zo graag willen geloven dat alleen het karakter van het Duitse volk ervoor verantwoordelijk is, want dan kun je ook denken: bij ons kan zoiets niet gebeuren. Degenen die dat denken hebben niets geleerd.'

'En jij,' vraagt Marlene, 'wat is nu het land waar jij thuis bent?'

'Nu – hier ben ik nu thuis. Ook de droom van vrede en vrijheid leeft overal.'

Chronologisch overzicht

1925   *april:* generaal-veldmaarschalk Paul von Hindenburg wordt tot Rijkspresident gekozen.

1932   *31 juli:* in de nieuw gekozen Rijksdag krijgen de nationaalsocialisten 230 zetels en worden daarmee de sterkste partij. Hitler maakt aanspraak op het kanseliersambt.

1933   *30 januari:* Hitler wordt de nieuwe Rijkskanselier.

      27 februari: Rijksdagbrand.

      28 februari: 'Verordening ter bescherming van volk en staat' (*Verordnung zum Schutz von Volk und Staat*): de grondrechten worden opgeschort en een breed opgezette arrestatiegolf, gericht tegen politieke tegenstanders van het nationaalsocialisme, wordt 'gelegitimeerd'. De K P D, de communistische partij van Duitsland, wordt verboden.

      20 maart: eerste concentratiekamp in het Duitse Rijk: Dachau.

      24 maart: de zogenoemde 'machtigingswet' (*Ermächtigungsgesetz*) treedt in werking. Hierdoor wordt de Rijksdag uitgeschakeld en de wetgevende macht overgedragen aan de Rijksregering, die door de nationaalsocialisten wordt geleid.

      22 juni: de S P D, de Duitse sociaaldemocratische partij, wordt verboden. De ene na de andere nog bestaande burgerpartij van de Weimarrepubliek heft zichzelf berustend op.

      14 juli: De N S D A P is de enige partij in het Duitse Rijk.

1935   *15 september:* de zogenoemde 'Neurenbergse wetten' van Hitler treden in werking. De Joden wordt burgerlijke gelijkheid ontzegd. Huwelijken en buitenechtelijke relaties tussen Joden en Duitse staatsburgers of 'burgers van aanverwant bloed' ('ariërs') worden om reden van 'rassenschande' verboden.

1936   *maart:* herinvoering algemene dienstplicht.

juli: generaal Franco pleegt een staatsgreep tegen de republikeinse regering van Spanje en ontketent daarmee de bijna drie jaar durende Spaanse Burgeroorlog.

1 augustus: opening van de elfde Olympische Zomerspelen in Berlijn.

november: Hitler erkent de regering van de fascistische dictator Franco in Spanje en steunt hem openlijk in de Spaanse Burgeroorlog.

1938   *maart:* de Anschluss, 'aansluiting' van Oostenrijk bij het Duitse Rijk.

september: Hitlers aanspraak op het Sudetenland op Tsjecho-Slowaaks grondgebied veroorzaakt op een haar na een wereldoorlog (Sudetencrisis).

29/30 september: de regeringsleiders van Groot-Brittannië, Frankrijk, Italië en Duitsland besluiten op de Conferentie van München dat de gebieden waar overwegend Sudeten-Duitsers wonen, moeten worden afgestaan aan Hitler.

nacht van 9 op 10 november: pogrom tegen de Joden in het Duitse Rijk (de zogenaamde Kristallnacht). Er worden tussen de 25.000 en 30.000 Joodse mannen overgebracht naar concentratiekampen. Daarmee begint tevens de massale vlucht van Joden uit het Duitse Rijk.

1939   *maart:* Hitler bezet de 'Resttschecheï' (de 'rest van Tsjechië').

23 augustus: de ministers van Buitenlandse Zaken van de Sovjet-Unie en het Duitse Rijk, Molotov en Von Ribbentrop, sluiten in Moskou een Duits-Russisch niet-aanvalsverdrag.

30 augustus: de Franse regering gelast de internering van alle Duitsers en andere buitenlanders in de leeftijd van zeventien tot vijftig jaar.

1 september: begin van de Tweede Wereldoorlog door de Duitse inval in Polen.

3 september: de Britten en Fransen verklaren Duitsland de oorlog (vanwege het vigerende verdedigingspact met Polen). Tussen 3 september 1939 en 9 mei 1940 zijn er echter geen directe aanvallen tussen de Britten en Fransen enerzijds en de Duitsers anderzijds (drôle de guerre, in Nederland bekend als 'de sche-meroorlog').

1940   9 april: bezetting van Noorwegen en Denemarken door Duits-land.

10 mei: begin van de Westelijke Veldtocht van het Duitse leger. Na een korte gevechtsperiode capituleren Nederland en België respectievelijk op 15 en 28 mei.

mei: tweede interneringsactie van de Franse regering, waarbij alle mannelijke personen tussen de vijftien en vijfenzestig jaar, maar nu ook alle vrouwen tot vijfenvijftig jaar die afkomstig zijn uit Duitsland worden vastgezet.

14 juni: Parijs wordt door Duitse troepen bezet.

22 juni: de Franse regering onder Henri Philippe Pétain sluit een wapenstilstand met Hitler. Maarschalk Pétain wordt staatsleider van het onbezette deel van Frankrijk in Vichy. Hij werkt samen met de Duitse bezettingsmacht (collaboratie). Vanaf de zomer van 1940 worden ook in het onbezette deel van Frankrijk voort-durend persoonscontroles uitgevoerd met eventuele uitlevering aan de Duitse Gestapo tot gevolg. Het wordt daarmee voor de naar het zuiden gevluchte tegenstanders van Hitler onmogelijk het land te verlaten. Als tegenreactie op de collaboratie van de Vichy-regering met nazi-Duitsland ontstaat de Franse verzetsbe-weging vanuit de communistische, socialistische en burgerlijke beweging. Het provisorische Franse nationale comité onder ver-zetsstrijder Charles de Gaulle wordt erkend door Groot-Brittan-nië.

25 juni: oprichting van het Emergency Rescue Committee (Eme-rescue) in New York. Dat heeft tot taak prominente politieke en maatschappelijke personen te helpen wier leven vanwege hun demonstratieve stellingname tegen Hitler of vanwege hun Jood-se afstamming gevaar loopt. Omdat het voor hen na de wapen-stilstand tussen Frankrijk en Duitsland vrijwel onmogelijk is om uit Europa te vluchten, probeert Emerescue hen te voorzien van visa voor de vs.

4 augustus: het Emergency Rescue Committee stuurt Varian Fry via Lissabon naar Marseille om ter plekke te opereren.

eind augustus: om zijn illegale werkzaamheden te maskeren roept Varian Fry het Centre Américain de Secours in het leven en betrekt hij een officieel kantoor.

27 september: Duitsland, Italië en Japan sluiten het Driemogendhedenpact, dat elk van de drie mogendheden ertoe verplicht hulp te verlenen indien een ander wordt aangevallen door een land dat nog niet bij de oorlog betrokken was.

1941   *1 september:* in het Duitse Rijk wordt ingevoerd dat alle Joden vanaf zes jaar de gele davidsster met het zwarte opschrift 'Jude' (Jood) moeten dragen. Terwijl de nationaalsocialistische machthebbers tot 1939 er nog naar streefden de Duitse Joden aan te zetten tot emigratie, werd daarna door Hitler de zogenaamde *Endlösung* nagestreefd: ontelbaar veel Joden werden afgevoerd naar vernietigingskampen (concentratiekampen).

22 juni: start Operatie Barbarossa: Hitler marcheert Rusland binnen en begint de Oostelijke Veldtocht.

12 augustus: president Roosevelt en premier Churchill sluiten namens de VS, die nog niet met het Derde Rijk in oorlog waren, en Groot-Brittannië het Atlantisch Handvest, waarin de *Four Freedoms* worden geproclameerd: vrijheid van meningsuiting, vrijheid van godsdienst, vrijwaring van angst en vrijwaring van gebrek.

29 augustus: Varian Fry wordt gearresteerd door de Vichy-autoriteiten en een paar dagen later uitgewezen uit Frankrijk.

7 december: Japan voert een luchtaanval uit op de Amerikaanse marinebasis Pearl Harbor en vernietigt een aanzienlijk deel van de daar gestationeerde Amerikaanse zeestrijdkrachten. Daarmee breidt de tot dan toe voornamelijk tot Europa beperkte oorlog zich pas echt uit tot een wereldoorlog. Duitsland en Italië verklaren de VS ook snel de oorlog, vooral ook omdat die steeds vaker steun verlenen aan de westelijke machten.

1942   *20 januari:* op de Wannsee-conferentie wordt besloten tot deportatie en uitroeiing van alle Europese Joden in het oosten. Daarmee begint het vermoorden van miljoenen Joden in de gaskamers van de vernietigingskampen Auschwitz, Treblinka, Majdanek et cetera.

2 juni: het Centre Américain de Secours in Marseille wordt door de politie doorzocht en vanwege 'subversieve' activiteiten gesloten.

11 november: Duitse troepen trekken het tot dan toe onbezette deel van Frankrijk binnen.

1943   *januari/februari:* de Duitse troepen lijden bij Stalingrad een zware nederlaag. De troepen in het oosten worden teruggedrongen. In Marokko en Algerije treden Britse en Amerikaanse troepen op om de oprukkende Duitsers te stoppen.

13 mei: capitulatie van de Duits-Italiaanse troepen in Tunis.

1944   *6 juni:* invasie van de Amerikaanse en Engelse troepen in Frankrijk.

25 augustus: Parijs wordt door de bevrijdingstroepen van de Amerikanen en Engelsen bezet.

1945   *30 april:* Hitler pleegt zelfmoord.

7/9 mei: onvoorwaardelijke capitulatie van het Duitse leger in Reims en Berlijn.

Over de interneringspraktijken in Frankrijk in 1939, 1940

Op 30 augustus 1939 besloot de Franse regering tot internering van 'alle Duitsers en andere buitenlanders in de leeftijd van zeventien tot vijftig jaar'. Doel daarvan was hun status vast te stellen en spionnen op te sporen. In langdurige procedures werden de geïnterneerden gecontroleerd. Ernstig zieken en emigranten die zich 'vrijwillig' meldden voor het vreemdelingenlegioen werden vrijgelaten. Eind 1939 waren er nog achtduizend geïnterneerden. Er hadden zich negenduizend geïnterneerden aangemeld voor het vreemdelingenlegioen; vijfduizend deden dienst in 'prestataire-compagnies' (uit buitenlanders bestaande, onder het leger vallende arbeidscompagnieën).

Enkele dagen na de Duitse aanval op Frankrijk volgde in mei 1940 een tweede interneringsactie. De leeftijdsgrens voor mannen werd verruimd naar vijfenzestig jaar. Maar vooral werden nu ook vrouwen tot vijfenvijftig jaar geïnterneerd; alleen moeders met kleine kinderen werden hiervan uitgezonderd.

Er zijn inmiddels meer dan honderd van dergelijke interneringskampen bekend, die meestal met grote haast werden ingericht in verlaten fabrieken, molens, steenfabrieken, op sportterreinen, wielrenbanen en dergelijke. De omstandigheden in die kampen waren navenant. De beruchtste waren het vrouwenkamp Gurs en het strafkamp Le Vernet (in augustus 1940 rond de vierduizend ingezetenen, vooral politieke emigranten, overwegend communisten en strijders uit de Spaanse Internationale Brigades; hier hebben ook folteringen en executies plaatsgevonden). Met het oprukken van de Duitse troepen kwamen veel van die kampen in de buurt van het front te liggen, wat een groot gevaar betekende voor de geïnterneerden. Er waren gevallen waarin hele kampen werden overgedragen aan de Duitse troepen.

In de meeste gevallen werden de kampen echter op het allerlaatste moment geëvacueerd.

Over het Emergency Rescue Committee

Op 10 mei 1940 begon de Westelijke Veldtocht van het Duitse leger, de Wehrmacht. Nederland en België werden binnen een paar dagen overwonnen. Ze capituleerden respectievelijk op 15 en 28 mei. Op 14 juni viel Parijs en op 15 juni braken de Duitsers ten zuiden van Saarbrücken en bij Colmar door de als onoverwinnelijk geldende Maginotlinie. Hierop vormde de Franse maarschalk en politicus Henri Philippe Pétain (1856-1951) met Pierre Laval (1883-1945) een nieuwe Franse regering. Na de benoeming van Pétain tot staatspresident werd Laval minister-president en generaal Maxime Weygand (1867-1965) minister van Defensie. Op 22 juni ondertekende Pétain de Duits-Franse wapenstilstandovereenkomst. Volgens die overeenkomst bleef het grootste deel van het Franse staatsgebied in Duitse handen. Alleen in het zuiden behield de regering-Pétain, die Vichy tot haar nieuwe zetel kreeg, een beperkte soevereiniteit. De beperkingen hadden vooral ook betrekking op het asielrecht. Artikel 19 van de overeenkomst verplichtte de regering-Pétain op verzoek alle personen uit te leveren die zich binnen het gebied bevonden waar de Duitse macht heerste.

Op 25 juni 1940, drie dagen na ondertekening van de Duits-Franse wapenstilstand, werd in New York het Emergency Rescue Committee (voorzitter: Frank Kingdon, 1894-1972) opgericht. Het comité had tot taak om befaamde Europese personen die naar Frankrijk waren gevlucht voor de nazi's het land uit te helpen door ze te laten emigreren naar Amerika. Veel van de bedreigde schrijvers, journalisten, beeldend kunstenaars, musici, componisten, acteurs, wetenschappers, vakbondsleiders en politici waren in de loop van de Duitse veroveringsveldtocht naar het zuiden gevlucht en hoopten in elk geval daar te ontkomen aan de greep van de nazi's. Maar Pétain probeerde uit veiligheidsoverwegingen het verdrag met de nazi's na te komen. Dit had tot gevolg dat veel nationale instanties collaboreerden met de nazi's. Daardoor was het voor de actieve tegenstanders van Hitler niet meer gegarandeerd dat ze veilig in het zuiden van Frankrijk konden verblijven.

Het Emergency Rescue Committee zag het voornamelijk als zijn taak om geld, identiteitspapieren en de benodigde visa te regelen, zodat mensen die dreigden uitgeleverd te worden konden vluchten uit het zuiden van Frankrijk.

Voor de werkzaamheden ter plaatse stuurde het comité uiteindelijk op 4 augustus 1940 de jonge Amerikaanse journalist Varian Fry (1907-1967) daarnaartoe. Fry had op 25 juni tijdens een gesprek met de vrouw van de toenmalige Amerikaanse president Franklin D. Roosevelt gewezen op de noodzaak van reddingsacties voor verschillende belangrijke Europese persoonlijkheden. Op Eleanor Roosevelts voorspraak werd uiteindelijk door de Amerikaanse autoriteiten met de nodige spoed een reispas afgegeven voor Fry.

Voorzien van geld en lijsten met namen van mensen die gered dienden te worden kwam Fry naar Marseille, waar hij aanvankelijk vanuit zijn hotelkamer werkte. Fry zag al snel de noodzaak in om het gehele reddingswerk illegaal uit te voeren, en als dekmantel richtte hij het Centre Américain de Secours op, een liefdadigheidsorganisatie ter ondersteuning van noodlijdende vluchtelingen. Het centrum had vanaf toen een eigen kantoor. Een van de redenen voor de opening van het centrum was dat op die manier de onverdachte hulpgevallen als dekmantel voor hulp aan de politieke vluchtelingen konden worden gebruikt.

De illegale activiteit bestond eruit dat de gevaar lopende personen geholpen werden uit het onbezette deel van Frankrijk te vluchten en hen eventueel te voorzien van vervalste identiteitspapieren en visa voor de reis door het fascistische Spanje van generaal Franco. Fry liet de mensen die hem om hulp vroegen meestal via de Pyreneeën naar Spanje smokkelen. Een Frans uitreisvisum was, afgezien van een herhaaldelijke kortlopende opheffing van het uitreisverbod, niet te verkrijgen. Zodra er een Amerikaans of een ander overzees visum alsmede een Spaans en een Portugees doorreisvisum waren binnengekomen, hielp het centrum van Fry ook bij de voorbereidingen voor de reis over land en zee.

De hoofdtaak van het Emergency Rescue Committee in New York was het regelen van visa voor de vs, naast het werven van gelden. Het was over het algemeen erg moeilijk en tijdrovend om zo'n visum te verkrijgen, omdat de Amerikaanse immigratiepolitiek na de periode van de wereldwijde economische crisis nog steeds heel restrictief was. Het comité kon altijd alleen maar voor speciale visa of noodvisa zorgen; voor alle andere visa – met een quotum – bestonden wachttijden van enkele jaren. Visa werden alleen afgegeven tegen overlegging van één of meerdere positieve referenties en bewijs dat de betreffende persoon acuut gevaar liep door het fascisme. Verder was een verklaring onder ede van een prominente Amerikaanse burger nodig, die zich garant stelde voor de politieke en morele integriteit van de gevaar lopende persoon. Bovendien moest een Amerikaan of iemand die al lange tijd in de vs woonde zich borg stellen door zich bereid te verklaren financieel in te staan voor de immigrant. Hoewel veel Amerikaanse en Joodse vooraanstaande personen bereid waren om die borgstelling op zich te nemen, was het moeilijk om alle formaliteiten volgens de voorschriften rond te krijgen.

Toch lukte het Fry in Marseille om tot zijn arrestatie door de Vichy-autoriteiten op 29 augustus 1941 meer dan tweeduizend mensen Frankrijk uit te sluizen en de benodigde visa voor hen te regelen. Fry werd uiteindelijk uit Frankrijk uitgewezen. Het werk van het Centre Américain de Secours ging nog door tot 2 juni 1942. Pas op die dag werd het kantoor in Marseille wegens 'subversieve' activiteiten gesloten. Bij de werkzaamheden van het centrum waren veel helpers betrokken, onder wie niet op de laatste plaats Lisa en Hans Fittko.

Varian Fry zelf had na zijn terugkeer in de vs moeite om weer werk als journalist te vinden. In de jaren vijftig werd hij ten slotte slachtoffer van de McCarthy-doctrine, omdat hij door zijn werk voor het Emergency Rescue Committee veel contact had gehad met aanhangers van socialistische en communistische ideeën en hen had geholpen bij hun vlucht naar de vs. Als enige erkenning voor zijn verdiensten kreeg hij in april 1967 het kruis van het Franse erelegioen toegekend. Hij overleed in september 1967 in Connecticut, vs.

Andere groepen en verenigingen waarmee het
Centre Américain de Secours samenwerkte

- de links-socialistische groep Neu Beginnen (onder leiding van Paul Hagen [d.i. Karl B. Frank] e.a.)
- American Friends of German Freedom (president: Reinhold Niebuhr)
- Unitarian Service Committee in Marseille (onder leiding van Howard Brooks; Europees gevolmachtigde: dr. Charles Joy)
- American Joint Labor Committee van de Amerikaanse vakbonden, voor het redden van gevaar lopende Europese vakbondsleiders (gevolmachtigde: Frank Bohn)
- HICEM voor hulp aan Joodse vluchtelingen

Over enkele vervolgde personen die in dit boek meermaals
en uitvoerig worden genoemd

Hannah Arendt (Hannover, 1906 – New York, 1975) was een vooraanstaande Joodse filosofe en politiek essayiste. Ze was van 1929 tot 1937 getrouwd met Günther Anders (eigenlijk Stern), eveneens een Joodse filosoof, die sterk neigde naar het communisme. Hannah Arendt deed onderzoekswerk naar het Duitse antisemitisme in die tijd. In verband daarmee werd ze in 1933 in de Pruisische staatsbibliotheek in Berlijn gearresteerd door de nazi's. Na haar vrijlating acht dagen later vluchtte ze naar haar man in Parijs. Daar werkte ze bij diverse zionistische hulporganisaties en was ze van 1935 tot 1938 secretaris-generaal van het Parijse kantoor van de jeugd-'Aliyah', dat Joodse jongeren voorbereidde op de emigratie naar Palestina. In 1940 trouwde ze met de niet-Joodse filosofieprofessor Heinrich Blücher (1899-1970), die haar als actief lid van de KPD, de communistische partij van Duitsland, beïnvloedde. In mei 1940 werd Hannah Arendt geïnterneerd in het Franse vrouwenkamp Gurs. Toen Frankrijk ineenstortte, werd ze samen met de andere gevangenen vrijgelaten. Günther Stern (Anders) regelde voor haar en haar man een visum voor de vs. Voor haar vertrek ontmoette ze Walter Benjamin in Marseille, wiens manuscript met de 'geschiedfilosofische thesen' ze meenam naar Amerika. In mei 1941 kwam ze aan in New

York. Daarna werkte ze aan verschillende universiteiten, onder andere in 1959 aan de beroemde Princeton University als eerste vrouwelijke gewoon hoogleraar. In 1951 verscheen haar hoofdwerk *The Origins of Totalitarianism*, waarin ze zich buigt over de oorzaken van het moderne antisemitisme, imperialisme en massamoord.

Walter Benjamin (Berlijn, 1892 – Port-Bou, 1940) was een van de grootste Joodse filosofen, schrijvers en literatuurcritici. Tegen het einde van de jaren twintig van de vorige eeuw leunde hij op marxistische denkbeelden door zijn omgang met de schrijver Bertolt Brecht en de filosofen Theodor W. Adorno en Max Horkheimer, hoewel hij het marxisme erg eigenzinnig uitlegde. In die periode veranderde hij van een esthetische filosoof in een politiek denkende intellectueel. In maart 1933 emigreerde hij naar Parijs. Na het uitbreken van de oorlog in september 1939 werd Benjamin door de Fransen in kamp Nevers geïnterneerd. In november kwam hij vrij en in 1940 keerde hij naar Parijs terug. Kort daarop vluchtte hij naar Lourdes en Marseille. Horkheimer was sinds 1930 directeur van het Frankfurtse Institut für Sozialforschung, dat in ballingschap ging en in 1934 in New York werd voortgezet. Hij bezorgde Benjamin een visum voor Amerika. Toen de door de Fittko's georganiseerde vlucht via de Pyreneeën naar Spanje bij de grens dreigde te mislukken, pleegde Benjamin zelfmoord.

Georg Bernhard (Berlijn, 1875 – New York, 1944) was een Joodse publicist en economisch politicus. Van 1901 tot 1906 was hij lid van de SPD, maar hij werd na een conflict met August Bebel uit de partij gezet. In 1924 sloot hij zich aan bij de Deutsche Demokratische Partei (DDP), waar hij in 1927 in het bestuur werd gekozen. Vanaf 1928 was hij parlementslid en voorzitter van verschillende persverenigingen, waaronder het Reichsverband der Deutschen Presse. In 1933 werkte hij mee aan het organiseren van het Berlijnse congres Das freie Wort ('het vrije woord'). Kort daarna emigreerde hij via Denemarken naar Frankrijk. Daar richtte hij samen met Wladimir Poliakoff de ballingenkrant *Pariser Tageblatt* op en zat hij in diverse emigrantencomités. In 1935 werd hij lid van de Voorlopige Commissie ter Voorbereiding van een Duits Volksfront, en in deze periode was hij tijdelijk gelieerd aan de KPD. In 1937 beschuldigde hij Poliakoff ervan een nazivriend te zijn, om zo de leiding over het *Pariser Tageblatt* helemaal over te kunnen nemen, waarna hij uiteindelijk zonder Poliakoff verderging met de krant onder de naam *Pariser Tageszeitung*. Maar de intrige werd datzelfde jaar nog voor de rechter blootgelegd, waardoor Bernhard gedwongen was de redactie te verlaten. Sindsdien werkte hij bij het Joods Wereldcongres. In 1940 werd hij geïnterneerd in kamp Bassens. Varian Fry haalde hem daaruit, verstopte hem en zijn vrouw voor de Gestapo in een 'liefdeshotel' in Marseille en voorzag hem met hulp van het Jewish Labor Committee van een noodvisum voor de VS. In 1942 emigreerde Bernhard via Spanje naar Amerika.

Rudolf Breitscheid (Keulen, 1874 – Buchenwald, 1944). Hij werd in 1912 lid van de SPD en was soldaat in de Eerste Wereldoorlog. Na de oorlog sloot hij zich aan bij de USPD, een linkse afsplitsing van de SPD, die zich verzette tegen een verder vervolg van de oorlog en een politieke revolutie nastreefde. Na de Novemberrevolutie van 1918-1919 was Breitscheid de eerste socialistische minister van Binnenlandse Zaken van Pruisen. Van 1920 tot 1933 was hij parlementslid. Nadat Breitscheid en een deel van de USPD zich weer bij de SPD hadden aangesloten – het andere deel ging naar de KPD – werd hij woordvoerder Buitenlandse Zaken namens de sociaaldemocratische Rijksdagfractie, en vanaf 1928 een van de voorzitters. Sinds 1926 was hij ook lid van de Duitse Volkerenbonddelegatie. In 1933 emigreerde hij eerst naar Zwitserland, later naar Parijs. Vanuit Parijs werkte hij eerst voor de Duitse SPD in ballingschap (Sopade) en verschillende West-Europese socialistische partijen. Hij had zijn hoop gezet op de westelijke democratieën en de Volkerenbond als effectieve instituten tegen Hitler. Toen hij zag dat die hoop ijdel was, richtte hij zich steeds meer op linkse groeperingen en maakte hij zich sterk voor het idee van de KPD om een gemeenschappelijk volksfront van linkse partijen op te bouwen tegen Hitler. In 1936 was hij naast personen als Heinrich Mann en Bruno Frei een van de ondertekenaars van de oproep tot een volksfront. Na Stalins showprocessen keerde hij zich echter af van het idee van samenwerking met de KPD en liet hij zich niet meer in met politieke activiteiten, maar legde hij zich toe op de vluchtelingenhulp. Dankzij de invloed van de Parijse politicus Léon Blum ontliep hij in 1939 internering in een Frans kamp. Daarna vluchtte Breitscheid met zijn eveneens vervolgde politieke vriend Rudolf Hilferding naar Zuid-Frankrijk. Het lukte in eerste instantie niet om een visum te krijgen voor Zwitserland of de vs. Pas in 1941 werd een Amerikaans visum afgegeven, maar Breitscheid en Hilferding werden door de Franse politie gearresteerd en op 11 februari 1941 overgeleverd aan de Gestapo in Parijs. Breitscheid zat tien maanden in voorarrest, maar zijn prominente internationale status weerhield de nazi's ervan het geplande proces vanwege vermeend hoogverraad te voeren. In plaats daarvan kwam hij in concentratiekamp Sachsenhausen terecht, in 1943 in Buchenwald. In 1944 overleed hij daar volgens de officiële lezing bij een luchtaanval van de geallieerden.

Fritz Heine (Hannover, 1904 – Zulpich, 2002). Hij werd in 1922 lid van de spd en was vanaf 1925 secretaris bij het partijbestuur in Berlijn. Van 1932 tot 1933 was hij betrokken bij de opbouw van een illegale partijleiding, nam ondergrondse werkzaamheden op zich en werd koerier. Op verzoek van het partijbestuur ging hij in 1933 in Praag in ballingschap, waar hij secretaris werd voor publicatie- en propagandazaken van het spd-partijbestuur in ballingschap (Sopade). In 1937 verhuisde hij naar Parijs. In mei en juni 1940 werd hij geïnterneerd. Als zaakgelastigde van het spd-bestuur in ballingschap was hij vanaf juli 1940 in Marseille, waar hij sociaaldemocratische vluchtelingen moest zien te redden met noodvisa voor de vs. Hij werkte nauw samen met het Centre Américain de Secours van Varian Fry en probeerde tevergeefs Hilferding en Breitscheid te redden. Maar met Heines hulp konden wel ruim zevenhonderd andere sociaaldemocratische vluchtelingen naar de vs emigreren. In februari 1941 moest Heine zelf vluchten, en met hulp van de Labour Party ontkwam hij via Lissabon naar Engeland. In 1946 keerde hij terug naar Duitsland. Hij zat tot 1974 in het partijbestuur van de spd en was bestuurslid van de Friedrich-Ebert-stichting.

Rudolf Hilferding (Wenen, 1877 – Parijs, 1941) was een spd-politicus van Joodse afkomst. In 1917 sloot hij zich aan bij de uspd, maar het latere streven van de partij om zich aan te sluiten bij de kpd keurde hij af. In plaats daarvan was hij met anderen betrokken bij de hereniging met de SPD. Van augustus tot oktober 1923 was hij rijksminister van Financiën in het kabinet-Stresemann, maar hij slaagde er niet in de inflatie te bestrijden. Van 1924 tot 1933 was hij parlementslid en van juni 1928 tot december 1929 nogmaals rijksminister van Financiën, nu in het kabinet-Hermann Müller. Hij trad uiteindelijk terug uit protest tegen Hjalmar Schacht als president van de Rijksbank. In maart 1933 drong het SPD-bestuur erop aan dat hij emigreerde. In januari 1934 was hij mede de auteur van het zogenoemde 'Praagse manifest', het programma van de SPD in ballingschap. In 1938 ging hij naar Parijs, en na de bezetting door de Duitsers vluchtte hij met partijvriend Breitscheid naar Zuid-Frankrijk. Het noodvisum voor de VS kwam te laat om Hilferding te redden voor de Vichy-autoriteiten, die hem op 11 februari 1941 uitleverden aan de Gestapo. Tijdens het transport naar Parijs werd Hilferding zwaar mishandeld. Waarschijnlijk nog op de dag van zijn uitlevering overleed Hilferding onder onopgehelderde omstandigheden in een Parijse gevangenis.

Albert O. Hirschman(n), bijnaam Beamish (Berlijn, 1915 – Ewing Township, 2012) was hoogleraar politieke economie. In 1933 emigreerde hij op een studentenvisum naar Frankrijk, twee jaar later naar Engeland. In 1936 ging hij als vrijwilliger vechten in de Spaanse Burgeroorlog, waarna hij emigreerde naar Italië, waar hij meewerkte in lokale antifascistische groeperingen. In juli 1938 moest hij naar Frankrijk emigreren. Van september 1939 tot juni 1940 diende hij als vrijwilliger in het Franse leger. Hij veranderde zijn naam in Albert Hermant. Van juni tot december 1940 was hij assistent en vertrouweling van Varian Fry in het Centre Américain de Secours, waar hij verantwoordelijk was voor het regelen van valse paspoorten, de verkenning van mogelijke vluchtwegen uit Frankrijk en de begeleiding van vluchtelingen naar de Spaanse grens. In december 1940 vluchtte hij zelf met hulp van de Fittko's over de Pyreneeën en emigreerde hij naar Amerika, waar hij later aan diverse universiteiten doceerde, het laatst in Princeton.

Valeriu Marcu (Boekarest, 1899 – New York, 1942) was historicus en filosoof. In 1915 sloot hij zich aan bij de socialistische jeugdbeweging, in 1916 ontmoette hij Vladimir Iljitsj Lenin in Zürich. In maart 1918 werd hij vanwege het verspreiden van anti-oorlogspropaganda uit Roemenië verbannen. Vanaf 1919 was hij gedelegeerde van de Communistische Jeugdinternationale, twee jaar later werd hij daar vanwege politieke meningsverschillen uitgezet. Vanaf 1926 nam hij steeds meer afstand van het communisme. In de jaren daarna werd hij onder andere door zijn biografieën van Karl Liebknecht en Lenin bekend. In 1933 emigreerde Marcu naar Nice. In die tijd werd hij een fervent anticommunist. In 1941 emigreerde hij weer, deze keer naar de vs.

Walter Mehring (Berlijn, 1896 – Zürich, 1981) was een vooraanstaand Joodse schrijver. Hij was vanaf 1917 toonaangevend lid van de Berlijnse expressionistische en later dadaïstische beweging. Van 1920 tot 1924 en van 1929 tot 1933 was hij medewerker van het tijdschrift *Weltbühne*. Tussen 1922 en 1928 hield hij zich op in Parijs. In 1929 veroorzaakte de opvoering van zijn toneelstuk *De koopman van Berlijn* een schandaal vanwege de antimilitaristische toon. In februari 1933, op de avond voor de Rijksdagbrand, verscheen Mehrings anti-Hitler-gedicht 'De sage van de grote kreeft' in de *Weltbühne*. Mehring ging vervolgens in Parijs in ballingschap om aan arrestatie door de sa te ontkomen. In 1934 verhuisde hij naar Wenen. Daar leerde hij actrice Hertha Pauli (Wenen, 1909 – New York, 1973) kennen, met wie hij enkele jaren samenleefde. In 1938, toen de Duitsers naar Oostenrijk kwamen, vluchtten ze terug naar Parijs. In 1940 zat hij in verschillende Franse kampen, het laatst in Sint Cyprien. Vanuit daar kon hij naar Marseille vluchten, waar hij door Varian Fry met een vervalste doktersverklaring in een hotelkamer werd verstopt nadat zijn verblijfsvergunning was verlopen. Mehring werkte later op verschillende manieren mee in het Centre Américain de Secours van Varian Fry. In 1941 kon hij met een noodvisum via Martinique naar de vs emigreren. (Hertha Pauli had al in 1940 als een van de eersten via Fry een visum gekregen. Zij werd door hem via de Pyreneeën vooruitgestuurd naar Lissabon om de vluchtweg te verkennen, die haar ten slotte naar New York bracht.) In de vs aangekomen bleef Mehring werkzaam als schrijver, maar zonder succes. In 1953 keerde hij terug naar Europa. Maar ook daar lukte het hem niet meer om voet aan de grond te krijgen, omdat hij als schrijver vertelde over een verleden dat algemeen verdrongen werd.

Franz Pfemfert (Lötzen, 1879 – Mexico City, 1954), getrouwd met Anja Pfemfert, was publicist. In februari 1911 richtte hij het tijdschrift *Die Aktion* op, waarvan hij tot 1932 uitgever en hoofdredacteur bleef. Het tijdschrift verkondigde links-radicale, antimilitaristische, anarchistische ideeën en was het belangrijkste forum van het Duitse expressionisme ten tijde van de Eerste Wereldoorlog. In 1915 richtte hij de ASP (Antinationale Sozialisten Partei) op, die zich in 1918, 1919 aansloot bij de Spartakusbund en later bij de KPD. Halverwege het jaar 1919 steunde Pfemfert de ultralinkse vleugel van de KPD, die zich uiteindelijk moest afsplitsen. Vervolgens speelde hij een belangrijke rol bij de oprichting van de KAPD (Kommunistische Arbeiter-Partei Deutschlands), maar hij werd in 1921 uit die partij gezet omdat hij tegen aansluiting bij de Communistische Internationale was. In 1926 was hij nogmaals betrokken bij de vorming van de Spartakusbund van links-communistische organisaties uit linkse splintergroeperingen. In maart 1933 emigreerde hij naar Tsjecho-Slowakije, in 1936 naar Parijs. Na het uitbreken van de oorlog werden hij en zijn vrouw Anja in verschillende Franse kampen geïnterneerd, Anja in Gurs, Franz in Bassens. Hij wist echter te vluchten uit het kamp. Zijn vrouw kwam vrij toen kamp Gurs werd opgeheven. In 1940 vluchtten beiden, nadat ze elkaar hadden teruggevonden, via Zuid-Frankrijk naar de VS. In 1941 verhuisden ze naar Mexico.

Lijst van buitenlandse woorden en uitingen

In deze lijst staan de buitenlandse – veelal Franse – woorden en uitingen die in het boek worden gebruikt onder het paginanummer waar die voor het eerst voorkomen.

Pagina 13

drôle de guerre de 'vreemde oorlog', ook bekend onder de naam 'schemeroorlog' (van 3-9-1939 tot 9-5-1940; er werd niet gevochten, omdat van beide kanten niet werd aangevallen)

camps de concentration concentratiekampen

commission de criblage selectiecommissie (deze had als taak de status van uit Duitsland afkomstige, vijandelijke buitenlanders vast te stellen en spionnen te ontmaskeren)

Pagina 15

criblage selectie

Pagina 16

commissaire de police politiecommissaris

vite, vite, dépêchez vous! snel, snel, schiet op!

Front Populaire Volksfront

Des avions, des canons, pour l'Espagne! Vliegtuigen, kanonnen, voor Spanje!

Pagina 17

Stade Colombe *sportstadion in Parijs*

Pagina 18
les boches   de moffen *(als scheldwoord voor de*
                                    Duitsers)

accent boche   Duits accent
sales boches   vuile moffen
flics   smerissen (politie)
bâtons   stokken

Pagina 20
l'enfant infirme   het zieke kind
apte   geschikt
Je m'en fous royalement!   Dat kan me geen moer schelen!

Pagina 21
Docteur, j'ai...   Dokter, ik heb...
Pardon, permettez-moi   Neem me niet kwalijk, staat u mij
                                    toe
Vous êtes malade, madame?   Bent u ziek, mevrouw?
Vous vous sentez mal?   Voelt u zich niet goed?
Exemptée de tout travail   Vrijgesteld van alle arbeid

Pagina 22
à gauche/à droite   naar links/naar rechts
prestataire   iemand van een arbeidscompagnie;
                                    arbeidscompagnies vielen onder
                                    het leger en werden gevormd door
                                    buitenlanders, maar zij waren geen
                                    militairen

Pagina 23
étrangers   buitenlanders

Pagina 24
Qu'est-ce que c'est?   Wat is dat?
du singe   aap

Pagina 25
pauvre bébé   arme baby

272

Pagina 26
Basses Pyrénées

Lage Pyreneeën

Pagina 27
Un-deux, un-deux!
vite, vite!

Eén-twee, één-twee!
snel, snel!

Pagina 28
un-deux-vite-plus-vite!

één-twee-snel-sneller!

Pagina 31
commissaire spécial de police

speciale commissaris van politie

Pagina 33
pour la durée de la guerre

voor de duur van de oorlog

Pagina 34
affidavit

beëdigde verklaring

Pagina 38
préfecture

prefectuur, overheidsgebouw van
het departement

Pagina 39
*sales boches, métèques, cinquième
colonne*

vuile moffen, rotbuitenlanders,
vijfde colonne
(Het begrip 'vijfde colonne' vindt
zijn oorsprong in de Spaanse
Burgeroorlog. Sinds 1936 worden
daarmee verkapte aanhangers van
een vijandelijke macht in het eigen
land aangeduid.)

Pagina 41
l'enfer de Gurs

de hel van Gurs

273

Pagina 44
Fichez-moi le camp!   Maak dat je wegkomt!
on fait des bêtises   iedereen maakt fouten

Pagina 48
îlot des indésirables   blok van de ongewenste personen
Deuxième Bureau   'Tweede Bureau' (Franse inlichtin-
     gendienst)

Pagina 50
Ligne Maginot   Maginotlinie (verdedigingslinie
     tussen Frankrijk en Duitsland)

l'armée française glorieuse est   het roemrijke Franse leger is onaan-
     intacte!   getast!

Pagina 52
Merde!   Verdomme!

Pagina 55
Ça y est   Dat is het

Pagina 56
l'honneur de la France   de eer van Frankrijk

Pagina 59
Sauve qui peut   Redde wie zich redden kan

Pagina 66
cabinet   toilet

Pagina 67
Nous sommes vendus   We zijn verraden

Pagina 70
armée en déroute   uiteenvallend leger, soldaten op de
     vlucht
mairie   gemeentehuis
déjeuner   middageten/middagpauze

Pagina 74
la pagaille   chaos, wanorde

Pagina 77
brigadier   brigadier (hier: veldwachter tweede
                                      klasse)

Pagina 78
débrouillard   vindingrijk iemand

Pagina 80
député   afgevaardigde
route de marche   vrijgeleide

Pagina 81
déroute   vlucht
fiche d'hébergement   woonvergunning
Tu m'emmerdes!   Je irriteert me!

Pagina 85
Commandant Militaire de la Ville   militaire commandant van de stad
  de Lourdes   Lourdes
apatrides   statelozen

Pagina 86
Elle est affolée, la pauvre dame   Ze is in de war, de arme vrouw
sauf-conduit   reisvergunning
Il n'y a pas de quoi, au revoir   (hier:) Niets te danken, tot ziens
J'attends Lise à Montauban   Ik wacht op Lise in Montauban

Pagina 87
capitaine   kapitein
Commandant Spécial Militaire de   speciaal militair commandant van
  la Gare de Lourdes   station Lourdes

Pagina 88
pendant la pagaille   tijdens de chaos

Pagina 89
Vous m'embarrassez, madame U brengt me in verlegenheid, mevrouw

Écoutez bien, madame Luister goed, mevrouw

Pagina 90
la France généreuse het genereuze Frankrijk

Pagina 92
clochards zwervers

Pagina 97
Alerte! Pas op!
Mais c'est l'armistice! Maar er is toch een wapenstilstand!

Pagina 98
destination Marseille, Dept. richting Marseille, departement
  Bouches-du-Rhône Bouches-du-Rhône (Rhônedelta)
mon vieux oude kameraad van me
à pied, mais c'est extraordinaire! lopend, maar dat is heel vreemd!

Pagina 100
Nix comprend – nix parle Niks begrijp – niks spreek
une maison de passe een rendez-voushotel, liefdeshotel
patronne waardin

Pagina 101
une vraie aubaine een echt buitenkansje
pour avoir nui par sa conduite omdat zij door haar gedrag, waaruit
  manquant au devoir de fidélité gebrek aan trouw tegenover het
  envers le Reich et le peuple, au Duitse Rijk en volk bleek, het Duitse
  patriotisme allemand aanzien schaadde
La fortune de la personne Het vermogen van bovengenoemd
  sus-nommée est confisquée par persoon is in beslag genomen door
  les présentes de autoriteiten
Ah, ça alors! Nou ja, dat is ook wat!

Pagina 102
Ces salauds-là!
et surtout, pas de tomates!
Célina, ma chérie, Si je t'aime,
  c'est pour la vie...

De zwijnen!
en vooral geen tomaten!
Célina, schatje van me, als ik van je
hou, is het voor mijn hele leven...

Pagina 103
combine
Madame, vous êtes une orphéline?
Pour vous, madame l'orpheline.
  Ça porte bonheur

idee, plan
Mevrouw, bent u een weeskind?
Voor u, mevrouw het weeskind. Dat
brengt geluk

Pagina 108
Centre Américain de Secours

Amerikaans hulpcentrum

Pagina 109
vieux port
visa de sortie

oude haven
uitreisvisum

Pagina 111
Certificat de Démobilisation

ontslagbrief

Pagina 114
Tu as des gâteaux?
Tu as du chocolat?
Du pain
Ça, en allemand, c'est...

Heb je taart?
Heb je chocolade?
Brood
Dat heet in het Duits...

Pagina 115
Maire

Burgemeester

Pagina 116
Pour le bébé

Voor de baby

Pagina 118
gardes mobiles

parate troepen

Pagina 120
Je vous remercie infiniment, mon-sieur le maire

Ik ben u oneindig dankbaar, meneer de burgemeester

Pagina 128
collaboration

collaboratie (ondersteuning van een bezettende macht tegen de eigen landgenoten)

Pagina 131
Je t'embrasse tendrement
Rentrez

Ik omhels je teder
Keer om

Pagina 133
garçon
Combien?/How much?
Combien voulez-vous?

ober, kelner
Hoeveel?
Hoeveel wilt u?

Pagina 136
Centre d'Hébergement de Ban-yuls pour les Réfugiés

Huisvestingscentrum Banyuls voor vluchtelingen

Pagina 137
et surtout pas de rucksack!

en vooral geen rugzak!

Pagina 141
il faut manger
en règle

men moet eten
met geldige papieren

Pagina 144
Mais non, monsieur, pas vous!

Maar nee, meneer, u niet!

Pagina 147
vignerons
méridional
tant pis
Attendez!

wijnboeren
Zuid-Frans accent
maakt niet uit
Wacht!

comme une folle	als een gek
bonsoir	goedenavond

Pagina 152
refus de séjour	weigering van verblijf
expulsion	uitwijzing
il faut être sage	je moet verstandig zijn

Pagina 154
réfugiés provenant d'Allemagne	vluchtelingen uit Duitsland

Pagina 155
soeur supérieure	hoofdzuster

Pagina 156
Cela a tout à fait l'air de scorbut	Dat lijkt wel scheurbuik
ventouses	zuignappen

Pagina 157
J'avais la sangre mal	Ik had slecht bloed

Pagina 158
Mon frère, il est clochard à Narbonne	Mijn broer is een zwerver in Narbonne
copains	vrienden

Pagina 159
notre Aristide	onze Aristide

Pagina 162
contrebande	smokkelwaar
Mais non, pas du tout	Maar nee, helemaal niet
Ça va	Het gaat

Pagina 163
pour vos gosses	voor uw kinderen

Pagina 165
résidence forcée

gedwongen verblijf

Pagina 166
venez vite!
Un ami à votre Papa

kom snel!
Een vriend van uw vader

Pagina 172
je veux faire de la peinture

ik wil graag schilderen

Pagina 174
Et votre ami?

En uw vriend?

Pagina 176
le canot

de kano

Pagina 180
C'est tout, madame

Dat is alles, mevrouw

Pagina 181
notre maréchal

onze maarschalk (bedoeld is Pétain)

Pagina 182
impossible, madame, on va vous
coffrer à Narbonne
Au revoir, bonne chance!

onmogelijk, mevrouw, ze zullen u in
Narbonne oppakken
Tot ziens, veel succes!

Pagina 185
au lieu de passeport

in plaats van een paspoort

Pagina 186
Ah ça, non!

O, dat, nee!

Pagina 189
Arrêtez... je n'aime guère cette
langue!

Hou op... Ik wil die taal niet horen!

Pagina 194
Je vous en prie   (hier:) Alstublieft, nou vraag ik u!

Pagina 197
Je ne veux plus vous voir, plus jamais!   Ik wil u niet meer zien, nooit meer!

Pagina 202
sauvages   wilden
Ils sont corrects, ils sont polis, quand même   Maar ze zijn correct, ze zijn beleefd

Pagina 203
béret basque   alpinopet
ligne de démarcation   demarcatielijn, grens

Pagina 206
gazogène   (hier:) houtvergasser

Pagina 213
ces juifs-là   die Joden daar

Pagina 215
pour arrêter un abus honteux   om een schandelijk misbruik tegen te gaan

Pagina 227
notre chère amie, Mme. Fittko   onze lieve vriendin, mevrouw Fittko

Pagina 233
Nationalité: provenant d'Allemagne   Nationaliteit: afkomstig uit Duitsland
Vous êtes en règle   Uw papieren zijn in orde

Pagina 234
tout va bien   alles gaat goed
c'est le führer et votre maréchal   dat zijn de Führer en uw maarschalk (Pétain)

Pagina 236
Ne bougez pas   Verroer u niet

Pagina 239
claro que sí es hebreo   natuurlijk is hij een Jood

Pagina 244
À bientôt, au revoir à Paris   Tot gauw, tot ziens in Parijs

Namenregister

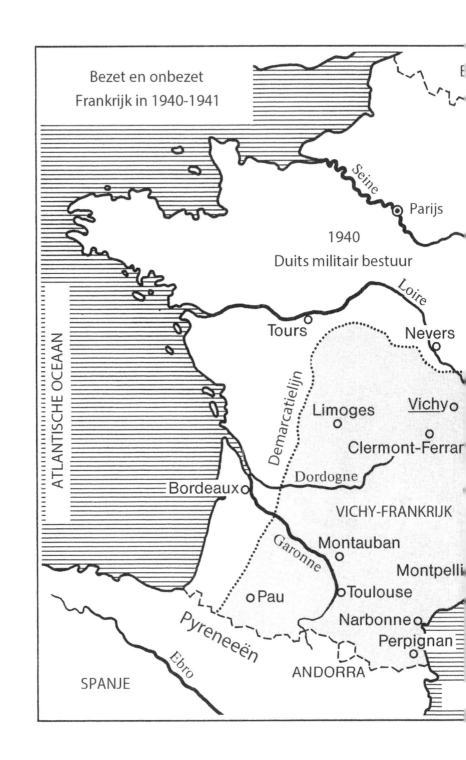

Bezet en onbezet
Frankrijk in 1940-1941

1940
Duits militair bestuur

Seine

Parijs

Loire

Tours

Nevers

ATLANTISCHE OCEAAN

Demarcatielijn

Limoges

Vichy

Clermont-Ferrar

Dordogne

Bordeaux

VICHY-FRANKRIJK

Garonne

Montauban

Montpelli

Pau

Toulouse

Narbonne

Pyreneeën

Perpignan

Ebro

ANDORRA

SPANJE

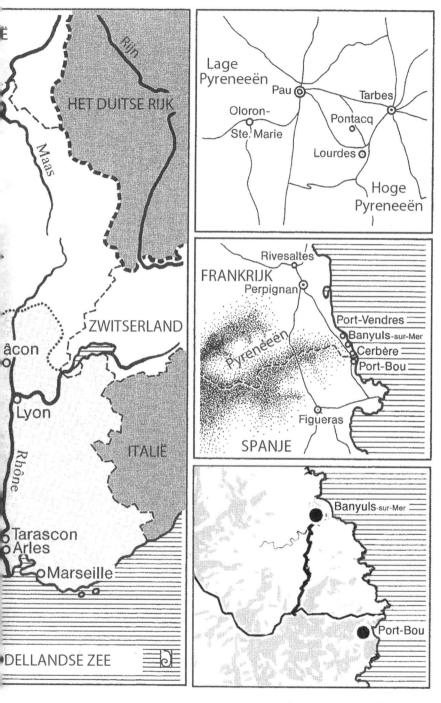

Walter Benjamin Hiking Trail

Meer informatie over Lisa Fittko
en de boeken van Uitgeverij Cossee
vindt u op onze website www.cossee.com.

Wilt u op de hoogte blijven van alle uitgaven
en activiteiten van Uitgeverij Cossee, meld u dan
aan voor de nieuwsbrief op www.cossee.com
en volg ons op Twitter en Facebook.

Deze uitgave is mede mogelijk gemaakt door een project- en een
vertaalsubsidie van het Goethe-Institut.

De uitgever ontving voor deze uitgave in het kader van schwob.nl een
subsidie van het Nederlands Letterenfonds.

N ederlands
letterenfonds
dutch foundation
for literature